Burnout

Peter Buchenau   Manfred Nelting
(Hrsg.)

Burnout

Von Betroffenen lernen!

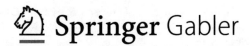

Herausgeber

Peter Buchenau
The Right Way GmbH
Waldbrunn
Deutschland

Manfred Nelting
Gezeiten Haus GmbH
Bonn
Nordrhein-Westfalen
Deutschland

ISBN 978-3-658-07702-0   ISBN 978-3-658-07703-7 (eBook)
DOI 10.1007/978-3-658-07703-7

Der Verlag, die Autoren und die Herausgeber gehen davon aus, dass die Angaben und Informationen in diesem Werk zum Zeitpunkt der Veröffentlichung vollständig und korrekt sind. Weder der Verlag noch die Autoren oder die Herausgeber übernehmen, ausdrücklich oder implizit, Gewähr für den Inhalt des Werkes, etwaige Fehler oder Äußerungen.

Die Deutsche Nationalbibliothek verzeichnet diese Publikation in der Deutschen Nationalbibliografie; detaillierte bibliografische Daten sind im Internet über http://dnb.d-nb.de abrufbar.

Coverabbildung: deblik Berlin unter Verwendung von Fotolia.de

Gedruckt auf säurefreiem und chlorfrei gebleichtem Papier

Springer Gabler ist eine Marke von Springer DE. Springer DE ist Teil der Fachverlagsgruppe Springer Science+Business Media
www.springer-gabler.de

Vorwort

Burnout, ein Hilferuf nach Sinn, Halt und innerer Ruhe

Nichts macht mehr Spaß. Man fühlt sich leer und antriebslos, vernachlässigt Freunde und Familie und auch die Arbeit will nicht mehr von der Hand gehen. Das schlechte Gewissen, den eigenen und äußeren Anforderungen nicht mehr gerecht zu werden, wächst in dem Maße, wie das Selbstvertrauen langsam schwindet. Da schmeckt selbst das Glas Rotwein am Abend fad und erfüllt nur noch den Zweck, die kreisenden und nicht aufhören zu wollenden, grüblerischen Gedanken zu ertränken. Die Warnsignale werden lauter: Ängste, Erschöpfung, Lebensmittelallergie, Depression, Derealisation, Tinnitus, Hörsturz, Herz-Kreislauf-Schwäche und Schlafstörungen gehören zu den typischen Folgen.

Diese oder ähnliche Gefühle und Reaktionen sind typische Anzeichen für einen drohenden Burnout, der durch fortwährende Belastung hervorgerufen wird und irgendwann zum Zusammenbruch führt – sozusagen, zu einem Infarkt der Seele, bei dem der Betroffene die Kontrolle über seinen Willen und seinen Körper verlieren kann.

Das Verhalten der Burnout-Betroffenen beeinträchtigt neben der familiären Situation auch die sozialen Beziehungen innerhalb von Unternehmen und Organisationen und hat deutlich negative Effekte auf die Effizienz der Arbeit. Zunehmende mangelnde Flexibilität, Intoleranz und die Zurückweisung jeglicher Kritik im Endstadium des Burnoutprozesses wirken sich auf die Leistung und insbesondere auf die Zusammenarbeit mit Kollegen, Vorgesetzten und Kunden aus. Damit ist Burnout ein ernst zu nehmendes Problem für Betriebe. Alarmierend ist auch die Entwicklung der psychischen Störungen in den letzten 30 Jahren: Waren es 1978 noch 57 Arbeitsunfähigkeitstage je 100 Pflichtversicherte, sind es 2009 bereits 168. Demnach hat sich der diesbezügliche Krankenstand in den letzten 30 Jahren verdreifacht (Quelle: Gesundheitsreport BKK 2010)!

Wege aus dem Massenphänomen Burnout

Dauerstress und Burnout haben sich in den letzten Jahren zu einem Massenphänomen entwickelt. Die Gründe dafür sind vielfältig und reichen von der Informationsflut über den Wirtschaftswandel mit seinen globalen Einflüssen, über immer kürzere Produktzyklen und komplexer werdende Arbeitsbedingungen bis hin zur ständigen Erreichbarkeit. Ganz nach dem Song von Tim Bendzko: „Muss nur noch kurz die Welt retten, danach flieg ich zu dir. Noch 148 Mails checken…" Das klingt so herrlich leicht, als gehöre es zum Alltäglichen dieser Welt. Unserer Welt?! Einer Welt, in der zunehmend gefordert wird, dass wir jederzeit offen für Veränderungen sind, moralisch einwandfrei handeln, sozial und technisch anpassungsfähig sind, räumlich flexibel, möglichst bis ins hohe Alter fit bleiben, damit wir lange zum Allgemeinwohl beitragen können, um die Schwächeren zu stützen und um nicht selber unter die Räder zu kommen. Gleichzeitig sollen wir für Stabilität sorgen, für unsere Kinder, unsere Eltern und für unsere Rente vorsorgen und wenn möglich in Sachwerte, wie Immobilien, investieren. Alles kein Widerspruch in sich, solange wir leistungsfähig sind. Es fragt sich nur, wie lange wir das durchhalten.

Verloren gehen der notwendige Halt, Freunde, vielleicht sogar die Familie, die Erdung und manchmal auch das Know-how in einigen technischen Bereichen. Die daraus resultierende Unruhe und Unsicherheit übersteigt das natürliche Anpassungspotenzial vieler.

Die äußeren Umstände entscheiden jedoch nicht immer darüber, ob sich ein Burnout über Jahre entwickelt. Entscheidend ist in der Regel die innere Eigenreaktion auf die äußeren, stressverursachenden Umstände sowie die individuelle Konstitution der Person. Das Gefühl, den Anforderungen nicht gewachsen zu sein, geht oft einem Burnout voraus. Viele Stressoren sind allgegenwärtig und lassen sich kaum vermeiden. Es geht darum, zu lernen, mit ihnen umzugehen.

Als ich 2004 einem großen deutschen Telekommunikationskonzern mein neues Business Modell zum Thema Krisenmanagement in IT-Projekten vorstellte und dabei die weichen Faktoren Mensch und Gesundheit integrierte, lachte man mich aus. Zitat des Abteilungsleiters: „Herr Buchenau, sollen nun alle meine Projektleiter sich auf die Couch legen und sie massieren diese dann?" Mittlerweile ist dieser Abteilungsleiter selbst ein Burnout-Betroffener. Drei Jahre lang dauerte sein Kampf gegen völlige Antriebslosigkeit bis er wieder einigermaßen ins Berufsleben integriert werden konnte. Richtig erholen von diesem Syndrom konnte er sich eigentlich nie mehr. Zwar wurde er gemäß Hamburger Modell wieder langsam ins Berufsleben reintegriert, doch nach zwei weiteren Jahren kam der Rückfall. Der Burnout hatte ihn wieder. Für mich als Effektivitätsberater eigentlich verständlich.

Um eine nachhaltige Verbesserung nach einem Zusammenbruch zu realisieren, müssen zwei wesentliche Aktivitäten zwingend unternommen werden. Erstens, dem Betroffenen muss geholfen werden, psychisch sowie physisch. Dazu gibt es viele hervorragende Spezialisten wie Mediziner, Psychologen und andere nach Qualitätsrichtlinien ausgebildete Therapeuten. Sie helfen dem Menschen in erster Linie. Zweitens aber, muss dem ehemaligen Betroffenen nach der Rückkehr ins Unternehmen Hilfe geboten werden. Viele ehemalige Betroffene berichteten mir, dass sie während der Wiedereingliederung gänzlich alleine gelassen wurden. Erschwerend kommt dazu, dass Vorgesetzte und Kollegen mit Rückkehrern kaum bis gar keine Erfahrung haben. Wie denn auch? Es wird von allen Mitarbeitern in einem Unternehmen 110 % Leistung gefordert, da kann man sich nicht zusätzlich noch um einen Rückkehrer kümmern. Die Zeit und auch die Kenntnis im Umgang mit Rückkehrern haben die Kollegen einfach nicht.

Ferner kommt hinzu, dass die Prozesse und Abläufe sich in den drei Jahren der Abwesenheit gerade in großen Unternehmen nicht oder kaum verändert haben. Also die Arbeitswelt, die den Mitarbeiter mitunter in einen Burnout geführt hat, ist unverändert. Schlimmer noch, aufgrund der Globalisierung und Technologisierung wurde der Arbeitsplatz noch hektischer und komplexer. Der Rückkehrer ist einfach der modernen Arbeitswelt nicht mehr gewachsen. So wundert es nicht, dass die Rückfallquote beim Burnout-Syndrom bei über 60 % liegt. Was bleibt den ehemaligen Betroffenen dann meist übrig? Nicht mehr viel – meist, wie auch im Falle der hier angesprochenen Führungskraft, die Frühverrentung. Nach wie vor, so eine Studie der Bundespsychotherapeutenkammern im Jahr 2012, wurden in Deutschland über 75.000 Menschen aufgrund psychischer Erkrankungen frühverrentet. Ein erschütterndes Bild.

Damit Ihnen, lieber Leser, dies aber nicht widerfährt, haben sich 13 ehemals Betroffene zusammengetan und dieses Buch geschrieben. Diese Autoren wollen Ihnen helfen, indem sie einerseits das Bewusstsein schaffen, wie der Weg aus dem Burnout zu gehen ist, anderseits aber auch verdeutlichen, wer ihnen dabei helfen kann. Übrigens bereits 2005 stellte ich der DAK in Hamburg ein Konzept vor, welche Wege aus einem Burnout führen und wie eine erfolgreiche Eingliederung erfolgen kann. Die enttäuschende Antwort: „Herr Buchenau, für solch neumodisches Zeug haben wir als Krankenkasse keine Zeit."

Bereits 2012 ist im Biobliothek Verlag das Vorgängerbuch „Burnout 6.0" erschienen, dessen Bezeichnung für Wege zur psychischen Stabilität im Zeichen des sechsten Kondratieffs steht. Dieser beschreibt das Einbeziehen von Gesundheit als künftigen Erfolgsfaktor der Wirtschaft. Unternehmen aber auch einzelne Menschen, die heute schon in Gesundheit in Form von Prävention investieren, werden langfristig zu den Gewinnern gehören. Gehören Sie auch dazu?

Daher möchte dieses Buch mit all seinen wahren Geschichten und Autoren darauf aufmerksam machen, dass es sinnvoll ist, für die Gesundheit, für Ihre Gesundheit, zu kämpfen. Diese Autoren lassen Sie, verehrte Leserinnen und Leser, an ihren wahren Geschichten teilhaben, die zum Teil sehr schmerzhaft und schockierend sind. Aber egal wie schmerzhaft und schwer der Weg war, alle Autoren haben den richtigen Weg gefunden. Heute stehen sie wieder im Leben und nehmen daran teil.

Nicht für jeden Betroffenen ist jeder Weg richtig. Dieser muss individuell sein, angepasst an die Stärken des Betroffenen. Wir haben Ihnen als zusätzlichen Service im Anhang Ansprechpartner zusammengestellt, die Sie bei Bedarf gerne jederzeit kontaktieren können.

Lassen Sie sich inspirieren und fangen Sie an, Ihren Weg zu gehen! Nicht morgen, sondern heute.

Für Ihren Weg wünsche ich Ihnen alles Gute.

Ihr Peter Buchenau
Waldbrunn, im Januar 2015

Inhalt

1
Eine Pflegedienstleitung mit Burnout

Rosemarie Bleil

Der Baum – ich stehe auf einem Bein, um sieben Uhr früh im Gymnastiksaal in Scheidegg und lerne die entspannende Haltung eines Baumes kennen. Ich denke noch gerade: „Was soll das?", doch es ist gar nicht so einfach, einen Baum darzustellen: mit einem Bein am Boden, das andere Bein im Winkel zum Knie angelehnt, mit den Händen in Gebetshaltung in den Himmel gestreckt. Es soll mich verbinden und erden, ich soll mit den Beinen spüren, dass ich fest mit der Erde am Boden verbunden bin, aber auch mit dem Universum. Gleichzeitig soll ich dem Neuen offen sein. Wie unser Leben geerdet, ein fester Halt im Leben. Zu wissen, wohin ich gehöre und ob jemand da ist, wenn ich jemanden brauche. Offen sein für Neues, Abenteuerliches, mehr erfahren von der Welt, neugierig sein auf ein buntes Leben. War mein Leben bunt? Ich arbeitete mit Klangschalen, die Entspannungstechnik nach Peter Hess per Exzellenz, sogar in der Einrichtung habe ich sie einführen lassen. Viele Mitarbeiter im Haus aus allen Bereichen haben die entspannende Wirkung der Klangschalen erfahren dürfen. Auch die Bewohner nehmen es sehr gut an. Ich meine immer: Kommunikation ohne viele Worte zu machen, ist mitunter besser. Es wird sowieso viel zu viel geredet und es ist dann immer so laut.

In Kontakt mit diesem Medium bin ich bei einem Workshop für Mobiles Snoezelen gekommen. Die hatten Klangschalen und ich habe nie gedacht, dass dieses Medium etwas für mich ist. Doch es ist etwas für mich. Kennzahlen und schriftliche Nachweise belegen, dass dieses tolle Instrument sogar Medikamente in der Pflege reduzieren kann. – Projektgruppe, Anschlagtechniken erarbeiten, Konzept von einem Arzt absegnen lassen und weitergeben für andere. Aber wann nehme *ich* mir diese tolle Auszeit? Ich habe sie kennengelernt, nebenbei noch die Ausbildung zur Klangpädagogin mit Familienaufstellung, Lebens- und Lernberatung, alles gelernt, aber für andere.

Mein Alltag seit vielen Jahren: fünf Uhr aufstehen, waschen, anziehen, noch etwas im Haushalt rumkratzen und dann ab zur

Arbeit. Arbeitsbeginn ist acht Uhr, aber ich bin lieber um sechs Uhr bei der Arbeit, da kann ich noch ganz viele E-Mails bearbeiten, Bürokram erledigen, Briefe und Anträge ausfüllen, ohne gestört zu werden. Ich komme an bei der Arbeit, sehe meinen Schreibtisch und stöhne: schon wieder so ein riesiger Stapel an Papier, Prospekten, Anträgen. Ich mache mir einen Kaffee, habe mir eine Brezel dazu geholt und während ich meinen Kaffee schlürfe, schalte ich meinen PC ein. 96 E-Mails in zwei Tagen. Wer kann denn nur so viel schreiben. Wo fange ich an?

Es klopft. Der Nachtdienst will mir guten Morgen sagen, die Augen etwas gerötet. Ich frage, was los ist. Mit leichtem Stöhnen kommt dann das Leid: „Ich kann nicht mehr, es war eine so schlimme Nacht und überhaupt, in meiner Familie stimmt es vorn und hinten nicht mehr, das Geld ist knapp, ich fühle mich schlapp und müde und weiß nicht mehr, was ich machen soll." Gerade kommt mir der Gedanke: „Das kenn ich doch, geht es mir selbst nicht auch so?" Ich tröste: „Wo kann ich dich denn unterstützen? Sollen wir die Arbeit verkürzen, dich in einen anderen Bereich versetzen, Antrag auf frühzeitige Rente?" Sie ist ja doch schon 59 und seit über 30 Jahren in der Pflege als Nachtdienst, wie viele Jahre kann sie überhaupt noch arbeiten? Ich hole mir einen Antrag aus dem Internet für die Mitarbeiterin zur Feststellung für Behinderung, damit sie Prozente bekommen kann, und eventuell ohne viele Abzüge früher in Rente gehen kann.

Ich helfe, wo ich kann, habe ein Einsehen, wenn Mitarbeiter nicht mehr können, organisiere die Pflege so, dass wirklich jeder Mitarbeiter nicht ausgelaugt und überfordert ist. Wenn es aber in der Familie, im sozialen Umfeld und bei jemandem persönliche Probleme gibt, wird es insgesamt doch wieder zu viel. Und schon habe ich mich wieder erkannt. Warum kann ich anderen immer helfen, nur mir nicht? Immer ein gutes, tröstendes Wort auf der Lippe, in den Arm nehmen und begleiten wenn möglich, zum Kaffee einladen und zuhören. Zuhören ist immer gut. Ausreden lassen, Probleme loswerden und einmal ausgesprochen zu haben, das alleine tut schon gut. Ich habe immer ein offenes Ohr für Probleme anderer, ob es Mitarbeiter, Angehörige oder die Senioren sind. Immer gute Laune verbreiten, schauen, dass es den Mitarbeitern gut geht, dann wird die Pflege auch gut sein. Mein Ziel ist es, eine gute, um Harmonie bemühte Pflegedienstleitung zu sein, die es allen und jedem recht macht. Ist das ein zu hoher Anspruch? Es geht doch. Seit ich im Haus bin, haben sich die Zahlen der Einnahmen um einiges erhöht, es macht Spaß, kreative und innovative Projekte in die Pflege einzuführen, die Pflege der Bewohner auf das Optimale zu trimmen. Immer perfekt. Ohne Einsicht, dass man sich dabei auch verzetteln kann. Einen guten Ruf der Einrichtung schaffen, offen sein für Neues und Austausch mit Kollegen, voneinander lernen, das ist und war immer meine Devise.

Der Baum. Es tut gut, bei leiser Meditationsmusik zu stehen, zu spüren, dass nach mehreren Übungen der Stand der Yogasequenz immer sicherer und fester wird. Tiefe Atmung und Entspannung tritt ein, ich fühle die Erde unter meinem Fuß und spüre die Weite des Universums. Oh je, fange ich an, esoterisch zu werden? Ich als absoluter Kopfmensch? Aber die Klangschalen werden auch immer wieder als esoterisch abgestempelt, sind sie aber nicht. Wie konnte es nur soweit kommen?

Frühstück in der Gruppe in Scheidegg, 80 Patienten, alle mit der Diagnose Burnout – erschöpft, ausgelaugt, ausgebrannt, kein Feuer mehr, das brennt. Sogar berühmte Sportler sind in dem Rehabilitationshaus in Scheidegg. Sechs Wochen eingewiesen vom Arzt, es eilte, der Körper hatte gestreikt, es ging gar nichts mehr.

Dann ich: Weinkrämpfe während der Teambesprechungen, Schlaflosigkeit, viel zu viel denken, Unruhe, zitternde Beine, Bluthochdruck 240 zu 140 nach vielen Messungen. Ich will keine Medikamente und ich gehe auch nicht zum Arzt. Das vergeht schon wieder, ich bin einfach im Moment viel zu schlecht drauf.

Wie konnte es nur soweit kommen?

Gemeinsames Frühstück, Gespräche in entspannter Atmosphäre, konzentrieren auf das Essen, eine schöne Aussicht und ein strukturiertes Programm für den Tag – wann hatte ich das alles zum letzten Mal? Ich kann mich gar nicht erinnern.

Zu Hause frühstücke ich alleine gar nicht, nur bei der Arbeit trinke ich meinen Kaffee. Die Kollegin kommt ja auch schon um sieben statt um acht Uhr, kleine Gespräche, ich kann schon ganz viele von mir als wichtig erachtete Dinge abarbeiten und habe dann viel mehr Zeit für die Bewohner und ihre Anliegen und für die Mitarbeiter. Schulung steht auch an, das vierte Softwareprogramm in sechs Jahren, es muss sein, wir wollen ja das beste Haus sein und gute Zahlen schreiben.

In Scheidegg habe ich eine ganze Stunde Zeit zum Frühstücken. Ist das ein Luxus. Zeit ist Geld, keine Hektik, keine Unterbrechung, wir sitzen zu viert am Tisch. Jeder erzählt von seinem Leid und seiner Umgebung. Viele Patienten mit Schicksalen, die keiner versteht. Sich auch in Großfamilien einsam fühlen, misshandelt vom Ehemann. Oh je, ich habe ein schlechtes Gewissen, ich habe ja nur zu viel gearbeitet, ich dürfte eigentlich gar nicht hier sein, es kostet so viel – Reha, und das noch 6 Wochen. Was wird anschließend sein? Was werden meine Kollegen von mir denken? Sie macht sich jetzt ein schönes Leben auf Kosten von uns allen. Wie oft musste ich Mitarbeitergespräche führen, wenn jemand zum fünften Mal im Jahr krank gewesen war… und jetzt soll ich krank sein? Das kann doch gar nicht sein. Ich fühle mich jetzt im Moment nicht krank, im Gegenteil, ich könnte Bäume ausreißen, ausgeschlafen, gut gelaunt, tolle Gespräche, viele nette und nicht so nette Leute.

Bevor die ganzen Therapien beginnen, eine Einstimmung in den Tag. Der Chefarzt bittet alle Patienten zur Einstimmung ins Foyer, wir sitzen alle zusammen und freuen uns, es ist immer lustig mit ihm. Er hat immer einen lockeren Spruch drauf, erzählt lustige Geschichten, es wird verabschiedet, einige tragen sogar kleine Sketche, Gedichte, Lieder vor und sind unwahrscheinlich kreativ – und schon habe ich für mich eine Idee zur Verabschiedung. Dann erzählt der Chefarzt von den Veränderungen in den Therapien und wünscht uns allen einen super Tag. Erinnert mich das nicht an amerikanische Mitarbeiterführung? Wir sind alle gut, wir verkaufen heute das Doppelte, irgendwo hatte ich das mal im Fernsehen gesehen oder auch gelesen, keine Ahnung. Und schon bin ich mit den Gedanken wieder bei der Arbeit. Hätte ich das auch für unsere Mitarbeiter machen können? Zuständig für über 70 Mitarbeiter verschiedenster Nationen und Mentalität, Alter und Einstellungen zum Beruf. Frustrierte und ausgelaugte Mitarbeiter, hoch motivierte, kreative Mitarbeiter, ständige Nörgler und Unzufriedene bis Boshafte und dann wieder immer lächelnde und gut gelaunte Mitarbeiter, es war alles dabei. Genau wie die Patienten, die jetzt im Foyer sitzen und den Worten des Chefarztes lauschen. Einige Patienten haben überhaupt kein Verständnis für den Käse, den der Arzt da täglich fabriziert. Wir sind hier, weil wir krank sind, da haben wir nichts zu lachen. Auch an unserem Esstisch, es ist schon fast peinlich, wenn wir uns gut unterhalten und lachen. Einige sehen uns von der Seite recht schräg an, was soll denen da fehlen, die lachen ja nur.

Zwei Tage wollte ich probieren, nicht viel zu sprechen in der Klinik, eine halbe Stunde lang hatte ich es geschafft. Öfter ins Zimmer zu gehen und nicht zu viel Kommunikation zwischen Patienten wäre mir jetzt ganz recht, aber ich habe ja meine Klangschalen dabei, die will ich doch allen zeigen, meine tolle Arbeit, die auch die Pflege in der Einrichtung total verändert hat. Klangschalen sind ein tolles Medium, um zur Entspannung und zur Ruhe zu kommen. Ich zeige sie stolz herum und mache kostenlos und unverbindlich für Patienten Klangmassagen, zeige in einem Workshop den Therapeuten die Arbeit.

Und da ist es wieder, mein Durcheinander, entweder im Berufsleben oder die Erfahrungen in der Klinik – bunt gemischt, nicht festgelegt, überall ein wenig, aber ja nicht zu intensiv. Oberflächlich, obwohl ein perfektes Ergebnis immer Vorrang hat.

Ein guter Freund hatte mal mir direkt ins Gesicht gesagt, in dem Moment, als ich mich entschieden hatte, Pflegedienstleitung zu werden, war mein Burnout schon vorprogrammiert. Jetzt im Nachhinein denke ich, dass es eigentlich schon vorprogrammiert war, als ich mich zur Pflege entschieden hatte. Meine Defizite und meine von mir selbst eingeredete komplizierte Kindheit als schwarzes Schaf der Familie zu projizieren auf Menschen, die noch hilfloser sind als ich selbst. Ablenken von meinen Sehnsüchten nach Geborgenheit, Vertrauen und Zuversicht und es den Menschen schenken, die ausgeliefert sind und sich selber nicht mehr schützen können.

Ich beschloss, in die Pflege zu gehen, wegen der Kinder, weil sie klein waren und wir ein Haus bauten. So wollte ich nachts arbeiten, um mich tagsüber meinen Hausfrauen- und Erziehungsaufgaben zu stellen. Es war eine totale Überforderung, ich war 17 und wurde schwanger. Und 19, als wir begannen, ein Haus zu bauen. Ich hatte keinen Spaß daran, Hausfrau und Mutter zu sein, auch wenn es hart klingt, ich liebte meine Kinder, aber ich war überfordert. Alles war ein lästiges Muss, meine Freundinnen gingen aus und hatten ihren Spaß, ich saß zu Hause.

So fing ich in der Pflege im Nachtdienst an: am Abend ging ich zur Arbeit, die Kinder waren versorgt – eine gute Kombination, da immer jemand für die Kinder da war. In dieser Zeit hatte ein Nachtdienst ganz schön zu tun. In der zweiten Nacht war ich bereits alleine mit über 100 Bewohnern, von Pflege überhaupt keine Ahnung, keinen Helferkurs absolviert, nichts. Ich versuchte es und sagte mir selbst: ich schaffe es schon, bin ja stark und habe mich noch überall so mehr oder weniger gut durchgebissen. Die zweite Nacht alleine und bereits ein Sterbefall. Der Bewohner stand mit seinem Flügelhemd, abgemagert durch den Sterbeprozess, wie der Tod selbst in der Tür und hatte mich um etwas zu trinken gebeten. Ich war erschrocken und unsicher. Aber trotzdem, intuitiv hatte ich ihn zurückgebracht in sein Bett, ihm zu trinken gegeben, ihn an der Hand genommen und gestreichelt.

Er war sichtlich erleichtert, das leicht verzerrte Gesicht entspannte sich. Er hatte mich noch angelächelt und gemeint, ich sei gut zu ihm. Und da war es, das erste Mal, das Gefühl, gebraucht zu werden und wertvoll zu sein. Zu spüren, da gibt es jemanden, der noch viel einsamer ist als ich, der dankbar ist für mein Dasein, ohne jegliche Verpflichtung. Ich war die zweite Nacht im Nachtdienst ohne jegliche Ausbildung bei einem fremden Mann, den ich vorher noch nie gesehen hatte und hatte Sterbebegleitung intuitiv richtig gemacht.

Die Bewohner freuten sich, wenn ich Dienst hatte, denn ich war fröhlich, hatte immer einen lustigen Spruch drauf und ein Lächeln, das ansteckte. Ich bekam ein Gefühl des Wohlseins, des Erwünschtseins, des Gebrauchtwerdens. Ich sah viele dankende Augen, die mir eine Art Selbstbestätigung gaben. Damals hatte ich noch nicht verstanden, warum ich das alles so aufsaugte wie ein Schwamm, mich auf die Arbeit freute, auch wenn es manchmal sehr anstrengend war, die Nacht über zu arbeiten, Geschichten zu erzählen, vorzulesen, zu trösten und zuzuhören.

Tagsüber kurz schlafen und dann den Kindern mit den Hausaufgaben helfen, mit ihnen spielen, Garten und Haushalt machen… und abends wieder zur Arbeit. Wenig reden mit dem eigenen Mann, sich nicht anvertrauen, denn ich habe ja meine eigene Welt in der Arbeit, wo ich dringend gebraucht werde. So eine kleine Mutter Theresa im Altenheim. Hab kleine Feste organisiert, Kinoabende und Geschichtenabende, an denen die Bewohner Freude hatten. Im Hintergrund aber doch ein schlechtes Gewissen: Warum konnte ich das alles nicht in der Ehe und den Kindern gegenüber empfinden? Was mache ich denn falsch? Es muss doch einen Schalter geben, den ich ein- und ausschalten kann, immer wenn ich es brauche.

Immer mehr Abstand in der Ehe, komplizierte Situationen mit dem Partner und dem privaten Umfeld. Ich merkte auch, dass sich mein Mann veränderte, aber ich wollte es nicht wahr haben. Ich hätte Stärke und eine feste Schulter gebraucht, der mich als schutzloses armes Häuflein Elend in den Arm nimmt, denn es versteht mich ja keiner. Es war niemand da, dachte ich, aber ich hatte es ja selber gar nicht zugelassen, jemanden zu haben, der da sein könnte. Lieber schlucken, den Schmerz ertragen. Wobei ich oft gar nicht wusste, warum ich denn einen Schmerz hatte. War es Selbstmitleid oder was war es?

Ich wurde immer verschlossener und fühlte das Unbehagen in der Familie und in der Ehe. Darauf folgte seelischer Rückzug und Aufopferung in der Arbeit, bis es soweit war: der große Krach, weg aus der Ehe. Nicht verstanden zu werden, keinen zu haben, der mich hört. Alleine gelassen. Eben ein armseliges Häufchen Elend, was sich damit wieder bestätigt hatte. Du kannst nichts, bist nichts und du wirst es zu nichts bringen.

Alleine gelassen von allen, die mir nahe standen. Die sahen nur die eine Seite: den armen Ehemann und die armen Kinder, verlassen, mit einem riesen Berg an Unruhe. Ich hatte ja alles provoziert, hatte mir keine Mühe gegeben, war selber nicht in der Lage, die Situation zu beherrschen und zu ändern.

Neuanfang, langsam nach oben krabbelnd, neue Wohnung, neue Arbeit, neues Umfeld, neue Chance. Meine Kinder kamen zu mir, Gott sei Dank! Obwohl sie die ganze Situation und die ganzen Jahre eine unzufriedene Mutter ertragen mussten, wollten sie zu mir.

Ich konnte also doch ein wenig bewegen. Durch die neue Arbeitsstelle war ich wieder motiviert und hatte das Gefühl, gebraucht zu werden. Durch meine Art, meine Freundlichkeit und Fröhlichkeit war ich willkommen bei Kollegen und Bewohnern, ich entschloss mich, es mir selbst zu beweisen. Ganz nach dem Motto: jetzt erst recht. Wild entschlossen, die Schulbank nochmals zu drücken und das Examen als Altenpflegerin zu machen, begann ich, neben Beruf, Kindererziehung und Ausbildung auch noch einen Partner zu suchen. Ich kann doch nicht alleine sein. Ich fühlte mich so stark, dass ich wieder liebende Ehefrau und Mutter sein wollte. Und nebenbei meine Ausbildung schaffen.

Ich schaffte es auch und wurde ganz schnell zur Stationsleitung benannt, denn mein Organisationstalent hatte ich ja von Muttern geerbt. Ich konnte gut organisieren, egal was gebraucht wurde, auch wenn es manchmal sehr schwierig war. Die dann lobenden Worte saugte ich ebenso wie ein Schwamm auf, wie das Gefühl, gebraucht zu werden von den hilflosen, oft alleingelassenen Senioren, die traurig ins Altenheim einziehen, obwohl sie eigentlich gar nicht dort sein wollen.

Ein neuer Partner, gute Arbeit, die Kinder bei mir, alles war rosig, für eine gewisse Zeit jedenfalls. Ich schluckte immer viel, egal, in welchen Situationen. Ob es im Berufsleben war oder im privaten Bereich, ich war immer gut drauf, lächelnd nach außen, innerlich eher weinend. Ich hatte mich auch niemandem anvertraut, hatte keine guten Freundin, der ich alles erzählen konnte. Es waren natürlich Freundinnen da, aber ich habe ja zu einer richtigen Freundschaft nichts dazu gegeben, ich habe es einfach nicht zugelassen. Ich bin eigentlich eine richtige Einzelkämpferin, die alles alleine machen möchte. Bei der alles perfekt sein muss und die unwahrscheinlich harmoniesüchtig ist, egal ob im privaten oder dienstlichen Bereich.

Therapiestunde in Scheidegg, ich hatte Angst. Welchen Therapeuten bekomme ich und wie wird er sein?

Die Tür geht auf, oh je, dachte ich, den hast du doch schon gesehen und hast für dich gedacht, welch ein armer Patient. Riesengroß und sehr dünn. Ich dachte, jemand mit Magersucht. Kann ich mich da wirklich anvertrauen? Wir begrüßen uns und … ich muss nichts von mir erzählen, der Therapeut erzählt von sich. Wunderbare Sachen, wo er schon überall war, was er erlebt hat, wie es ihm schlecht ging und dann wieder ganz gut. Ich hörte aufmerksam zu und merkte, wie mich seine Worte faszinierten. Ein ganz normaler Mensch mit all den Höhen und Tiefen, wie ich auch. Ich bekam Vertrauen zu ihm und fing etwas an zu reden. Leider war die Stunde aus. Schade, jetzt wollte ich eigentlich etwas erzählen. Aber ich habe ja zwei Mal die Woche Therapie, wir werden noch viele Möglichkeiten haben. Ich will mir helfen lassen, aus meinen Karussell herauszukommen. Meinem Kreisverkehr mit vielen, vielen Ausfahrten, nur finde ich nicht die richtige Ausfahrt. Anschließend gleich drei Stunden Tanztherapie. Ich bewege mich sehr gerne, aber Tanztherapie? Ich konnte mir überhaupt nichts darunter vorstellen. Na ja, da muss ich durch. Ich kam als zweite in den riesigen Saal, an die 30 Leute kamen nach. Der Therapeut erzählte, dass jetzt getanzt wird und jeder seine Gefühle in die Bewegung einbringen kann. Hä? Ich hatte keine Ahnung, was er von mir wollte. Doch ich fing an, mich nach der Musik zu bewegen. Aber eher zurückgezogen in der letzten Ecke war mein hauptsächlicher Standort, ja nicht zu weit rein und unter die Leute. Es gab verrückte Tänzer, sanfte und weinende Tänzer und mich, die nicht so recht wusste, was man hier sollte.

Wie wird es bei der Arbeit sein? Ob die Klangschalenanwendungen abgeschafft werden? Ob ich je wieder zurück darf? Als Pflegedienstleitung? Der Therapeut kommt zu mir: „Na, wo sind wir denn mit den Gedanken? Jetzt wird mal nicht gedacht, sondern nur der Musik gelauscht und bewegt. Tanzen kannst du ja, das sieht man." Erwischt, mein Kopfkino war wieder voll im Gang. Ich hatte es dann versucht, nur an die Musik und die Bewegung zu denken. Je länger ich tanzte, umso mehr gefiel es mir. Es kamen Oldies, Musik aus meiner Zeit. Ich erinnerte mich sofort an schöne Gegebenheiten bei bestimmter Musik. Ich schloss die Augen, so sah ich die anderen Menschen nicht und war für einige Zeit ganz für mich alleine und hatte mich trotzdem sehr wohl gefühlt. Eingehüllt in Musik und Bewegung, das machte mir richtig Spaß.

Danach sofort in mein Zimmer, ins Internet, denn ohne Internet geht gar nichts in der Klinik. Pustekuchen, keine Verbindung, Internetanschluss nur im Foyer und nur zu bestimmten Zeiten. Auch die Handyverbindung funktionierte nicht. Das muss so sein, die machen das extra, damit man abgeschirmt ist von seiner Umwelt und mal zur Ruhe kommt. Ohne zu wissen, was los ist, soll ich zur Ruhe kommen? Geht ja gar nicht. Aber ich habe rausbekommen, was ich wollte. Einfach eine Therapeutin angesprochen und gefragt, welchen Hintergrund die Tanztherapie und die Musik und Bewegung haben soll. Es wurde mir eingehend erklärt. Wäre das auch was für die Pflege? Warum konnte ich nicht aufhören, immer an die Arbeit zu denken? Sofort war ich mit meinen Gedanken wieder bei der Arbeit. Es machte mich traurig, wenn ich daran dachte, dass es nicht mehr so laufen würde, wie ich es mir vorstellte.

Aber ich merkte, dass ich immer lockerer wurde, nicht mehr so oft weinte und zitterte. Meine Schlafstörungen wollte der Therapeut extra angehen. In der nächsten Therapiestunde. Irgendwie freute ich mich darauf, hatte aber auch ein Stück Angst. Gruppengespräche zwei Mal in der Woche, jeder durfte darüber reden, wie es ihm ging. Wenn jemand wollte, durfte er ein Problem aus seinem Leben ansprechen und es wurde gemeinsam behandelt. Ich meldete mich nicht, gar nie. Ich wollte nicht meine Schwächen zeigen. Nach außen hin bin ich doch die Starke, Lustige und für jeden Blödsinn zu haben. Doch beim zweiten Mal Gruppentreffen hatte sich niemand gemeldet. Und ich dachte an mein ewiges Jasagen. Ich kann sehr schlecht Nein sagen, ich will immer Harmonie und es jedem recht machen. So wurde mein Thema zum Thema. Dann in Zweiergruppen aufgestellt – eine Gruppe sagte immer Ja und die andere Nein. Ich sagte zwar sehr oft Nein, aber immer mit einem Lächeln, scheu und nicht ernst gemeint, und mit unguter Augenmimik. Der gegenüber merkte sofort, dass ich ein Weichei war. Dass ich zwar Nein sage, aber Ja denke. Sehr schnell hatte der Therapeut dieses Manko auch bei mir bemerkt. Warum sage ich immer Ja? Ich denke immer, die Leute mögen mich nicht mehr, wenn ich absage, verneine und nicht das tue, was sie von mir wollen. Ist es denn so schlecht, auch mal Nein zu sagen? Wie viele Bücher habe ich darüber schon gelesen? Sag nicht Ja wenn du Nein meinst – dieser Satz ist mir am meisten hängengeblieben. Ich bin oft sehr spontan, sage sehr schnell zu und erst hinterher merke ich, dass ich es nur mit einem riesen Aufwand leisten kann. Warum tue ich mir das an? Diese dumme Jasagerei hat mich auch schon einiges an Geld gekostet. Leuten Geld geliehen, obwohl ich wusste, dass ich es niemals wieder zurückbekomme. Obwohl, was soll ich mit Geld, hab noch nie damit umgehen können. Für jeden Käse Geld ausgegeben, auch für die Arbeit, wenn ich wieder unbedingt beweisen wollte, was für gute Projekte wir auf die Beine stellten.

Ich habe aber in der Gruppensitzung bemerkt, es geht mir nicht alleine so. Es sind noch zwei bis drei Personen dabei, die können es genau so wenig. Warum sind sie in der Klinik? Wegen Burnout und Depressionen. Aha, dachte ich – ist also dieses ewige Harmonie suchen ein Vorbote von Burnout? Aber warum ist man so harmoniesüchtig?

Muss denn immer Friede, Freude Eierkuchen sein? Beim Einzelgespräch in der nächsten Sitzung habe ich es erfahren. Anscheinend war mein Gefühl so ausgerichtet, dass mich niemand mag, weil ich mich selbst nicht angenommen hatte. Bei diesen Einzelgesprächen lernte ich dann nach und nach, die Dinge, die ich mir so einredete, von verschiedenen Seiten zu betrachten. So schlüpfte ich auch in andere Rollen, war mal mein ehemaliger Chef, mal meine Mutter, mal meine Geschwister oder mein Partner. Aus deren Sicht, muss ich ehrlich zugeben, war ich ein ganz schönes Früchtchen. Ich hatte auch wirklich nichts ausgelassen. Aber eigentlich nie zum Vorteil für mich als Person, sondern eher für die Allgemeinheit und die Personen, die mir im Beruf anvertraut waren.

In meinem Zimmer flossen dann wieder Tränen, warum bin ich nur so ein schlechter Mensch? Zweifel und Kummer waren wieder aufgekommen, die Ansicht, es sind immer nur die anderen schuld. Wie sagte der Therapeut? Es hat alles seinen Sinn und seine Berechtigung und Funktion. Wie war es mit der Pyramide von Maslow? Die Grundbedürfnisse, die physiologischen, körperlichen Bedürfnisse nach Atem, Essen, Schlaf waren ja bereits voll ausgeschöpft. Na ja, das Schlafen war noch ein Handicap. Dann die zweite Stufe, die körperliche Sicherheit und die Versorgungssicherheit, auch da wackelte es ja schon. Ich wusste ja nie, wie es beruflich weiter gehen würde. Dass ich in meinen alten Beruf zurückkonnte, war eine Illusion. Was dann? In die Pflege zurück konnte ich allein deshalb nicht, weil ich einen Bandscheibenvorfall hatte. Aber in der Pflege gibt es immer Arbeit, vielleicht könnte ich auch Kurse mit meinen Klangschalen machen und damit gut Geld verdienen.

Es musste weitergehen, notfalls ginge ich ins Ausland, um sozial zu helfen. Bei der Caritas hatte ich zwar schon mal angefragt, wie es ist mit Auslandshilfsaktionen aussieht, bei denen ich mich als Person aktiv einbringen könnte. Aber was kam als Antwort? „Nein, liebe Frau, sie sind eindeutig zu alt." Das konnte doch gar nicht sein, ich wollte ehrenamtlich für Unterkunft und Essen helfen und durfte es nicht? Nicht einmal diese Hilfe könnte ich also leisten. Was war das für eine bittere Welt, wo man ab 50 zu nichts mehr zu gebrauchen ist?

Mensch, ich hatte mir selbst eine Ohrfeige verpasst, warum bin ich auch immer so negativ? Es wird alles kommen, wie es kommen muss. Eigentlich will ich ja gar nicht mehr in den alten Job, er war es doch, der mich zu einem sehr großen Anteil in diese Situation gebracht hatte – und einige sehr „nette" Kollegen, die es sehr gut mit mir meinten. Die hatten mir so kleine Stiche in den Rücken verpasst und machten mich hinterrücks schlecht.

In meiner Ausbildung zur Klangpädagogin beim Peter Hess Institut hatte ich ganz viele psychologische Kurse, an denen ich zwar teilgenommen und diese miterlebt hatte, aber die ich dann ganz schnell wieder ad acta legte. Auch, wenn ich total fasziniert war, wie die Ergebnisse von allen Seminarteilnehmern der Wahrheit entsprachen. Wie war nun mein Fluss des Lebens? Ich nahm mir eine Schnur und legte sie auf den Boden. Ich sollte von Geburt an die Höhen und Tiefen und Erlebnisse, die mich geprägt hatten in meinem Leben, mit dem Seil aufzeigen. Das Seil hatte ganz schön Kurven drin. Bei jeder Kurve, die besonders doll nach unten ausschlug, stellte ich mir eine schöne Klangschale auf, die mich dabei unterstützte. Als ich meine Kurven nochmals ansah, merkte ich, nach jeder Kurve kam wieder eine Höhe. Und was hatte ich noch Tolles gelernt? Das, was dir fehlt, wie Glück, Kraft, Energie, dafür nimm dir eine Klangschale, die das alles symbolhaft darstellt und schlage sie dir sanft an. Mensch, ich hatte so viel Werkzeug im Koffer und habe nie dran gedacht, dieses Werkzeug für mich selbst zu benutzen. Dieses Werkzeug wurde durch die ganzen Therapien wiederholt, es gab immer mehr Aha-Effekte. Das kannte ich doch schon, hatte es auch schon bei anderen umgesetzt. Meine Laune und meine Stimmung wurden immer besser. Immer weniger grübeln. Das Loslassen von Ängsten und Sorgen, von existenziellen Sorgen für die Zukunft, fiel leichter. „Es wird für dich gesorgt und es wird immer jemand da sein für dich", so hatte ich es gelernt, gehört, besprochen und wahrgenommen.

In der Klinik hatte ich zusätzlich Werkzeug bekommen. Darauf geachtet, nicht auf meine negativen Eigenschaften und meine Defizite zu schauen, die einfach dazu gehören, zu jedem Menschen, sonst wären wir ja Übermenschen. Ich habe meine Ressourcen und meine positive Seite näher betrachtet und war selbst erstaunt. Rückblickend betrachtet, habe ich vieles positiv verändert, auch im Beruf. Ich habe zum Beispiel begonnen, wieder zu malen. Wie viele tolle Bilder hatte ich früher gemalt, Speckstein geformt, ich bin wieder richtig kreativ geworden. Ich hatte mir auch einige Vorträge angehört. Von Gerald Hüther und Manfred Spitzer und von Steve de Shazer, die ich ja in meiner Ausbildung zur Klangpädagogin schon alle kennen lernen durfte. Ich holte meine innere Schatzkiste wieder raus, erinnerte mich an diese tolle Ausbildung, an Peter Hess, der mit seinen warmen Worten immer wieder gesagt hatte: „Weniger ist mehr, wertschätzend, sanft für Körper, Geist und Seele." Ich erinnerte mich auch an

Jessica, bei der ich sehr viele wertvolle Seminare besucht hatte und deren Anregungen ich in der Arbeit mit den Klangschalen in der Pflege positiv umgesetzt hatte.

Auch war ich so begeistert von dem Buch von Milton Erickson, die Innere Macht der Bilder. Was macht Meditation? Ich kann nicht Meditieren, weder nach Jacobsen noch sonst einer Art, dafür bin ich viel zu unruhig, aber bei den Klangschalen braucht man nichts zu tun außer sich hinzulegen, zu spüren und zu hören. Das tut so gut, nichts tun zu müssen, sich nur hinzulegen und die sanften Schwingungen der Klangschale zu spüren und zugleich eine tolle Massage zu bekommen. Nur den beruhigenden Obertönen der Klangschale zu lauschen. Darum wirken sie auch so gut in der Pflege. Es haben nicht nur die Bewohner in der Anwendung etwas davon, sondern auch die Mitarbeiter: sie hören ebenfalls den Klang. Erst viel später habe ich die Meditationsstudie von Sara Lazar gesehen, „Heilung des Inneren Arztes". Ein Film, der im Fernsehen gezeigt wurde, und besagt, dass diese graue Substanz im Gehirn, die zuständig ist für Stress, Lernen und Überforderung durch regelmäßige Mediation total regeneriert wird – und das nachweislich.

Immer mehr eingearbeitet und meine Situation von außen betrachtet, habe ich begriffen, dass dieses Selbstmitleid, das Gefühl, nichts zu sein, nur von mir selbst ausging. Ich ließ es ja nicht zu, dass sich wirkliche Freundschaften entwickeln konnten. Denn sich zu öffnen und auch einmal eine negative Kritik zu erhalten, das wollte ich nicht. Dieses ständig harmoniesüchtige Verhalten, das mich oft in sehr große Schwierigkeiten gebracht hatte, musste ich mir das wirklich in Zukunft wieder antun?

Der Therapeut meinte, es gehört zu mir wie der Atem, ich soll es auch gar nicht abstellen. Einfach lernen, damit umzugehen, aber doch immer darauf achten, dass es einige Grenzen einhält. Es soll mich nicht auslaugen, bis ich nicht mehr kann. Wenn ich lerne, meinen Körper und meinen Geist in die richtige Bahn zu bringen, kann es auch sehr fruchtbar sein.

Es ist fruchtbar, ich bin keine Pflegedienstleitung mehr, auch wenn sie mir viel Schlechtes nachreden, es ist mir egal geworden. Ich weiß, dass ich für die Mitarbeiter und für die Bewohner sehr viel positiv bewegt habe, mich nie selbst bereichert habe, sondern immer alles gegeben und mich eingebracht habe für gute Pflege. Ich will noch sehr viel mehr Positives in der Pflege bewegen. Ich habe gelernt, durch meinen Burnout, dass alles ein Teil meiner ist, den ich auch brauche. Ich brauche die Tiefs, damit ich auch mit Kraft wieder ein Hoch erklimmen darf, aber nicht muss, wenn ich nicht mag. Doch ich liebe Berge, und wenn ich oben bin, ist die Aussicht so toll und ich klopfe mir selbst auf die Schulter. „Du hast es geschafft." Es wird auch mit Sicherheit nicht immer einfach sein, einige Berge zu besteigen, aber diese Anstrengung gebe ich mir, es tut mir gut und ich bewege etwas in der Pflege. Ich mache etwas ohne das Gefühl, Mutter Theresa zu sein, denn es macht mir unwahrscheinlich viel Freude, kreativ und innovativ zu sein und zu organisieren. Zu sehen, wie mit einfachen Mitteln und sozialen Kontakten so viel Wärme und eine andere Pflege entstehen kann.

Die Klinik in Scheidegg, die Auszeit, die mein Körper eingefordert hatte, brauchte meine Seele, um zur Ruhe zu kommen. Zu erkennen, dass wir selbst verantwortlich sind für Stress und Burnout. Dies hat mich diese Zeit gelehrt. Es werden zwar immer mehr Anforderungen gestellt und die Zeit wird viel schnelllebiger, aber solange wir nicht reagieren und immer sagen, dass es schon geht, sind wir eindeutig selbst schuld, wenn es uns nicht gut geht. Wir sind jetzt in der Pflicht, für uns selbst zu sorgen.

Mein Kalender ist heute gespickt mit Smileys, die meine schönen Erlebnisse am Tag sichtlich beeinflussen. Die Smileys sind Signalgelb, von Weitem gut zu sehen und haben immer eine positive Wirkung auf mich (Innere Macht der Bilder). Meinen Fokus auf das Positive zu lenken, das verändert auch mich selbst und meine Einstellung.

Die ganzen Ausbildungen, von der Sozialmanagerin bis zur Klangpädagogin nach Peter Hess und die ganzen tollen Seminare, die ich noch alle besuchen will und werde, haben und werden mich weiterbringen. Weil es einfach bunt und kreativ ist, dazuzulernen, nicht stehenzubleiben, soziale Kontakte zu knüpfen. Außerdem ist es ein gemeinsames Erleben und Austausch kann stattfinden. In diesen Seminaren wird sich auf das Wichtige im Leben konzentriert: auf sich selbst und auf eine sanfte und wertschätzende Art und Weise für sich und für andere zu sorgen. Das ist das, was wir uns alle wünschen und brauchen.

Ich höre nie auf, weiterzulernen, neue Menschen kennenzulernen. Meine Ausbildung zur kreativen Gerontotherapeutin und das SMEI Konzept nach Dr. Udo Baer vom Institut für Gerontopsychiatrie, in dem ich mittlerweile Beirat bin, hat mich soziale Projekte ins Leben rufen lassen. Ich mache sie mit großer Freude. Diese Projekte sind ein wichtiger Teil meines Lebens geworden. Mit an Demenz erkrankten Männern, Männern und Jugendlichen aus der Kommune und einem Oldtimerverein einen alten Traktor zu restaurieren, war ein tolles Projekt, in dem nicht nur die Männer mit Demenz viel profitiert haben, sondern auch alle anderen Beteiligten. Dann die glänzenden Augen zu sehen, wenn sie einer so einfachen Arbeit nachgehen, die allen viel Spaß und Freude bereitet hat – das ist ein tolles Gefühl. Oder mit einem Motorradclub, den Mitgliedern und deren Motorrädern, ins Altenheim zu kommen, um zum Beispiel Ölwechsel zu machen – wie schnell haben sich die Senioren, die leicht vergessen, an ihre Jugend erinnert und sofort Hand angelegt. So entstehen immer mehr soziale Projekte, in denen ich nur das Herzstück bin und sie alle zusammen bringe. Ich bringe meine Ideen ein und werde dadurch immer kreativer, so dass mittlerweile ganz viele Einrichtungen derartige Projekte durchführen.

Die zunehmende Einsamkeit, die in Zukunft immer extremer wird, ist ein Problem und auch teilweise verantwortlich für die Demenz und die Depressionen und Burnouts. Das In-sichhineinfressen, das Nicht-reden, sei es im Freundeskreis oder in der Familie, kann auf Dauer nur schaden. Wie hat der Arzt in Scheidegg in seinen Vorträgen referiert? Wir streiten über Toaster oder nicht weggeräumte Sachen, aber der Hauptgrund, um die es eigentlich geht, sind das Verletzen anderer und das Erdulden von Verletzungen, die Wut in sich und ein nicht respektvoller Umgang miteinander – das sind die Rückzugsauslöser. Es könnte ganz einfach sein, aufeinanderzuzugehen, ein normales Leben zu leben und auf sich zu achten. Eine Selbsthilfegruppe organisieren zum Reden, kann helfen. Dann ist schon ein großes Stück des inneren Drucks weg, ich habe es selbst gespürt.

Es gibt auch jetzt immer wieder Tage, die mich traurig machen, aber mittlerweile habe ich viel Werkzeug an die Hand bekommen, sei es von der Klinik in Scheidegg, von meinen Ausbildungen als Klangpädagogin, den vielen Büchern, die ich gelesen habe, den vielen lieben Menschen, die ich auf diesem Weg kennenlernen durfte – mit einigen sind sogar Freundschaften entstanden – sei es in Passau, Gera, Hamburg oder in Duisburg.

Nie und nimmer wäre ich in die kleine Welt hinaus gekommen, wären meine Tiefs nicht gewesen.

Ein Spruch, der mich auch immer begleitet, ist: „Es gehen ein oder zwei Türen zu, aber es gehen auch wieder Türen auf und keiner weiß, was hinter einer neuen Tür steckt."

Ich habe ein kleines System für mich entdeckt, mit dem ich wenigstens ein wenig Struktur in mein Chaos bringe, obwohl ich das Chaos total mag. Ich erstelle für mich Wochenpläne und Monatspläne mit Dingen, die ich noch machen könnte, aber nicht unbedingt machen muss. Wichtig ist aber auch, mir Zeit für mich selbst einzuplanen. Das ist so ein kleiner Bereich, den ich gerne für mich immer wieder vergesse. Aber mein Körper erinnert mich sehr an diese allerwichtigste Planung, eine Auszeit für mich selbst und für meinen Körper. Wandern, spazieren gehen, erleben der Natur, auftanken von Sauerstoff, Sonne und den tollen Geräuschen der Natur lauschen. Auch ausgehen, Leute treffen, Hobby ausleben und ratschen. Auch noch sehr, sehr wichtig ist der Gedanke, man ist nicht alleine auf der Welt. Es ist immer jemand da, der dir helfen kann, auch wenn es nicht im direkten Umfeld ist. Doch wir alle, das soziale Geflecht und der Staat helfen – wir müssen uns aber auch helfen lassen.

Meine nächsten fünfzehn sozialen Projekte sind in der Planung für die 1. Fachmesse für Demenz in Rosenheim. Meine Arbeit besteht nur darin, die Menschen zusammenzubringen. Ob das die Friseurinnung ist, die mit den jungen Friseurinnen ins Altenheim geht und wöchentlich den Damen mit Demenz die Haare macht oder der Imkereiverein, der mit Senioren, die früher mit eigenen Bienen gearbeitet haben, Bienenstöcke aufbaut und wieder eigenen Honig erstellt – all dies sind nur kleine Beispiele, die ein buntes Miteinander in dem Bereich Pflege und Demenz erreichen.

Ich will mit meinen Zeilen Mut machen, dass sich jeder sein Leben mal genauer anschaut und sich selbst fragt: „Ist es das, was ich will? Was kann und will ich ändern und wenn ich es nicht ändern kann, wie kann meine Einstellung dazu verändert werden?" Wir können die Menschen um uns herum nicht ändern. Nicht den Partner, nicht die Chefs oder Kollegen, nur die eigene Einstellung zu diesen Personen kann verändert werden. Die anderen können nicht riechen, dass mir selbst ihre Art und Weise eventuell nicht gefällt. Spreche ich es aber nie an, so ändert sich auf jeden Fall nichts – nur der Ärger darüber wird immer größer. Bis man irgendwann einfach nur platzt.

Für sich zu sorgen, ist wichtig. Man soll das machen, was einem gut tut. Ob es Meditieren oder spazieren gehen oder Sport machen ist. Denn auch, wenn es immer wieder Rückschläge gibt, sie gehören zum Leben dazu und wollen dir etwas mitteilen:

„Pass auf dich auf, dich gibt's nur einmal, du bist wertvoll!"

Rosemarie Bleil liebte ihren Beruf bis zur Aufopferung, zeigte großes soziales Engagement und hat sich dabei selber vergessen. In
der Pflege ein verbreitetes Phänomen. Zu wenig Zuwendung, zu
wenig Bestätigung, zu wenig Anerkennung, Zeitdruck … es gibt
viele Gründe. Sie hatte wenig Zeit darüber nachzudenken, bis Körper und Geist streikten und ein Burnout sich bemerkbar machte.
Auf dem Weg, den Pflegeberuf kreativ und attraktiv zu gestalten,
sieht sie noch viele offene, wunde Stellen.

2

Ein Jahr Burnout muss reichen

Petra Drasl

Wer ein WARUM zum Leben hat, erträgt fast jedes WIE! (F. Nietzsche)

2.1 01. April 2008

E.X. kam um 05:30 Uhr nach Hause. An seinen Augen erkannte ich, dass er ausgeschlafen war. Freunde erzählten mir noch, dass ich ihn nicht allein weggehen lassen soll. Sie wussten wohl mehr, denn er war anscheinend bei einer anderen. Knall auf Fall beendete ich diese Beziehung. Habe ich sie wirklich beendet oder hat E.X. mich bereits vor Monaten verlassen? Was spielte es für eine Rolle. Es war zu Ende und eine Woche später war er weg – nach fast zehn Jahren. Ich hatte so um diese Beziehung, Liebe und Zuwendung gekämpft, ohne zu merken, wie mich das in Stress versetzt hatte. Zurück blieben meine unsagbare Erschöpfung, meine Kinder Isabel und Philipp und ich.

Wie oft habe ich den Film *Mamma Mia!* gesehen? Wie oft habe ich mir den Song *The Winner Takes It All* angehört, der mir aus der Seele gesprochen hat? Ich habe nicht mitgezählt.

Ich möchte nicht über Dinge sprechen, die wir durchgemacht haben.
Jedoch verletzt es mich. Jetzt ist es Geschichte.
Ich spielte alle meine Karten aus, und das hast Du auch getan.
Es gibt nichts mehr zu sagen, kein Ass mehr auszuspielen.
(ABBA, The Winner Takes It All)

Nie habe ich E.X. erzählt, wie es mir damals wirklich ging. Warum nicht? Weil es mir, als ich die Möglichkeit dazu hatte, nicht mehr wichtig erschien. Lieder aus *Mamma Mia!* waren die einzigen, die ich ertragen hatte. Von Beginn der Trennung an, bat ich meine Kinder, keine Musik zu Hause einzuschalten, denn sie erinnerte mich an E.X. und das tat weh. Dass sich dieses Mal etwas ändern würde, hatte ich nicht zu träumen gewagt, aber dazu später.

2.2 Stress lass nach

Anfangs dachte ich, dass ich nur Liebeskummer hatte. Freiwillig habe ich ja diese Beziehung nicht beendet, aber es blieb mir eben nichts anderes übrig. Der Kummer versetzte mich immer mehr in Stress. Mein Job in einer Wiener Privatbank machte mir trotzdem noch immer unglaublichen Spaß und gab mir Halt. Schon von Kindesbeinen an wollte ich immer in einer Bank arbeiten. Für mich ging eine große Faszination davon aus, denn im Bankwesen lag meine Leidenschaft. Dort war ich glücklich. Doch dann kam ich nach Hause. Zum Tatort. Plötzlich verließ mich meine Kraft. Eines Tages, es war früh am Morgen, bekam ich plötzlich Atemnot und Herzrasen. Diagnose: Panikattacke, die mich im ersten halben Jahr noch öfters heimsuchte. Anfangs dachte ich an Herzprobleme und lief zum Hausarzt. Nach unzähligen Untersuchungen stand dann aber fest, dass ich Panikattacken hatte. So fühlte es sich also an. Wenn man sich mit Burnout auseinandersetzt, fällt dieses Wort oft. Eine Panikattacke ist eine plötzliche und in der Regel nur einige Minuten anhaltende körperliche und psychische Alarmreaktion ohne objektiven äußeren Anlass. Oft ist einem nicht klar, dass ihre Symptome Ausdruck einer Panikreaktion sind. Die ursprünglichen Reaktionen im Körper werden dadurch als bedrohlich erlebt. Dank der Aufklärung meiner Ärzte konnte ich nun besser damit umgehen und hatte keine Angst mehr.

Typische Symptome meiner Panikattacken waren:

- Atemnot, Engegefühl in Brust und Kehle
- Herzrasen
- Schweißausbrüche
- Zittern, Schwindel
- Angstgedanken („Das ist ein Herzinfarkt")
- Angst davor, Haus oder Wohnung zu verlassen, da draußen etwas passieren könnte

Die Panikattacken traten fast ausschließlich morgens zu Hause auf. Ich schrieb mich in ein Seminar „Atemschule" ein. Atmung ist das ganze Leben. Sie ist wie ein Kraftwerk, welches uns ohne besonderes Zutun oder Aufwand Tag und Nacht mit Energie versorgt. Das Erlernen der richtigen Atmung ist ein wichtiger Schritt, um vom Burnout wieder ins Leben zu kommen. Mich unterstützte es vor allem im Umgang mit den Panikattacken. Es gab mir Sicherheit. Meine Disziplin und mein Stolz brachten mich dazu, dass ich zwei Stunden später trotzdem wieder an meinem geliebten Arbeitsplatz saß. Erst im Jahr 2009 gab ich diesen dann auf. Ich wollte privat und auch beruflich ein neues Leben beginnen. Denn in der Zwischenzeit verlor ich meine Leidenschaft, in jeder Hinsicht. Der Verstand sagte Ja zu einem neuen Leben. Wenn nur die Emotionen nachgerückt wären.

2.3 Der Schritt zum Psychiater

Anfang 2009 suchte ich dann Hilfe. Ich landete zum ersten Mal in meinem Leben beim Psychiater mit der Diagnose Burnout. Ich hatte so um meine Liebe gekämpft, bis ich ausbrannte. Was solls, dachte ich mir. Ein Jahr gebe ich mir Zeit. Länger leide ich sicher nicht. Der Psychiater war mir von Beginn an sympathisch, also konnte es losgehen. Aber womit? Eine Burnoutausbildung hatte er nicht und so bot er mir eine Gesprächstherapie an, die ich nutzte, denn ich hatte schließlich Kinder, die mich brauchten. Warum sollte eine Gesprächstherapie nicht helfen? Medikamente lehnte ich allerdings ab. Neben meinem Bankjob ging ich zu der Zeit auch noch samstags arbeiten. Damals machte ich vier bis fünf Mal im Monat mit E.X. die Wiener Innenstadt unsicher. Cocktails trinken, tanzen. Das kostete schließlich Geld. Die Kinder übernachteten bei ihren Freunden. Ich hatte kein schlechtes Gewissen. Schließlich ließen die beiden auch keine Kinderparty aus. Wir gönnten es uns einfach, nach den Pflichten unseren gemeinsamen und eigenen Spaß zu haben. Getrennt oder gemeinsam. Was für eine berauschende Zeit.

Bei Dr. X redete und redete ich drei Mal die Woche. Auf die Frage, was der Sinn daran sei, antwortete er: „Sie werden dadurch ihren eigenen Weg finden." Der Anfang war gesetzt. Nun musste ich zu Hause die Karten auf den Tisch legen und den richtigen Zeitpunkt finden, meinen Kindern meine Diagnose Burnout zu erklären und sie auch noch bitten, dafür Verständnis aufzubringen. Isabel war damals 15, Philipp 12 Jahre alt. Einerseits waren sie geschockt, andererseits froh, denn sie hatten natürlich die Veränderung an mir bemerkt. Familienmitglieder haben es da leider besonders schwer. Nichts in meinem Leben war schwieriger als dieses damalige Gespräch. Für sie war die Situation ein Gefühlschaos. „Warum gerade meine Mutter?" Für die beiden war ich die toughe, lebenslustige, ehrgeizige Business-Lady und dazu ausgefallen, beeindruckend, jung und für sie beste Mutter. Sie waren immer stolz, so eine Mutter zu haben, die ganz anders als andere Mütter war. Bereits als sie acht Jahre waren, mietete ich eine Kinderdisco in Grinzing für sie – ein Heidenspaß, und ich war die „Queen of Mums".

Damals war die Zeit noch überhaupt nicht reif für ein solches Outing. Burnout war noch kein Thema. Dadurch standen meine Kinder dann mit ihrem Kummer, was mich betraf, ziemlich alleine da. Erst Jahre später outeten sich einige Mütter von ihren Freunden. Also beschloss ich, mit meinem Psychiater über das „Angehörigenproblem" zu sprechen. Er schlug mir vor, sie beim nächsten Mal mitzubringen. Zuerst saßen wir alle gemeinsam bei Dr. X, damit sie das Gefühl des Vertrauens bekamen. Dann sprach er mit ihnen alleine. Sie fühlten sich nicht besser, da mein Zustand sich durch das Gespräch nicht änderte, aber er konnte ihnen unzählige Fragen beantworten, ihnen dadurch Ängste nehmen und Zukunftsperspektiven geben. Heutzutage ist es anders. Es gibt bereits für Angehörige eine Menge an gezielter Hilfe und

Seminare, in denen der richtige Umgang mit den Burnoutbetroffenen gelehrt wird.

2.4 Erste Schritte in ein neues Leben

Nichts blieb beim Alten und das war gut für mich. Februar 2009 zog ich mich von meinem Umfeld völlig zurück, denn ich wollte niemanden sehen. Am liebsten war ich zu Hause. In meinem Kopf ging es drunter und drüber.

Meine tausend Gedanken, die ich in keinster Weise umsetzen konnte, sortierte ich, indem ich mir einen **Kalender** zulegte und alles eintrug. Meine Gedanken waren so schnell, dass ich oftmals etwas vergaß. Las ich im Kalender, erschien mir Tage später vieles unwichtig. Ich begann zunächst, kalendermäßig Wichtiges von Unwichtigem zu trennen und setzte Prioritäten. So hatte ich meine Gedanken im Griff – ein gutes Gefühl der Selbstsicherheit. Der nächste Schritt war, meine Schlafstörungen in den Griff zu bekommen. Oftmals wachte ich nachts auf und starrte an die Wand. E.X. lag nicht mehr neben mir. Die Einsamkeit und der Kummer hatten Oberhand. Ich war beziehungsmäßig auf Entzug.

Aus einem Buch erfuhr ich, dass es wichtig ist: **nachts** gleich beim Wachwerden aufzustehen und sich zu beschäftigen. So stand ich auf, schleppte mich wie immer in die Küche, bereitete mir eine Tasse Tee zu und lenkte mich mit einer vorsichtshalber vorbereiteten DVD ab. Wenn ich müde wurde, ging ich wieder ins Bett und schlief sehr rasch ein, bis ich morgens, wenn es mir am schlechtesten ging, wieder aufwachte.

Aus schlauen Büchern erfuhr ich, dass ich ein **Morgenritual** brauchte. Wenn Sie glauben, dass es gleich beim ersten Mal funktioniert, nur, weil Sie sich etwas vornehmen, haben Sie sich getäuscht. Vorgenommenes gelang mir oft erst beim sechsten oder siebten Mal. Ich nahm mir vor, mich nicht über mich selbst zu ärgern oder aufzugeben. Irgendwann war es dann soweit. Körper, Geist und Seele stimmten einander zu und mein Morgenritual ging mir locker von der Hand. Wichtig war, gleich nach dem Wachwerden aufzustehen und direkt ins Bad zu gehen. Danach ging ich in die Küche und bereitete mir Kaffee oder Tee zu. Anschließend wachten die Kinder auf. Wir besprachen den Tag, ich notierte mir alles in meinen Kalender und war erleichtert, wenn sie dann in der Schule waren. Mehr Kraft hatte ich in der Frühe noch nicht.

Im März 2009 kam mein Stolz wieder zurück. Es konnte doch nicht sein, dass ich ständig in Gedanken war. Mein Arzt riet mir **Sorgenstunden** einzulegen. Das heißt, zwei Drittel des Tages über meine Vergangenheit, Gegenwart und Zukunft nachzudenken, ein Drittel versuchen, abzuschalten. Hmmm… ich musste schnell erkennen, dass dies schwerer war als ich dachte. Ich begann mit einer Viertelstunde, nach einer Woche mit einer halben Stunde… Von Tag zu Tag hatte ich mehr Erfolg und war mächtig stolz. Kaum zu glauben, womit man sich zufrieden gibt, wenn man sich am Boden angekommen fühlt. In der Zeit, in der ich versuchte abzuschalten, konnten sich endlich Körper, Geist und Seele erholen. Natürlich gab es auch Rückschläge und meine Gedanken kreisten und kreisten. Aber im Endeffekt war ich auf dem richtigen Weg – um genau zu sagen, seit Jahren wieder auf meinem Weg. Natürlich bekam ich auch Anrufe, wie es denn E.X. und mir ginge. Was es Neues gäbe. Einige wussten ja nicht, dass wir uns getrennt hatten. Diese Momente warfen mich noch ziemlich aus der Bahn und waren mir stets verhasst. Es dauerte ein paar Tage, bis ich mich wieder auf mich konzentrieren konnte.

Aufgrund meiner Panikattacken hatte ich plötzlich enormes Bedürfnis nach **Frischluft.**

Im Frühling 2009 stellte sich mir die Frage, was ich gerne für mich machen möchte, denn meine Konzentration lag ja die letzten zwei Jahre ausschließlich bei E.X. und dem Versuch, ihn halten zu können. Also, was wollte ich? Spazieren gehen. Aber wohin möchte ich gerne spazieren gehen? Irgendwo, wo Wasser ist. In Wien gibt es nur eine Oase und das ist die Donauinsel. Die Donauinsel ist eine zwischen 1972 und 1988 errichtete, 21,1 km lange und bis zu 250 m breite, künstliche Insel zwischen der Donau und der Neuen Donau im Stadtgebiet von Wien und Klosterneuburg. Sie dient zudem gemeinsam mit der Alten und der Neuen Donau als Naherholungsgebiet. Während Nord- und Südteil der Insel naturnah angelegt sind, ist das mittlere Drittel der Insel parkartig gestaltet. Der Weg dorthin war zwar beschwerlich für mich, aber meine Kinder passten ja auf mich auf. Dort angekommen, verging uns alles. Nie ist uns aufgefallen, dass so viele Familien unterwegs waren. Wir drei fühlten uns wie aus dem Nest geschmissen. In unseren Köpfen war noch immer das alte Klischee verankert, dass eine Familie aus Mutter, Vater und Kindern bestehen müsse. Hinzu kam ein Déjà-vu. Bevor ich mit E.X. zusammengekommen war, stellte mir meine Freundin vor einer Weggabelung eine Frage: „Möchtest du den geraden Weg gehen oder den steinigen Umweg?" Darauf antworte ich: „Natürlich den steinigen – der gerade Weg ist mir zu langweilig und nicht spannend genug!" Ich wusste natürlich, was sie meinte. E.X. war natürlich nicht gerade einfach. Ich ging den steinigen Weg im wahrsten Sinne des Wortes. Ich stand also wie erstarrt nach fast zehn Jahren erneut an dieser Weggabelung und ging diesmal den geraden Weg. Es war ab jetzt mein Weg und er war für mich spannend genug. Von Wochenende zu Wochenende ging es besser. Wir waren uns genug und genossen die Ruhe. Es war auch für die Kinder lehrreich. Glück beginnt bei einem selbst und ist oft hausgemacht. Kleine Anmerkung: Mein Sohn Philipp hat vor Kurzem E.X. erklärt, was für uns Glück bedeutet. Dazu aber später mehr.

2.5 Wer ein WARUM zum Leben hat, erträgt fast jedes WIE

Nach nur drei Monaten war ich bereit, einen Schritt weiter zu gehen: Sonntage versetzten mich normalerweise am meisten in Stress. Die verbrachte ich nämlich immer mit E.X. und den Kindern. Tage wie diese waren mir heilig. Dieser Schritt war nun der schwierigste. Ich kam darauf, dass ich mich vor langer Zeit aufgegeben hatte und nicht mehr an meine eigenen Bedürfnisse gedacht hatte. Kinder, Job und E.X., dann kam lange nichts. Ich nahm also wieder meinen Kalender und überlegte, was mir persönlich Spaß machen könnte. Es waren alles Spaßfaktoren, bei denen ich raus musste. Oh mein Gott. Reichten die Spaziergänge nicht? Wie auch immer – zusätzliche Schritte aus dem Haus hatten wieder einmal erst beim sechsten oder siebten Mal funktioniert. Mein Geist und meine Emotionen waren noch immer nicht im Einklang. Es war eine Gradwanderung zwischen Wollen und Können. Da meine Kinder zur damaligen Zeit sonntags erst gegen elf Uhr aufwachten, sagte ich ihnen, dass ich ab jetzt jeden Sonntag, in der Zeit, wo sie noch schliefen, in eine sehr bekannte Wiener Buchhandlung in den dritten Bezirk fahren wollte, um nach Büchern zu stöbern. Denn ich interessierte mich wieder für Bücher. Da ich unter ständiger Beobachtung meiner Kinder stand, erkannten sie schon vor mir meine Fortschritte. Ein typisches Verhalten von Angehörigen. Ich sehe noch immer ihre strahlenden Gesichter vor mir. Ich war damals in dieser zweistöckigen Buchhandlung und wieder ein bisschen glücklicher. Mein Interesse war geweckt. Sogleich kam ich mit zwei Büchern nach Hause, welche mir das Abschalten erleichterten. Nun hatte ich meine Nacht-, Morgen- und Sonntagsrituale sowie meine Sorgenstunden, welche mir enormen Halt gaben. Halt und Sicherheit waren mir damals enorm wichtig. Obwohl ich immer offen für Neues war, so musste ich akzeptieren, dass mir ein gleichmäßiger Rhythmus im Moment am meisten gut tat.

Eines Morgens, ich stand gerade unter der Dusche, stürmte Isabel in das Badezimmer. „Mama, Mama, du singst ja wieder dein Lieblingslied ‚Push the Button'!". Von nun an war der Bann gebrochen und wir konnten auch wieder Musik hören. Welch ein Fortschritt. Was Musik alles bewirken kann! Sie gab mir Kraft bei Rückschlägen und hatte im Endeffekt für meine Wunden eine heilende Wirkung. Nicht umsonst gibt es bereits Musiktherapeuten. Es ist ein eigenständiger Heilberuf. Durch gezielten Einsatz von Musik wird in der Musiktherapie therapeutische Wirkung erzielt. Sie dient der Wiederherstellung, Erhaltung und Förderung seelischer, körperlicher und geistiger Gesundheit.

2.6 „Worauf Sie stehen, ist nicht, was Sie brauchen"

So konnte es nicht weitergehen. Ich sah zwar wieder besser aus, hatte auch wieder Kleidergröße 38, jedoch blockte ich sofort ab, sobald mich nur ein Mann ansah. „Erzählen Sie mir mal von ihrem Traumtyp." Ich saß wie so oft bei Dr. X. Ich erzählte und erzählte. Darauf Dr. X: „Tja, worauf Sie stehen, ist nicht, was Sie brauchen." Nun war der nächste Schritt getan. Er brachte mich zum Nachdenken. Männer wie E.X. tun mir nicht gut, was heißen soll, dass er perfekt zu anderen Frauen passt, aber eben nicht mehr zu mir. Die Beziehungen, die wir zu anderen Menschen eingehen, beeinflussen unser Wohlbefinden. Baumeister und Leary (1995, zitiert nach Miller 1999)[1] gehen sogar so weit, das Streben nach Nähe zu anderen als angeborenes, grundlegendes

---

[1] The need to belong: Desire for interpersonal attachments as a fundamental human motivation. Baumeister, Roy F.; Leary, Mark R. Psychological Bulletin, Vol 117(3), May 1995, 497–529.

Bedürfnis des Menschen zu bezeichnen, welches schwerwiegende psychologische und physische Schäden nach sich ziehen kann, wenn es nicht befriedigt wird. Mein Bedürfnis war geweckt, doch ich hatte mein soziales Netzwerk hinter mir gelassen. Da ich noch nicht bereit war, neue reale Kontakte zu knüpfen, bahnte ich mir virtuell den Weg frei. Man kann über Kontakte im Internet sagen, was man will. Es hat mich aus dem Burnout geführt. Noch heute bin ich mit den Menschen, die ich dort kennengelernt habe, befreundet und hatte stets positive Erlebnisse damit.

2.7 Auf die Plätze, fertig, los

Ich band meine neuen Kontakte zuerst mal virtuell in den Alltag ein. Sie brachten mich zum Nachdenken, zum Lachen und Abschalten. Egal, ob Frau oder Mann. Aus unterschiedlichen Gründen waren sie im Netz. Dabei war ich bedacht, nur unter einem Pseudonym aufzutreten. In all der Zeit kannte niemand meinen Namen und meine Adresse. Es war auch nicht von Wichtigkeit. Nun begann die Zeit, zu überlegen, was ich nicht mehr wollte beziehungsweise was ich wollte. Was ich nicht mehr wollte, war das vergangene Leben. Dieses ewig perfekt sein müssen, das überlegte Handeln, Oberflächlichkeit, ja sogar altbekannte Lokale und Einkaufsstraßen wollte ich nicht mehr aufsuchen. Was ich wollte, war, im wahrsten Sinne des Wortes, Neues zu entdecken und dies schnell in mein Leben einzubinden. Nicht zu vergessen: Fun. Als „Single" gar nicht so einfach. Ich wollte, dass nichts mehr so wird, wie es einmal war. Da ich gelernt hatte, dass ich mir selbst genug war, suchte ich mir meinen eigenen Fun.

In der Früh chattete ich zum Beispiel immer mit jemandem, der auch Frühaufsteher war. Ein weiterer Halt. Es war nicht auf sexueller, sondern auf geistiger Ebene. Er erzählte mir von seiner Golfleidenschaft, von seinem Job und seinen Freizeitaktivitäten, die mich motivierten und mein Gehirn anregten. Vormittags ging ich in einen neu auserkorenen Supermarkt, da ich in meinem zu viele Menschen kannte und ich deren Mitleid wirklich leid war. So lieb sie es auch meinten. Ich entdeckte auch eine neue Leidenschaft an mir: Kuchen und Torten backen. Untypisch für mich. So besonders häuslich war ich ja nie. Es hatte für mich eine absolut beruhigende Wirkung und lenkte mich ab. Noch heute jammern meine Kinder. Ich hätte locker eine Konditorei eröffnen können. Auch kümmerte ich mich wieder täglich um ihr Mittagessen. Mein unregelmäßiges Kochen war während der Burnoutzeit kein Problem, da Isabel in der Schule kochen lernte und Philipp tough im Einkaufen war. Mein „kleiner Dagobert" kam sogar mal nach Hause und beschwerte sich, dass die Milch teurer wurde. Komischerweise waren sie so selbstständig geworden, dass sie meine Fürsorge nervte. Also begann ich, für zwei Tage zu kochen und hielt jeden zweiten Tag für mich frei. Wenn meine Kinder bei ihren Freunden übernachteten, begann ich alleine spazieren zu gehen und pflegte meine virtuellen Kontakte. Ich ging weiterhin zu Dr. X und fragte, wann mein Burnout endlich vorbei sei. Darauf antworte er: „Das kann ich Ihnen nicht sagen. Jedoch schneller als bei anderen. Sie haben einen sagenhaften Willen und Ehrgeiz."

Nun begann die Zeit des Flirtens. Ich brauchte nicht viel zu tun. Ich war hübsch, gepflegt, gut gekleidet und endlich wieder offen für Neues. Alles in allem tat es mir gut. Als ich anfangs schrieb, dass meine Vergangenheit mit E.X. berauschend war, wusste ich noch nicht, wie berauschend mein kommendes halbes Jahr werden würde. Ich trat, wie gesagt, aus meinem virtuellen Leben und genoss mein reales Leben in vollen Zügen. Wenn meine Kinder keine Zeit hatten, (Schule, Freunde treffen,…) baute ich mir einen kleinen Freundeskreis auf. Das heißt nicht, dass ich den Burnout hinter mir gelassen hatte, aber ich stand am Ende dieses Lebensabschnittes. Und das nach nur zehn Monaten. Ein Jahr Burnout muss reichen!

2.8 Privater Neuanfang

Nach nur zehn Monaten stand er vor mir. Groß, mit einem süßen Lächeln, wunderschönen blauen Augen und kleinem Knackarsch. Michi war der erste Mann, der meine Kinder kennenlernen durfte. Er war so ganz anders als E.X. Er war einfach der Mann, den ich brauchte, wie ihn Dr. X beschrieben hatte. Rasch merkte ich jedoch, dass ich sein Tagespensum noch nicht schaffte, trat ein paar Schritte kürzer und fand einen neuen Rhythmus. Nun wurde es auch Zeit, bei Michi die Karten auf den Tisch zu legen. Es fiel mir unsagbar schwer, denn ich wusste nicht wie er reagieren würde. In einem Vier-Augen-Gespräch sagte ich ihm, dass ich Burnout hatte und noch nicht ganz heraus gekommen sei. Darauf er: „Na und?" Er kam auf mich zu, nahm mich in die Arme und küsste mich. Ich war sprachlos. Auch wenn es keine psychische Erkrankung, sondern eine seelische, körperliche und geistige Erschöpfung ist, so hatte ich doch Angst vor seiner Reaktion gehabt. Vielleicht auch, weil ich etwas spät damit herausrückte und generell das Unverständnis noch immer groß ist.

Es war die Zeit des Aufbruchs. Die Zeit, in der ich mir eine neue Wohnung nahm, bevor ich Michi kennenlernte und meine alte kündigte, weil sie zu sehr mit Erinnerungen verhangen war. Das blöde war nur, dass der Einzugstermin in die neue Wohnung ständig verschoben wurde, sodass ich beinahe mit meinen Kindern im Hotel gelandet wäre. Entweder waren die neuen Fenster noch nicht eingebaut worden oder Vandalen machten es sich gemütlich. Es wurde also eng. Als ich Michi eines Tages davon erzählte, sagte er: „Pack zusammen – wir ziehen gemeinsam in ein wunderschönes Haus mit Garten." Ich konnte es nicht fassen. Nun leben wir bereits mehr als drei Jahre glücklich zusammen.

2.9 Tiere als Therapie – auf den Hund gekommen

Warum steht der Hund dem Menschen eigentlich so nahe? Kaum ein anderes Tier schließt sich dem Menschen so eng an. Vielleicht liegt es daran, dass der Hund den Menschen recht gut versteht, weil es viele Gemeinsamkeiten im Verhalten gibt.

Gleich und Gleich gesellt sich gern? Sind Hund und Mensch zwei verwandte Seelen?

Betrachten wir eine Mensch-Hund-Beziehung: Ist es nicht so, dass ein Hund das Leben seines Halters prägt und manchmal auch den Halter selbst. In einem langjährigen Mensch-Hund-Haushalt bilden Hund und Halter eine enge Lebensgemeinschaft, in der die Wünsche und Erfahrungen immer ähnlicher werden. Aber auch Gefühlsstimmungen werden von dem jeweils anderen unbewusst erfasst, ja, eher sogar erfühlt und springen von einem zum anderen über.

Dazu Kurt Kotrschal, Verhaltensforscher und Mitarbeiter im Konrad Lorenz Institut: „Gibt es eine Anpassung im Wesen und in der Persönlichkeit von Halter und Hund? Das ist unsere Fragestellung, und da finden wir eigentlich ganz gute Muster. Also, da scheint es so zu sein, und zwar nicht deswegen, weil sich Leute einen Welpen mit einer bestimmten Eigenschaft aussuchen, oder einen Hund mit einer bestimmten Eigenschaft aus dem Tierheim holen, sondern weil die sich im Verlauf ihrer Interaktion sozusagen aneinander anpassen. Zwar hauptsächlich der Hund an den Halter, ein bisschen aber auch umgekehrt. Und durch diese Anpassung – besonders wenn sie früh passiert – wird natürlich auch die Persönlichkeit des Hundes geformt. Und wer letztendlich das Sagen in einer Mensch-Hund-Beziehung hat, bestimmt oft der Hund. Hunde und Haustiere gelten als wichtige Helfer bei Menschen mit Problemen. Die Möglichkeiten zum Einsatz von Hunden sind vielfältig. Der Hund hat dem Menschen eines voraus:

Er behandelt jeden Menschen gleich, er weist niemanden wegen seines Aussehens oder einer Behinderung ab und das bringt ihm das Vertrauen. Er ist Wegbegleiter und schenkt einem Aufmerksamkeit, Beistand und Liebe."

Genauso ging es mir mit Grissy, Michis Hündin. Ich verliebte mich sofort in sie. Eine bildhübsche, weiße Retriever-Hündin mit einer Intelligenz wie Einstein. Sie spürte, wenn es mir gut ging, aber auch, wenn es mir schlechter ging und ich ein wenig erschöpft war. Ging es mir gut, sprang und rannte sie gut gelaunt über Stock und Stein. Ging es mir schlechter, war sie an meiner Seite und passte sich mir an. Sie lag entweder treu und ebenfalls müde bei mir oder sprang mit ihren Vorderpfoten auf meinen Schoss und redete im wahrsten Sinne des Wortes auf mich ein und teilte mir mit, dass sie sich Sorgen machte. Ging ich mit ihr spazieren, ging sie ebenfalls wie eine Schnecke und wich nicht von meiner Seite. Wann ging es mir am Ende des Burnouts schlechter? Immer dann, wenn ich das Arbeitspensum eines Gesunden führen wollte. Aber war es tatsächlich das eines Gesunden? Es brachte mich wieder zum Nachdenken. Mein Resümee: Nein, es war nicht das eines Gesunden. „Mein Arbeitspensum", war das einer Gesunden. „Ich" war diejenige, die sich die Zeit richtig einteilte. Ich musste feststellen, dass ich nach der Therapie und den Handwerkzeugen, welche mir Dr. X. gegeben hatte, ein gesünderes, vernünftigeres und besser zeiteingeteiltes Leben lebte als jeder Gesunde. Ich orientierte mich fälschlicherweise an anderen anstatt an mir selbst. Fortan ging es mir noch besser und meine Spaziergänge wurden länger und zügiger.

In den ersten Monaten unserer Beziehung lernte ich mit Michi viele Hundebesitzer kennen. In Erinnerung blieben mir vor allem zwei. Eine mit Burnoutsyndrom und einen Manisch-Depressiven.

Nach langen Gesprächen musste ich feststellen, dass beide gar nicht fähig waren, sich um ihre Hunde zu kümmern, sie zu erziehen und die Verantwortung zu übernehmen. Ja, die Hunde waren sogar verhaltensauffällig. Sie hatten wahrscheinlich unbewusst aus egoistischen Gründen gehandelt als sie sich einen Hund anschafften. Ich kann nur jedem raten, sich in schwierigen Zeiten keinen Hund zuzulegen, da man sich zu sehr mit sich selbst auseinandersetzen, seinen eigenen Rhythmus finden muss und ein Hund in erster Linie eine Verpflichtung darstellt. Auch ist man nicht fähig, sich den hündischen Gegebenheiten anzupassen. Empfehlenswerter ist es, Freunde mit Hunden zu besuchen, die Glücksmomente zu genießen und sie auf ihren Spaziergängen zu begleiten. Eine andere Möglichkeit stellen natürlich therapeutisch gesehen Therapiehunde dar. In meinem Fall war Grissy gerade zum richtigen Zeitpunkt in mein Leben getreten. Am Ende meines Burnouts. Die Verantwortung lag bei Michi. Für mich war sie Teil meiner Therapie und ist noch immer mein treuer Wegbegleiter.

2.10 Ein Jahr Burnout muss reichen

Ein Jahr Burnout reichte. Es blieb nichts beim Alten, wie ich bereits anfangs schrieb und genau das war auch gut so. Genau das war mein größter Wunsch. Was hatte ich in diesem Jahr gelernt?

- Ärztliche Hilfe annehmen
- Richtigen Umgang mit Kummer
- Ab- und antrainieren geht nicht von heute auf morgen
- Morgenrituale sind wichtig
- Sorgenstunden auch
- Abgrenzen, abschalten
- Spaziergänge in der Natur geben Kraft
- Musik als Therapie
- Körper, Geist und Seele in Einklang bringen
- Den richtigen Umgang mit Stress

- „Andere Mütter haben auch schöne Söhne"
- Den eigenen Sinn des Lebens erkennen
- Seinen eigenen Weg gehen
- Den eigenen Rhythmus finden
- Tiere als Therapie – auf den Hund gekommen
- Achtsamkeit
- Erholung, aber richtig
- Antistress-Food
- Psychohygiene – Reflexion eigener Bedürfnisse
- Soziales Netzwerk aufbauen und pflegen

Im Gesamten kann ich sagen, dass das Leben selbst das beste Training ist, Erlerntes umzusetzen. Ich beendete erfolgreich meine Therapie und stellte fest, dass mit Achtsamkeit (innere und äußere Vorgänge mit ungeteilter, entspannter Aufmerksamkeit beobachten) das ganze Leben einen weiteren Lernprozess darstellt. Noch heute lerne ich dazu und binde Neues in meinen Alltag ein.

2.11 Die Vergangenheit holt mich ein

Plötzlich läutete mein Handy. Ein unterdrückter Anruf. Ich hob nicht ab. So ging es wochenlang, bis ich eines Tages einen Anruf aus der Schule meiner Tochter erwartete und ansatzlos abhob. Es war E.X. Wer denkt, dass man die Vergangenheit hinter sich lassen könne ohne Abschluss, der irrt. Wir sind im schlechten Sinne auseinandergegangen und ich hatte gehofft, dass ich dieses Problem nicht lösen müsste. Tja, welch ein Irrtum. Was war passiert? Er hatte mich gefunden, obwohl ich meine Handynummer wechselte und in einen anderen Wiener Bezirk zog. Wie konnte das passieren? Kaum zu glauben, er wohnte nur eine Straße weiter! Als ob Wien mit 23 Bezirken nicht groß genug wäre. Nun musste ich mich dem letzten Problem stellen. Wir führten ein langes Gespräch, erzählten wie unser Leben weiter verlaufen war und versprachen uns, falls wir uns mal auf der Straße begegnen würden, zu grüßen.

Das ist jetzt zwei Jahre her und aufgrunddessen, dass meine Kinder ihn wieder sehen, hatten wir auch ein gutes Verhältnis. So hatte ich E.X. am Rande wieder in mein Leben mit einbezogen. Bei Neuigkeiten riefen wir einander an und erzählten uns diese. Es war ein angenehmes, freundschaftliches Verhältnis und das Problem E.X. war zur Gänze gelöst. Das Unverständnis, wie wir unser derzeitiges Leben führten, brachte uns oft zum Lachen. Vielleicht hatte er sich geändert, aber ich konnte es nicht erkennen. Es kam dann zwei Mal zu Streits, in denen ich mich zum ersten Mal seit Jahren wehrte. Ich war so gestärkt und wieder so ich selbst, dass ich mir das nicht gefallen ließ. „Tja, wenn Unkompliziertes kompliziert wird, dann lasse ich es", dachte ich mir und brach den Kontakt wieder ab. Philipp erklärte daraufhin E.X. (das Streitthema war, dass ich aufgrund meines Vorlebens doch gar nicht glücklich sein könnte und ich ihm nur was vorspiele), was Glück bedeutet: „ Glück ist eine subjektive Bewertung und bedeutet für jeden etwas anderes. Mama ist glücklich mit uns, Michi, Grissy, ihrer neuen Firma, ihrem Gemüsegarten, wo sie Kräuter, Gemüse, Blumen und Sträucher anpflanzt. Glück bedeutet für sie nicht mehr Nächte in der Wiener Innenstadt durchzumachen, sondern ihre eigenen Sommer- oder Weihnachtspunschfeste." Was habe ich nur für wunderbare Kinder! Sie haben so viel aus der Zeit mitgenommen. Der Ausgang der ganzen Geschichte: Irgendwann werden E.X. und ich schon wieder Kontakt haben. Er muss einfach lernen, dass auch ich E.X. bin und meine Grenzen einhalte. Noch heute ist er davon überzeugt, dass ich etwas für ihn empfinde. Als ich ihn dann zufällig tatsächlich mal wieder sah, empfand ich keine Wut, keinen Hass und keine Liebe mehr. Ende gut, alles gut.

2.12 Beruflicher Neuanfang

Nun war ich auch bereit, beruflich wieder in die Zukunft zu blicken. Es entstand plötzlich eine Leere. Perspektiven sind per se sinn- und identifikationsstiftend und somit eine wichtige Ressource der Stressbewältigung. Mit Zielen vor Augen erhöht sich die eigene Stresstoleranz. Ein weiterer Lernprozess. Geübt im privaten Bereich, überlegte ich mir, was ich beruflich aus meinem Leben machen möchte.

Aufgrunddessen, dass Michi eine eigene Firma hat, ging ich ihm firmenmäßig zur Hand und stellte bald fest, dass mir die Selbstständigkeit Spaß machte und locker von der Hand ging. Allerdings wurde meine Leidenschaft nicht geweckt. Ich wollte eine eigene Firma gründen. Doch mit welchem Thema? Wichtig war mir, eine Marktlücke zu finden, etwas das zeitgemäß und über Jahrzehnte aktuell sein wird. Zeitgleich kamen immer mehr Menschen auf mich zu und wollten sich Rat holen, wie ich den Weg aus dem Burnout fand. Da ich dafür keine Ausbildung hatte, erzählte ich, wie ich damit umging. Helfen konnte ich natürlich nicht. So begann ich im Internet zu recherchieren. Gibt es eine Ausbildung in Richtung Burnoutprävention? Tatsächlich – ich fand in Wien eine private Akademie, welche die Ausbildung zur Dipl. Burnout-Prophylaxetrainerin anbietet. Der Lehrgang dauert ein Jahr mit Abschluss einer Diplomprüfung. Nach ungefähr drei Monaten und vierzehn gelesenen Fachbüchern von Hillert, Frankl, Maslach, Meibert bis hin zu Büchern für gestresste Hunde und Kinder, war meine Leidenschaft geweckt. Die Themen „Stress und Burnout" – brandaktuell und zukunftsorientiert. So meldete ich mich schließlich für den Diplomlehrgang an. Gleich beim Erstgespräch teilte man mir mit, dass Menschen, die sich noch im Burnout befinden zu neunzig Prozent rückfällig werden und die Diplomprüfung nicht schaffen. Es war etwas Wahres dran. Es gab tatsächlich einen Studienkollegen, der am Ende seines Burnouts stand und rückfällig wurde. Wie ging es mir persönlich in dieser Zeit?

Blendend! Ich blühte auf. Mein Wissensdrang war geweckt. Ich nahm den Lehrgang sehr ernst. Meine Studienkollegen nutzten den Lehrgang für unterschiedliche Zwecke. Für mich war als Einzige von Beginn an klar, dass ich mich gleich zwei Monate nach Abschluss selbstständig machen wollte – obwohl es für mich schwieriger war.

Manchmal dachte ich, in mir steckten drei Persönlichkeiten. Ich sah jedes Modul aus der Sicht der zukünftigen Dipl. Burnout-Prophylaxetrainerin, aus meiner persönlichen Sicht und dachte auch an meine unmittelbare Umgebung. Immer wieder fiel mir ein, was ich persönlich noch an meinem Leben ändern oder erweitern konnte, wie ich meine zukünftige Firma aufziehen wollte und was für meine Kinder nützlich sein könnte. Was war nun das Wichtigste, was ich daraus mitnehmen konnte? Es war schier unmöglich wieder in mein altes Leben (vor dem Burnout) zurückzukehren. Zum einen bestätigte es, dass ich etwas Eigenes schaffen wollte. Zum anderen zeigte es, dass ich mir als Selbstständige meine Zeit selbst einteilen kann, da mein Bedürfnis nach Ruhe gestiegen war. Das erkannte ich insofern, dass es mich total nervte, wenn ich in meinem eigenen Garten Fachbücher las oder für die Diplomprüfung lernte, wenn sich Nachbarn lautstark unterhielten, ein Rasenmäher an war oder wenn jemand mit lauten Geräten im Haus oder Garten arbeitete. So beschloss ich mir eine Großpackung Ohropax zu kaufen. Wo die Ohropax waren, war auch ich. Wo ich war, waren die Ohropax. Fortan lief es wie am Schnürchen. Ich schloss 2011 meine Diplomprüfung ab. Monate vorher tüftelte ich meinen Firmennamen, mein Logo sowie meine Firmenfarben aus und schrieb Texte für meine zukünftige Homepage und die Folder. Anschließend setzte Michi die Homepage nach meinen Wünschen auf. Nun wurden nur mehr Folder und Visitenkarten gedruckt. So entstand meine Firma Burn4Life mit dem Logo B4L für Erstgespräche, Seminare, Trainings. Außerdem Active4Life/A4L für Absolventinnen und Absolventen. In regelmäßigen Abständen wird im Rahmen der

Treffen durch den aktiven Austausch zwischen allen Beteiligten das Burn4Life-Netzwerk geknüpft und ausgedehnt. Im Herbst 2011 gründete ich Burn4Life und war nun restlos glücklich. Ich hatte privat sowie beruflich meinen Weg gefunden.

2.13 Aus der Sicht der Dipl. Burnout-Prophylaxetrainerin

Stress – Ein Wort, das heute fester Bestandteil im Wortschatz der Menschen ist. Wer kennt nicht den allzeit beliebten Satz „Ich bin im Stress, habe keine Zeit", wenn es darum geht, sein Befinden auszudrücken. Man erhofft sich dadurch oft Anerkennung. Nicht minder ist es manchmal der Unterton von Stolz. Diese sind sogenannte „Todschlagargumente". Solche Phrasen sollen Widerspruch verhindern („totschlagen") und können auch der Ablehnung oder der Herabsetzung der Gesprächspartner dienen. Manche Menschen bezeichnen Stress als „Luxusproblem" unserer heutigen Wohlstandsgesellschaft. Früher hatten die Menschen mit viel härteren Lebensbedingungen zu kämpfen und deswegen „echten" Stress gehabt. Um persönlich Stellung zu beziehen: „Stress hat es schon immer gegeben, doch heutzutage ist Stress anders!": Beschleunigung, erhöhte Mobilität, Informationsflut, Veränderung traditioneller und sozialer Rollen, Verlagerung von Hand- zu Kopfarbeit in der Wissens- und Dienstleistungsgesellschaft, erhöhte Lebensunsicherheit in einer globalisierten Welt, Optimierungsdruck, Zeit-, Leistungs- und Erreichbarkeitsdruck, Weiterbildungsanforderungen, Abhängigkeit von Wirtschaftsmächten und mangelnde Wertschätzung.

Des Weiteren ist Burnout salonfähig geworden. Kaum wird eine Diagnose breiter bekannt, gewinnt sie an Eigendynamik, wird Teil des gesellschaftlichen Diskurses und somit für unterschiedlichste Interessen genutzt. Ende 2011/Anfang 2012 ließen die Medien keine Gelegenheit aus über Burnout zu schreiben. Es schlug in Österreich wie ein Blitz ein. Mein Firmentelefon lief heiß. Jeder wollte mir über eine neue Berichterstattung in den Medien erzählen. Da es mich anfangs interessierte, las ich jeden Bericht oder sah jede Reportage. Mein Fazit:

- Das Positive daran war, dass die Menschen aufgeklärt wurden, dass es Burnout tatsächlich gab und er ernst zu nehmen ist
- Das Negative ist allerdings, dass sich viele Psychologen als selbsternannte Experten für Burnout eine „Scheibe" abschneiden wollten und es in Geschäftemacherei ausartete
- Es gab zu den Berichten keine Lösungsvorschläge. Also waren die Menschen auch nicht „gescheiter" als zuvor
- Ich war auch nicht damit einverstanden, dass die Medien nur von dem Krankheitsbild berichteten. Typisch! – Menschen sind so sehr mit dem Kranksein statt mit dem Gesundwerden beschäftigt. Warum heißt zum Beispiel „Wiener Gebietskrankenkasse" nicht „Wiener Gesundheitskasse"?
- Die Berichterstattungen drehten sich ausschließlich um den beruflichen Burnout. Fast niemand wusste, dass man auch privat „ausbrennen" kann
- Statistisch gesehen liegen viel zu wenig Daten und Fakten vor
- Trotz der Medienberichte wissen die meisten noch immer nicht, wie man die ersten Anzeichen eines Burnouts spürt und erkennt

Wenn ich meinen Burnout aus beruflicher Sicht als Expertin für Burnout-Prävention betrachte, so war ich ein absoluter Klassiker. Meine Anzeichen für Überforderung im körperlichen, emotionalen und im kognitiven Bereich sowie im Verhalten waren typisch.

2.14 Körperliche Warnsignale:

- Herzklopfen/Herzstiche
- Engegefühl in der Brust
- Atembeschwerden
- Einschlafstörungen
- Chronische Müdigkeit
- Appetitlosigkeit
- Kopfschmerzen
- Rückenschmerzen

2.15 Emotionale Warnsignale:

- Innere Unruhe
- Gereiztheit
- Angstgefühle
- Unzufriedenheit/Unausgeglichenheit
- Innere Leere, „Ausgebranntsein"

2.16 Kognitive Warnsignale:

- Ständig kreisende Gedanken/Grübeleien
- Konzentrationsstörungen
- Leere im Kopf (Blackout)
- Tagträume

2.17 Warnsignale im Verhalten:

- Andere unterbrechen, nicht zuhören können
- Unregelmäßig essen

- Private Kontakte „schleifen lassen"
- Mehr Rauchen als gewünscht
- Weniger Sport und Bewegung als gewünscht

Im Endeffekt war natürlich auch ich nicht vor dieser „Medienhetze" gefeit. Kaum sagte ich, dass ich aus der Burnoutprävention komme, fror den Menschen das Gesicht ein und sie dachten, ich wolle mir auch eine Scheibe der Aktualität bzw. des damit zu verdienenden Geldes abschneiden. Sie waren entnervt. So erklärte ich anfangs jedem, dass mein Hauptthema Stress ist und überwand auch diese Zeit. Ich gab dem Kind nur einen anderen Namen.

Der Ursprung allen Übels war bei mir klar: Liebeskummer und meine totale Verausgabung, diese Beziehung retten zu müssen. Warum es nur ein Jahr dauerte? Weil ich mit Dr. X. nicht in die Kindheit zurückkehren musste. Diese war glücklich und nicht geprägt von negativen, gravierenden Einschnitten. Trotzdem war es in meinem Fall richtig, Dr. X aufzusuchen und Hilfe anzunehmen. Nicht zuletzt half auch mein Wille, an mir zu arbeiten. Begleitend wäre es sicher einfacher gewesen, jemanden mit einer speziellen Ausbildung hinzuzuziehen.

2.18 Mein persönlicher Zugang bei Stress – Erholung, aber richtig!

Trotz neun Stunden Schlaf sind Sie immer noch nicht ausgeruht? Wenn die erhoffte Erholung ausbleibt, dann liegt das oft an einer falschen Vorstellung von Erholung. Denn Erholung ist nicht gleich Erholung. Welche Form die richtige ist, hängt davon ab, welche Form der Beanspruchung Sie zuvor erlebt haben. Die moderne Erholungsforschung zeigt, dass Sie den Erholungsprozess selbst aktiv gestalten können:

Bitte überlegen Sie einmal: Wie fühlen Sie sich nach einem anstrengenden Arbeitstag?

Sie fühlen sich innerlich unruhig, aufgekratzt, nervös und überreizt?

Dann geht es bei Ihrer Erholung darum, Ruhe zu finden. Entspannende Aktivitäten sind hier der optimale Weg zur Erholung. Beispiele dafür sind Entspannungsübungen, Spaziergänge in der Natur, sportliche Aktivitäten (Nordic Walking, Schwimmen,…), Orte der Stille aufsuchen, geselliges Beisammensein mit anderen.

Sie fühlen sich missgelaunt, frustriert und haben einfach die Nase gestrichen voll?

Dann werden Sie in Ihrem Alltag zu einseitig beansprucht und sollten Aktivitäten finden, die Ihre brachliegenden Interessen und Fähigkeiten stimulieren und einseitige Beanspruchungen ausgleichen. Wer den ganzen Tag „Kopfarbeit" leistet, braucht als Ausgleich Körpertätigkeit. Wer hingegen in seinem Beruf körperlich stark gefordert ist, sollte in seiner Freizeit eine Beschäftigung wählen, die den Geist anregt.

Sie fühlen sich unausgefüllt, gelangweilt oder unterfordert?

Sie empfinden sowohl im Berufs- als auch Privatleben immer weniger positive Herausforderungen? In Ihrem Leben herrscht ein Mangel an Spannungszuständen? Dann ist es ratsam, sich neue persönliche Herausforderungen zu suchen. Zum Beispiel etwas Neues lernen (eine Sportart, ein Musikinstrument, eine Sprache). Auch ehrenamtliches Engagement oder ein Projekt, das Ihnen persönlich wichtig ist, kann Ihre innere Leere überwinden.

Sie fühlen sich erschöpft, ausgelaugt, einfach nur fix und fertig?

Dann geht es in Ihrer Freizeit darum, sich auszuruhen und neue Energie zu tanken. Gönnen Sie sich eine Auszeit, in der Sie sich selbst verwöhnen, z. B. durch ein Vollbad, ein Sonnenbad, einen Saunaabend. Erlauben Sie sich, einfach einmal nichts zu tun und Körper und Seele baumeln zu lassen. Sorgen Sie für ausreichenden und erholsamen Schlaf. Und gönnen Sie sich leckeres und gesundes Essen.

Es muss nicht nur das Eine auf Sie zutreffen. Es ist schlicht und einfach oft tagesabhängig. Je nach Zustand und Gemüt.

Ist Ihnen bewusst, dass Sie Stress und Ruhe auch weitergeben können? An Menschen, an Kinder, ja, sogar an Hunde?

Ein typisches Beispiel aus meinem Alltag: Nach einem meiner Seminar- oder Trainingstage bin ich reizüberflutet, komme nach Hause und gehe meist sofort mit Grissy spazieren. Sie haben ja bereits erfahren, dass dies der richtige Ausgleich für mich ist. So gegen 20 Uhr gehe ich oft gerne noch in mein Büro, zünde Duftkerzen an, dimme das Licht, höre Musik oder lese in einem Fauteuil ein Buch. Keine Viertelstunde später höre ich ein Bellen. Grissy will zu mir. Ich öffne die Tür und lasse sie herein. Sie legt sich neben mich, ihre Augen gehen auf Halbmast und sie verfällt Minuten später in Tiefschlaf. Plötzlich öffnet sich die Tür erneut und meine Tochter tappt wortlos herein, setzt sich auf den zweiten Fauteuil und beginnt ein Buch zu lesen. Kurz darauf kommt auch mein Sohn herein, legt sich wortlos auf die Coach und schließt die Augen.

Was will ich damit sagen?

- Entspannte, ausgeglichene Menschen haben eine positive Auswirkung auf Mensch, Kind und Hund. – Welche Stille!
- Menschen geben nicht nur Stress weiter, sondern auch Ruhe.
- Ich habe gelernt Nein zu sagen, d. h. wenn ich mal Ruhe brauche, muss mein Umfeld das akzeptieren.
- Meine Familie hat das Wort Nein akzeptiert.

2.19 Mein persönlicher Zugang bei Stress – Antistress-Food!

Veränderungen unserer Lebensweise und Umwelt mit den negativen Auswirkungen falscher Ernährung, Bewegungsmangel, Reizüberflutung und wachsende Stresssituationen führen zu Ungleichgewichten im Hormonhaushalt. Im Körper wird versucht dieses Ungleichgewicht durch hormonelle und sogar immunologische Anpassungsreaktionen aufzufangen. Zusätzlich bringen trübe Tage sowie Stress den Hormonhaushalt der Zirbeldrüse aus dem Gleichgewicht.

Ein optimales Antistress-Food besteht daher aus:

- Reichlich Getreide- und Getreideprodukte wie Hafer, Basmati- oder Vollkornreis, Müsli, Hirse, Weizenkeime, Roggenbrot, Couscous, Polenta
- Reichlich Gemüse wie Kartoffeln, und insbesondere grüne, rote, gelbe oder violette Gemüsesorten
- Obst wie Bananen, Datteln, Feigen, Beeren, Äpfel, Marillen (Aprikosen), blaue Weintrauben
- Hochwertige pflanzliche Öle wie Raps-, Lein-, Walnuss- und Sojaöl
- Nüsse und Samen, vor allem Walnuss, Paranuss, Pistazien, Kürbiskerne, Sesam
- Milch und Milchprodukte, Fisch, Meeresfrüchte, Geflügel, rotes Fleisch, selten Schweinefleisch, selten Süßigkeiten
- Optimale Antistress-Getränke: Wasser, Mineralwasser, insbesondere magnesiumhaltiges, Früchte- und Kräutertee, grüner Tee, weißer Tee, frisch gepresster Orangensaft, Rote-Rüben-Saft, Karottensaft, Molke, Kakao aus Magermilch, gespritzte Buttermilch, Eistee selbstgemacht

Spezielle Tipps:

- Stellen Sie ein optimales Antistress-Getränk griffbereit zu Ihrer Seite
- Organisieren Sie im Vorfeld Tages- sowie Zwischenmalzeiten
- Nehmen Sie sich Zeit für das Essen
- Lassen Sie keine für Sie typischen stressfördernden Lebensmittel in Sichtweite herumstehen

- Essen Sie komplexe Kohlenhydrate und kleine Eiweißportionen
- Die richtige Jause fördert das Durchhaltevermögen am Nachmittag
- Abends kein Eiweiß mehr zu sich nehmen – das macht nur wach und fördert Schlafstörungen

2.20 Mein persönlicher Zugang bei Stress – Psychohygiene!

„Ich verstehe darunter einen liebevollen, wertschätzenden, achtsamen und mitfühlenden Umgang mit mir selbst und Ernstnehmen der eigenen Bedürfnisse." (Luise Reddemann 2003)

Im Laufe der Jahre habe ich mit Hilfe der Psychohygiene privat darauf geachtet, ein Einschlafritual einzuführen, das mir das Einschlafen erleichtert, mich richtig zu entspannen, zu bewegen und den Humor nicht zu verlieren. Auch integrierte ich in mein Leben ausgleichende Aktivitäten, die mir Spaß machen. Dadurch kann ich mich distanzieren und abschalten. Wenn ich ungestört sein möchte, schalte ich mein Handy auf lautlos und gönne mir selbst etwas Unerreichbarkeit. Auch vergesse ich nicht, mir für mein soziales Netzwerk Zeit zu nehmen. Beruflich arbeite ich oft in meinem Garten und genieße die traumhafte Umgebung. Ich habe meinen Arbeitsplatz schön gestaltet, gönne mir meine Erholungszeiten und pflege den Kontakt zu meinen Kooperationspartnern. Psychohygiene bedeutet, mir immer wieder bewusst zu machen, was mir im Leben wichtig ist und mein ganzes Repertoire auszuschöpfen. Allzu gerne ertappt man sich nämlich dabei, das eine oder andere schleifen zu lassen und wird durch Reflexion wieder daran erinnert.

Angeblich die Rede von Charlie Chaplin zu seinem 70. Geburtstag am 16. April 1959:

Als ich mich selbst zu lieben begann,
habe ich verstanden, dass ich immer und bei jeder Gelegenheit,
zur richtigen Zeit am richtigen Ort bin
und dass alles, was geschieht, richtig ist –
von da an konnte ich ruhig sein.
Heute weiß ich: das nennt man VERTRAUEN.

Als ich mich selbst zu lieben begann,
konnte ich erkennen, dass emotionaler Schmerz und Leid
nur Warnungen für mich sind, gegen meine eigene Wahrheit zu leben.
Heute weiß ich: das nennt man AUTHENTISCH SEIN.

Als ich mich selbst zu lieben begann,
habe ich aufgehört, mich nach einem anderen Leben zu sehnen
und konnte sehen, dass alles um mich herum eine Aufforderung zum
Wachsen war.
Heute weiß ich: das nennt man REIFE.

Als ich mich selbst zu lieben begann,
habe ich aufgehört, mich meiner freien Zeit zu berauben,
und ich habe aufgehört, weiter grandiose Projekte für die Zukunft zu
entwerfen.
Heute mache ich nur das, was mir Spaß und Freude macht,
was ich liebe und was mein Herz zum Lachen bringt,
auf meine eigene Art und Weise, und in meinem Tempo.
Heute weiß ich: das nennt man EHRLICHKEIT.

Als ich mich selbst zu lieben begann,
habe ich mich von allem befreit, was nicht gesund für mich war,
von Speisen, Menschen, Dingen, Situationen
und vor allem, was mich immer wieder hinunterzog, weg von mir
selbst.
Anfangs nannte ich das „Gesunden Egoismus",
aber heute weiß ich: das ist SELBSTLIEBE.

Als ich mich selbst zu lieben begann,
habe ich aufgehört, immer recht haben zu wollen,
so habe ich mich weniger geirrt.
Heute habe ich erkannt: das nennt man DEMUT.

Als ich mich selbst zu lieben begann,
habe ich mich geweigert, weiter in der Vergangenheit zu leben
und mich um meine Zukunft zu sorgen.
Jetzt lebe ich nur noch in diesem Augenblick, wo ALLES stattfindet.
So lebe ich heute jeden Tag, und nenne es BEWUSSTHEIT.

Als ich mich selbst zu lieben begann,
da erkannte ich, dass mich mein Denken armselig und krank machen
kann.
Als ich jedoch meine Herzenskräfte anforderte,
bekam der Verstand einen wichtigen Partner.
Diese Verbindung nenne ich heute HERZENSWEISHEIT.

Wir brauchen uns nicht weiter vor Auseinandersetzungen,
Konflikten und Problemen mit uns selbst und anderen fürchten,
denn sogar die Sterne knallen manchmal aufeinander und es entstehen neue Welten.
Heute weiß ich: DAS IST DAS LEBEN!

2.21 Mein persönlicher Zugang bei Stress – Soziales Netzwerk

Wie ich bereits erwähnt habe, halfen mir meine virtuellen und realen Kontakte, abzuschalten und zu entspannen.

Wie steht es mit Ihrem sozialen Netzwerk? Menschen stehen Ihnen unterschiedlich nahe. Dabei spielt es keine Rolle, ob es Familienangehörige, Freunde, Partner, Kinder, Bekannte oder Kollegen sind. Teilen Sie sie in drei Kreise ein:

1. Kreis: Mit diesen Menschen verstehen Sie sich auch ohne große Worte, bei diesen Menschen können Sie auch Ihre Schwächen zeigen. Zudem haben Sie zu ihnen uneingeschränktes Vertrauen, Sie können mit ihnen offen reden, auch über Probleme.

2. Kreis: Diese Menschen kennen und verstehen Sie recht gut, Sie brauchen sich nicht groß zu erklären. Sie kommen mit Ihren „Macken" zurecht, die Beziehung übersteht auch mal eine Auseinandersetzung.

3. Kreis: In den Kreis tragen Sie bitte die Namen der Menschen ein, die Ihnen wichtig sind, zu denen Sie losen Kontakt haben und die Sie eher selten sehen.

Welche Veränderungen wünschen Sie sich?

Symbolisieren Sie mit Pfeilen, wo Sie welche Person gerne sehen würden, z. B. eine Person aus Kreis III in Kreis II. Einige Personen befinden sich hingegen sicherlich dort, wo Sie sie sich wünschen. Vielleicht wollen Sie aber auch eine Person lieber in einem der äußeren Kreise sehen.

Nicht nur die Anzahl der Mitglieder, sondern auch die Zusammensetzung, Dichte und Weite spielen hierbei eine wichtige Rolle. Die Dichte beschreibt die direkte Verbundenheit. Je dichter Ihr Netzwerk, desto verlässlicher sind die eigenen Netzwerk-Ressourcen. Die Weite, das Gegenteil von Dichte, ist von Ihnen einfach weiter entfernt und in Stresssituationen kaum in Reichweite. Haben Sie ein sehr dichtes Netzwerk, kann dieses auch stressen.

Belastungen des sozialen Netzwerkes:

Hohe Anzahl an Mitgliedern, zu hohe Erwartungen, wenn man es als Leistungsanspruch sieht, wenn man Kontakte vernachlässigt und das schlechte Gewissen überhandnimmt. Misstrauen, Desinteresse, Ungeduld, sich „einbilden", nicht erwünscht zu sein, abgelehnt zu werden, Angst vor Konsequenzen, wenn man nicht egoistisch oder herzlos sein will, das Bedürfnis gebraucht zu werden, Energieräuber (das sind Personen aus dem näheren oder entfernten Umfeld, die mehr Energie abziehen als sie geben). Nicht zuletzt Angst, etwas zu versäumen, wenn man im falschen Gewässer fischt (und unbedingt dazugehören will) – ein Klassiker:

Die Geschichte vom hässlichen Entlein

Ein Schwanenei gerät unabsichtlich in das Nest einer Entenfamilie. Das Schwanenjunge schlüpft und wächst nichtsahnend als vermeintliche Ente in einer Entenfamilie auf. Es wird von seinen Geschwistern, Eltern, und den anderen Enten gehänselt, weil es so „hässlich", sprich ANDERS als die anderen Enten ist. Die Geschichte löst sich im unvermeidlichen Happy-End auf, indem der heranwachsende Schwan andere Schwäne trifft und endlich weiß, wo er hingehört und wie wunderschön er eigentlich ist.

Bedürfnisse, die befriedigt werden, erzeugen:

Austausch, Zugehörigkeit, Sicherheit, Rückhalt, Gefühl, Vertrauen, Wertschätzung, Identität, Feedback bekommen, Berührung, Liebe, Fortpflanzung, gemeinsam trauern, Suche nach Anerkennung, lernen, mit eigenen Grenzen umzugehen, Gerechtigkeit, Bedürfnis nach Werten.

Mein Fazit: Eine gute Mischung in allen drei Ringen ist optimal, sollte anregen, aber auch ausgleichen und entspannen. Ein wichtiger Aspekt dabei ist, dass Kontakte nicht in ständigen Stress ausarten und Sie auch das Recht haben, mal Nein zu sagen. Daher analysieren Sie immer kurz die Situationen:

- Möchte ich das tun oder geben – oder ist es mir vielleicht zuwider?
- Wie viel Zeit, Kraft, Energie und Lust habe ich gerade selbst?
- Welche Bedeutung hat dieser Mensch für mich?
- In welchem Verhältnis stehen wir zueinander?
- Wie oft habe ich schon etwas für diese Person getan und wenn das schon öfter der Fall war – möchte ich es tatsächlich noch einmal tun?

Virginia Satir (1916–1988) – gilt als Mutter der Familientherapie. Sie sagt:

- Ich brauche keine Schuldgefühle zu haben, bloß weil das, etwas ich tue, sage, denke oder fühle, einem anderen nicht gefällt.

- Ich darf wütend sein.
- Ich muss nicht die volle Verantwortung für Entscheidungen treffen.
- Ich habe das Recht „Ich weiß es nicht" zu sagen.
- Ich habe das Recht zu sagen: „Ich verstehe das nicht".
- Ich habe das Recht „NEIN" zu sagen, ohne Schuldgefühle haben zu müssen.

2.22 Meine Grundlage der Herangehensweise als Dipl. Burnout-Prophylaxetrainerin

1. **Schritt: Regenerative Stressbewältigung** (Ansatzpunkt Stressreaktionen)
Es stellt den ersten Schritt dar und behandelt intensiv die Regulierung und Kontrolle der körperlichen und seelischen Stressreaktionen.
Ziele:
- Distanzierung von der Stressreaktion
- Positive Beeinflussung
Zielgruppe:
- Menschen, die noch nicht aktiv handeln können
- Menschen mit niedriger Distanzierungsfähigkeit

Kurzfristige regenerative Stressbewältigung = Erleichterung und Entspannung und die Dämpfung einer akuten Stressreaktion. Der Betroffene hat noch nicht die Kräfte und den Geist für eine neue Zielorientierung.
- Ablenken, abreagieren, entlastende Gespräche führen, Atmungstechniken anwenden, sich selbst etwas Gutes tun
- Langfristige regenerative Stressbewältigung = Regelmäßige Erholung und Entspannung, wenn der Betroffene Abstand gewonnen hat.

- Hobbies, soziale Netzwerke pflegen (nicht nur online), Entspannungstraining (Phantasiereisen und Atemtechniken, Muskelrelaxation/PMR), Bewegung, Genusstraining

2. **Schritt: Mentale Stressbewältigung** (Ansatzpunkt: Persönliche Stressverstärker)

   Hier geht es darum, sich selbstkritisch eigener, stresserzeugender oder -verschärfender Einstellungen und Bewertungen bewusst zu werden, diese allmählich zu verändern und förderliche Einstellungen und Denkweisen zu entwickeln.

   Ziele:
   - Eigene, stressverstärkende Gedanken wahrnehmen
   - Stressverstärkende Gedanken umstrukturieren
   - Stressmindernde Gedanken entwickeln
   - Verankerung der stressmindernden Gedanken im Alltag

3. **Schritt: Instrumentelle Stressbewältigung** (Ansatzpunkt: Stressoren)

   Hier geht es darum, äußere Belastungen und Anforderungen im beruflichen und privaten Bereich zu verändern, soweit möglich zu verringern oder ganz abzubauen. Das Ziel besteht darin, den eigenen Alltag stressfreier zu gestalten, um so die Entstehung von Stress möglichst von vornherein zu verringern oder zu verhindern. Man muss lernen, Aufgaben zu delegieren und Rücksicht auf seine eigenen Grenzen der Leistungsfähigkeit zu nehmen.

   Ziele:
   - Probleme lösen durch aktives Tun
   - Erwerb einer Problemlösestrategie (geistige Ebene)
   - Erwerb einer Problemlösekompetenz
   - Problemlöseorientierte Grundhaltung (auf Probleme zugehen)

Dies ist die Grundlage meiner Herangehensweise. Natürlich habe ich mein Repertoire erweitert und bisher insgesamt 26 Programme für Unternehmen vor Ort sowie für Privatpersonen an meinem Firmensitz entwickelt. Stress tritt in so vielen Bereichen auf. Der Bedarf ist absolut gegeben. Somit lag ich mit meiner Einschätzung richtig, mich in der Burnout-Prävention selbstständig zu machen. Burnout betrifft nicht nur diejenigen, die kurz vor dem Zusammenbruch stehen. Burnout ist auch ein Warnsignal, das uns als Gesellschaft angeht: unsere Lebensweise und unsere Arbeitsbedingungen! Ich hoffe, dass ich Ihnen Werkzeuge in die Hand legen konnte, die Sie zum Nachdenken bringen und Sie in Ihren Alltag einbauen können.

2.23 Danke, dass es euch gibt

Mein Ex-Mann (der Vater meiner Kinder) sagte im Jahre 2000 noch zum Abschied: „Ich hoffe, du findest dein Glück." Ich habe es gefunden. Nicht in anderen, sondern ganz allein in mir. Beigestanden in all den Jahren haben mir Uschi und Wolfgang. Hiermit danke ich euch, dass ihr mich immer gepusht und an mich geglaubt habt. Ein Dank gilt auch E.X.: „Danke, dass du mich seelisch verlassen hast." Ich hätte den Absprung von mir aus nicht geschafft. Dadurch konnte ich zu dem werden, was ich heute bin. Mein Dank gilt auch Michi. Nach einem anstrengenden Jahr konnten wir uns bei ihm von den Strapazen erholen. Der ständige Druck wegen meiner Kinder so schnell wie möglich wieder auf die Beine zu kommen, fiel von mir ab. Michi übernahm das Ruder. Und natürlich danke ich auch Grissy, die mir ihre Liebe geschenkt hat und mir noch immer treu zur Seite steht.

Viel zu lange habe ich in meinem Leben um die Liebe und Zuwendung meiner Partner gekämpft und nicht gemerkt, dass ich selbst und meine Kinder Isabel und Philipp, mein größtes Glück sind. Meine Kinder haben in meiner Zeit des Burnouts ihr letztes gegeben. Es war für sie eine schwere Zeit, durch die sie gewachsen sind. Mehr gewachsen, als sie es ohne meinen Burnout getan hätten. Sie wussten, dass es jeden treffen kann. Sie konnten damit umgehen und vieles selbst anwenden. Isabel hat im Mai 2012 in Psychologie mit dem Thema: „In der Burnout-Prävention liegt die Zukunft" maturiert, was mich besonders stolz gemacht hat. Philipp kann ansatzlos den Begriff „Glück" definieren. Beide waren stets an meiner Seite, haben ohne Wenn und Aber bedingungslos zu mir gestanden und gekämpft. „Einer für alle, alle für einen." Isabel, Philipp – hiermit danke ich euch für eure bedingungslose Liebe und euren Beistand. Ihr seid das Beste, was mir in meinem Leben passiert ist.

Petra Drasl, 42 Jahre, schildert, wie sie aus dem Burnout in ein neues Leben fand. Sie wohnt mit ihrem Partner, ihren zwei Kindern und ihrer Hündin im Grünen am Rande von Wien, arbeitet als Dipl. Burnout-Prophylaxe-, Mental- und Entspannungstrainerin mit dem Schwerpunkt Persönlichkeits- und Führungskräfteentwicklung in Richtung Verhaltenstraining zur beruflichen und privaten Stressbewältigung. Nach 20 Jahren Bankwesen im Auslandszahlungswesen sowie im Treasury schlägt sie somit eine Brücke zwischen Management und Psychologie. Sie fand ihre Lebensfreude wieder, lebt bewusster und schreibt gerade an ihrem ersten Buch.

3
Ich konnte einfach nicht mehr

Sylvia Berg

„Ich schreibe Sie jetzt erst mal für vier bis sechs Monate krank!"
– „Aber das können Sie doch nicht machen!"

Ich fühlte mich, als würde mir jemand den Boden unter den Füßen wegziehen! „Die Schüler und Kollegen brauchen mich doch in der Schule! Ich kann doch jetzt nicht einfach für eine so lange Zeit ausfallen. Das geht nicht. Ich verliere bestimmt meinen Job."

„Nichts da. Sie sind verbeamtet und werden ihren Job nicht verlieren. Jeder Mensch ist ersetzbar. Ich bin Arzt und schreibe Sie krank, weil Sie sich dringend erholen müssen."

Ich konnte diese Worte zwar hören, aber verstanden habe ich sie damals nicht. Ich war viel zu sehr mit meinen Ängsten beschäftigt. Was war passiert?

Dass etwas nicht stimmte, habe ich bereits in den Osterferien 2010 gemerkt. Trotz zwei Wochen ohne Schule und andere großartige Verpflichtungen, konnte ich mich irgendwie nicht erholen. Ständig spürte ich diese innere Unruhe in mir und konnte gar nicht richtig abschalten von der Schule. Egal, was ich gemacht habe, immer wieder gingen die Gedanken zurück in die Schule und zu den Aufgaben, die ich dort noch dringend erledigen musste.

Seit 2006 bin ich Lehrerin und hatte von 2008 bis 2010 dank meines hohen Engagements und meiner guten Staatsexamina einen Posten im erweiterten Schulleitungsteam. Heute übe ich diesen Posten nicht mehr aus, aber dazu später mehr.

Neben einem vollen Stundendeputat verbrachte ich zusätzlich viel Zeit in der Schule für Sitzungen und deren Vor- und Nachbereitung. Ich habe in vielen Arbeitsgruppen mitgearbeitet, eine Vielzahl an Elterngesprächen geführt und versucht, mich überall zu profilieren, überall ein Zeichen zu setzen. „Ich habe das alles für die Schüler getan", das hätte ich damals geantwortet. Heute weiß ich, dass ich süchtig war nach Anerkennung, nach Selbstbestätigung, nach Lob von anderen. Das habe ich bekommen, aber nicht von allen. Das ist ja auch utopisch, aber damals dachte ich, dass ich es allen recht machen muss. Jedenfalls war das mein überhöhter Anspruch an mich selbst. Mit Kritik umzugehen, auch wenn sie gut gemeint war, fiel mir sehr schwer. Schnell habe ich eine Ablehnung meiner Person gesehen. Eine Kollegin sagte einmal zu mir: „Da kommt die B. ja schon wieder. Die bringt hier wieder alles durcheinander!" Nach außen hin gab ich mich schlagfertig und sagte: „Ja, ist doch schön. Da passiert hier endlich mal was!" Aber innerlich war ich zutiefst verletzt und fühlte mich elend.

Nach den Osterferien ging das Hamsterrad dann weiter: unterrichten, Sitzungen, Aufgaben erledigen, nach Hause kommen und dort halbtot aufs Sofa fallen, eine Stunde schlafen, dann wieder bis spät in die Nacht Unterricht vorbereiten. Zum Schluss war es so schlimm, dass ich stundenlang vor meinem PC saß und mir nichts mehr einfiel. Totales Blackout. Stundenlang saß ich da und quälte mich so lange, bis mir irgendetwas einfiel, was ich mit den Schülern machen konnte. Nach drei Stunden Schlaf, die total unruhig waren, ging ich dann in die Schule. Mit zitternden Knien saß ich im Lehrerzimmer und hoffte, dass niemand meine Unfähigkeit entdecken würde. Das Unterrichten machte mir keinen Spaß mehr, es war die reine Qual. Ich hatte Angst, dass die Schüler meine Unsicherheit bemerken und mich fertig machen würden. Was natürlich passiert ist und mich noch unsicherer machte. In den Sitzungen des Schulleitungsteams war ich total nervös, konnte mich auf nichts mehr richtig konzentrieren und zog mich immer weiter in mich zurück. Wenn ich über Schule redete, dann gab es nichts Positives mehr, sondern mir fielen nur lauter Probleme und negative Dinge ein. Ich fühlte mich ständig unter Druck.

Was dann passierte, kann ich im Einzelnen gar nicht mehr genau rekonstruieren: ich ging am Wochenende zur Notdienstzentrale, weil ich einfach nicht mehr konnte. Ich hatte wieder eine Nacht nicht geschlafen und fühlte mich einfach nur schlecht und ausgelaugt. Der Arzt verordnete mir Baldrian und schrieb mich erst Mal für drei Tage krank. Diese drei Tage halfen mir zur Erholung nicht weiter. Ich konnte wieder nicht richtig abschalten, sondern versuchte, mit Unterstützung meines Mannes und meines Schwiegervaters, der auch Lehrer war, meinen Unterricht für die nächsten Tage ordentlich vorzubereiten. Beide wollten mir helfen und mich unterstützen, merkten aber nicht, dass sie dadurch den Druck weiter erhöhten. Ich bekam eine vage Ahnung davon, dass mein System der Unterrichtsvorbereitung im Moment nicht funktionierte und mir wurde mein damaliger Zustand immer mehr bewusst. Nach mehrmaligem Krankschreiben seitens des Hausarztes und einigen Versuchen des Wiedereinstiegs in den Schulalltag, landete ich bei einem Allgemeinmediziner mit Ausbildung zum Psychologischen Psychotherapeuten. Er schrieb mich für vier bis sechs Monate krank und wies mich in eine Psychosomatische Klinik ein. Inzwischen hatte sich mein Zustand deutlich verschlechtert. Ich war ganz unten angekommen: Selbstmordgedanken quälten mich, seit mir die Arbeit, mein liebstes Kind, weggenommen wurde.

In der Klinik dauerte es sehr lange, bis ich auf die richtigen Medikamente eingestellt war und ich mich in den Klinikalltag eingefunden hatte. Acht Wochen lang gab es nur minimale Fortschritte – die meisten davon in der Tanztherapie. Dort konnte ich wieder Kontakt zu meinem Körper bekommen, nachdem mein Leben seit dem Studium so kopflastig geworden war und ich das Tanzen doch im Kindesalter schon geliebt hatte. Seit dem Alter von neun Jahren habe ich getanzt: Ballett, Jazz Dance, Aerobic, Step Aerobic gemacht. Das hatte mir immer viel Spaß gemacht. Mit Beginn meiner Vollzeitstelle an einer Schule auf dem Lande und dem Umzug dorthin, hatte ich nicht mehr getanzt und immer weniger Sport getrieben.

Aber auch die Psychotherapie und die Gespräche mit den Mitpatienten brachten mich weiter. Ich stellte dort fest, dass meine Ehe nicht so gut war, wie ich es mir eingeredet hatte. Schon meine Hochzeitsnacht verlief nicht so, wie ich es mir gewünscht hatte. Statt feurige Leidenschaft zu erleben, sind mein Mann und ich wie Bruder und Schwester nebeneinander eingeschlafen. Auch in den folgenden Jahren hatten wir nur selten Sex. Nach zwei Jahren Ehe gestand mein Mann mir dann, dass er sich im Internet nackte Frauen anschaut und sich dabei seine Befriedigung holt. Ich war geschockt und tief verletzt, habe aber mit niemandem darüber gesprochen. In der Klinik habe ich zum ersten Mal über dieses Gespräch geredet und erfahren, dass das Verhalten meines Mannes nicht normal ist und mein Mann ein Problem mit seiner Sexualität hat. Als die Therapeutin in der nächsten Sitzung von Eheproblemen sprach, war ich sehr schockiert.

Nachdem ich acht Wochen lang wirklich sehr depressiv war, ging es mir in den letzten vier Wochen meines Klinikaufenthaltes Schritt für Schritt besser. Endlich konnte ich an meinen Themen arbeiten und machte Fortschritte in der Psychotherapie.

Aber ich lernte nicht nur über mich und meine Probleme zu reden, sondern entdeckte meine Interessen und Fähigkeiten neu. In der Maltherapie bekam ich wieder Zugang zu meiner Strukturiertheit, was beim Zeichnen eines Mandalas sehr hilfreich war. Außerdem kam ich beim Thema „Mein Garten" wieder an meine innersten Wünsche. Ich malte einen schönen Garten mit einer Hängematte, in der eine Person lag. Eigentlich hatte ich mich in die Hängematte gemalt, jedoch sagten meine Mitpatienten, dass sie ein Baby erkennen würden. Als ich das hörte, fing ich an zu weinen. Da war es, das Baby, das ich mir so sehnlichst wünschte.

In den letzten Wochen des Klinikaufenthaltes sang ich im Chor der Klinik mit. Singen konnte ich schon immer gut und hatte viele Jahre im kirchlichen Kinderchor mitgesungen. Das Singen tat mir sehr gut. Auch dies half mir dabei, wieder einen guten Kontakt zu mir und meinem Körper zu bekommen. Toll war es, als wir zum ersten Mal im Klinikgottesdienst sangen. Für mich war es ein großer Fortschritt, wieder vor einer Gruppe zu stehen und etwas vorzutragen. Das hatte ich mir in der tiefsten Depression nicht zugetraut.

Parallel zu den Angeboten in der Klinik organisierte ich mir mein eigenes „Genesungs"-Programm. Ich machte bei Wind und Wetter nach dem Abendessen eine Stunde Nordic Walking. Eine Mitpatientin schloss sich mir an und so waren wir jeden Abend unterwegs. Dadurch erhöhte sich meine Fitness immens und mein Kopf wurde Stück für Stück klarer.

Im August 2010 wurde ich dann aus der Klinik entlassen. Die drei Monate, die ich dort verbracht hatte, waren eine sehr wichtige Zeit für mich. Dort wurden viele Weichen für mein jetziges Leben gestellt.

Gleich im Anschluss an die Klinik begann ich eine Tanztherapie mit wöchentlichen Sitzungen bei einer Tanztherapeutin. Sie wurde mir von der Tanztherapeutin aus der Klinik empfohlen und stellte sich als ein absoluter Glücksgriff heraus. Ihre freundliche und klare Art hatte mir sehr geholfen. Bei ihr hatte ich im ersten Jahr nach der Klinik Einzelsitzungen und besuchte ihre tanztherapeutische Gruppe für Frauen. Bis heute ist die Teilnahme an der Gruppe ein wichtiger Bestandteil in meinem Leben.

Nach dem vollstationären Klinikaufenthalt verbrachte ich zehn Wochen in einer Tagesklinik. Auch dort gab es Einzelgespräche, Gruppentherapien, Tanztherapie und Ergotherapie. Diente der vollstationäre Aufenthalt zunächst der Überwindung der starken Depression, ging es in der Tagesklinik darum, mich zu stabilisieren und für das Berufsleben fit zu machen. Eine Entscheidung hatte ich aber bereits nach dem ersten Klinikaufenthalt getroffen: das Abdanken der Schulleitungstätigkeit und dann eine schrittweise Wiedereingliederung ins Berufsleben als „normale" Lehrerin.

Zum ersten Dezember 2010 gab ich ganz offiziell meine Stelle in der erweiterten Schulleitung zurück und verabschiedete mich mit Sekt und Kuchen von meinen Kolleginnen und Kollegen im Schulleitungsteam.

Eine Woche später begann ich wieder als normale Lehrerin an meiner Schule zu unterrichten. Die Kollegen mussten sich anfangs noch daran gewöhnen, dass ich kein Schulleitungsmitglied mehr war. Insbesondere ein Kollege fragte mich regelmäßig zu schulinternen und schulrechtlichen Vorgängen. Ich wies ihn jedes Mal freundlich daraufhin, dass diese Frage nicht mehr in meinen Zuständigkeitsbereich fallen würde, weil ich kein Schulleitungsmitglied mehr sei. Die Schüler freuten sich, mich zu sehen. Als ich über den Schulhof ging, sagte einer: „Yeah, Frau B. is back in the house." Das freute mich sehr. Andere riefen meinen Namen und sagten: „Sie sind wieder da!" Eine Klasse, in der ich recht viele Stunden unterrichtet hatte, überraschte mich sogar mit einem Kuchen und schrieb an die Tafel: „Herzlich willkommen!" Ich war sehr gerührt. Viele Schüler fragten mich, was ich denn gehabt hätte. Ich ging mit meiner Krankheit offen um und erzählte den Schülern, dass ich einen Burnout hatte und in einer Klinik war. Weitere Details behielt ich für mich.

Therapeutisch wurde ich in dieser Zeit unterstützt durch die tanztherapeutische Gruppe meiner Tanztherapeutin. Gleichzeitig hatte ich zwei tanztherapeutische Einzelsitzungen und zwei therapeutische Gespräche im Monat, jeweils im wöchentlichen Wechsel. Die Gesprächstherapie machte ich bei einem Heilpraktiker, der mich bereits als Ergotherapeut in der Tagesklinik betreut hatte. Zu ihm hatte ich großes Vertrauen und schätzte sowohl seine Menschenkenntnis als auch seine feine Beobachtungsgabe. Mit ihm konnte ich meine Beziehungsprobleme offen besprechen und meinen Wünschen und Träumen auf die Spur kommen.

Im Rahmen der Tanztherapie fiel der Satz: „Wenn du den Konflikt mit deinem Mann nicht klärst, landest du wieder in einer Klinik!" Das zu hören, hatte mich sehr getroffen. In eine Klinik wollte ich nicht mehr gehen, sondern endlich glücklich werden. Doch mit meinem Mann lief es zunehmend schlechter. Wir hatten weiterhin wenig Sex. Wenn ich ihn auf seine Gewohnheit ansprach, sich Frauen im Internet anzuschauen, verteidigte er sich, indem er mich angriff: „Diese Frauen sind alle dünner als du.

Das finde ich attraktiver!" Ein Gespräch ohne Beschimpfungen und Vorhaltungen war kaum möglich. Auf Anraten beider Therapeuten begannen wir eine Paartherapie. Für mich war das ein Versuch, unsere Ehe zu retten und wieder miteinander reden zu können.

Im Frühjahr 2011 hatte ich einen Rückfall. Das Aufstehen fiel mir zusehends schwerer, das Unterrichten war sehr anstrengend und meine Konzentrationsfähigkeit ging immens zurück. Der Arzt erhöhte die Dosis meines Antidepressivums, aber es veränderte sich nichts. Trotz des täglichen Laufens gab es keine Verbesserung, weil mich endlose Gedankenschleifen und Ängste nicht losließen. Als dann Gedanken an Selbstverletzung dazukamen, zog mein Therapeut die Notbremse. Er organisierte mir einen Platz in der Tagesklinik, in der ich weitere acht Wochen verbrachte. Hier stabilisierte ich mich wieder und lernte, meine Ansprüche runterzuschrauben. Ein Arzt sagte zu mir: „Es muss nicht immer ein Fünf-Gänge-Menü sein. Sie können auch mal eine Dose Ravioli öffnen. Das gilt auch für Ihren Unterricht. Sie müssen lernen, Ihre Ansprüche zurückzuschrauben!"

Oft denke ich an diese Worte, wenn ich mal wieder dazu neige, stundenlang an einem Arbeitsblatt für die Schüler zu feilen. Außerdem habe ich gelernt, dass die wichtigste Fähigkeit darin besteht, mich selbst zu beruhigen. Das hat mir schon in vielen Situationen geholfen, in denen ich früher vielleicht panisch geworden wäre. Es hilft mir auch manchmal vor dem Einschlafen, wenn zu viele unerledigte Aufgaben oder ungeklärte Dinge ins Gedächtnis kommen. Ich achte dann bewusst auf meinen Atem oder träume mich an meinen Lieblingsurlaubsort nach Südfrankreich.

Genau diesen Urlaubsort habe ich mit meinem Mann dann in den letzten beiden Sommerferienwochen nach dem Klinikaufenthalt besucht. Dort habe ich stundenlang einfach nur in den Weinbergen gesessen und die provenzalische Luft und das Licht genossen. Das tat mir richtig gut und meine Seele konnte auftanken.

Nach den Sommerferien begann ich eine zweite Wiedereingliederung. Nach anfänglichen Unsicherheiten fiel mir das
Unterrichten wieder leicht. Eine Lehrerin meldete mir zurück,
dass ihre Schüler total begeistert von meinem Unterricht seien.
Das zu hören, tat mir sehr gut und gab mir wieder Auftrieb.

Parallel zum Berufseinstieg begann ich eine tiefenpsychologische Psychotherapie bei einer niedergelassenen Psychotherapeutin. Sie ist auch jetzt noch meine Therapeutin und unterstützt
mich bei meinen Problemen und Fragen im Beruf, bei meiner
Freizeitgestaltung, im Umgang mit meinen Eltern oder bei Fragen zu meiner Beziehung. Die Gespräche mit ihr sind sehr hilfreich und manchmal sehr anstrengend, wenn es um mein Selbst-
bild und meine inneren Antreiber geht.

Privat ging es nach den Sommerferien sehr turbulent zu. Mein
Mann und ich stritten uns immer öfter. Mir ging seine phlegma-
tische Art auf die Nerven. Stundenlang beschwerte er sich, dass
er sehr unzufrieden mit seiner Arbeit sei. Als ich ihm vorschlug,
er könne sich ja einen anderen Arbeitsplatz suchen, war er dazu
nicht bereit. Sein Gejammer konnte ich nicht mehr ertragen und
reagierte zunehmend gereizter darauf. Auch seine Angewohnheit,
am Wochenende auszuschlafen bis mittags, wurde mir zu viel. Ich
wollte etwas unternehmen, aber er wollte lieber zu Hause bleiben
und sich von der Arbeitswoche erholen. Anstrengend fand ich
auch sein enges Verhältnis zu seiner Familie. Jeden Sonntagabend
besuchte er den Gottesdienst der 20 km entfernten Heimatge-
meinde. Meist wurde davor gemeinsam mit seinen Eltern und
seiner Schwester samt ihrer Familie (sie ist verheiratet und hat
drei Kinder) Kaffee getrunken oder danach noch zu Abend gegessen.

Insbesondere das Verhältnis zu seiner Schwester war für mich
problematisch. Sie hatte eine sehr direkte und sehr verletzende
Art. In einem Gespräch sagte sie zu mir: „Sag mal, wie sieht das
jetzt aus mit euch und Kindern? Wollt ihr nicht mal eine künstliche Befruchtung machen? Schließlich will ich auch mal Tante

werden!" Das sagte sie zu mir, obwohl sie Mutter von drei gesunden Kindern war. Ich war echt geschockt und konnte nichts mehr dazu sagen. Mein Mann gab auch keinen Kommentar dazu ab. Er nahm seine Schwester immer wieder in Schutz und bat mich, ihr nicht zu widersprechen. Schließlich wolle er keinen Streit und außerdem hätte sie ja eine so schlechte Kindheit gehabt. Die eine Seite ist, dass mein Mann den Widerspruch verbot, die andere Seite ist, dass ich mich daran gehalten habe. Heute ist mir klar, dass nicht nur er Fehler gemacht hat, sondern auch ich einen Anteil am Scheitern unserer Ehe habe. Ich habe mich zu sehr zurückgenommen und ihn machen lassen. Ich habe meinen Raum zu wenig verteidigt und ihm immer mehr Einflussmöglichkeiten gegeben. In den Therapien habe ich gelernt, dass ich ein Anrecht auf meinen Raum habe und dass ich meine Grenzen nach außen verteidigen darf. Das war für meinen Mann schwierig zu verstehen. Er hatte große Probleme damit, dass ich ihn nicht mehr bedauerte, sondern meine Meinung offen vertrat. Ich reagierte auf die Aussagen seiner Schwester und war nicht mehr die verständnisvolle Ehefrau, die er seit Jahren kannte. In einem Streit warf er mir an den Kopf: „Ich hoffe, dass deine Therapien endlich vorbei sind, damit du wieder normal wirst." Da war mir klar, dass er überhaupt nichts verstanden hatte.

Am ersten November 2011 zog ich aus, weil ich das Zusammensein mit ihm nicht mehr aushielt. Ich fand eine kleine Fachwerkwohnung in einer benachbarten Stadt und richtete meine erste eigene Wohnung ein. Alles wurde so dekoriert, wie ich es mir wünschte. Jetzt habe ich ein Schlafzimmer mit Lavendelbildern, ein Wohnzimmer mit Eifelturmbildern und -kissen, ein Arbeitszimmer mit einem Eifelturm an der Fensterscheibe, eine Küche mit einem Wandtattoo „home sweet home" und ein Bad mit Goldfisch-Aufklebern. Hier genoss ich einen turbulenten Winter mit einer Einweihungsparty, meiner Geburtstagsfeier und einer Affäre mit einem Mann, der siebzehn Jahre älter war als ich. Ich versprach mir mehr als eine Affäre mit ihm, was mir eine lange Zeit zu schaffen machte. Rückblickend bin ich jedoch froh über die Erfahrung mit ihm. Er hat mir gezeigt, dass Sexualität etwas sehr Schönes ist und nicht nur verkrampft sein muss. Außerdem hat er mir gezeigt, dass ich eine begehrenswerte Frau bin.

Zu Beginn des Jahres 2012 ging es mir allerdings zunehmend schlechter. Dem Hochgefühl und Rausch, nun endlich ein neues Leben angefangen zu haben, folgte der Absturz. Schuldgefühle quälten mich. Der Gedanke, ich hätte durch die Affäre meine Ehe zerstört, kam immer wieder. Ich sehnte mich nach einer starken Schulter und jemandem, der mich in schlechten Zeiten unterstützt. Das Aufstehen fiel mir morgens wieder zunehmend schwerer und die Konzentrationsfähigkeit nahm ab. Ängste kamen wieder: die Angst, in der Schule zu versagen, die Angst, meine Wohnung nicht mehr finanzieren zu können, die Angst, keinen Partner mehr zu finden. Aber ich hielt durch und ging weiterhin jeden Tag in die Schule. Meine Therapeutin war in diesem Punkt sehr streng mit mir und half mir so, diese depressive Episode ohne Fehlzeiten in der Schule zu überstehen. Außerdem schickte sie mich zum Radiologen, der meine Schilddrüse untersuchen sollte. Er stellte eine Unterfunktion der Schilddrüse fest und stellte mich mit Thyroxin ein. Schon kurze Zeit später fühlte ich mich besser.

Gleichzeitig verschrieb mir mein behandelnder Psychiater ein neues Antidepressivum. Es sollte insbesondere morgens den Antrieb steigern. Auch dies hatte eine gute Wirkung, so dass mir das Aufstehen bald leichter fiel. Welche dieser beiden Komponenten ausschlaggebend für meine Besserung waren, weiß ich nicht. Denn auch in der Therapie machte ich Fortschritte. Häufig stellte mir meine Therapeutin in dieser Zeit die Frage: „Lieben Sie Ihren Mann?" Ich konnte ihr diese Frage nicht beantworten. Nach langem Überlegen ohne Ergebnis fragte ich mich, wie ich eine Antwort auf diese Frage erhalten könnte. Mir kam die Idee, einen Tag Zeit mit meinem Mann zu verbringen, um zu spüren, ob ich ihn noch liebte. In den Osterferien verbrachten wir einen gemeinsamen Tag in Heidelberg. Dort schauten wir uns den Schlosspark an, gingen in das Apothekermuseum und machten einen Stadtbummel. Abends aßen wir noch gemeinsam in einem kleinen Restaurant. Als wir wieder zu Hause waren, wusste ich, dass ich mich in seiner Gegenwart wohl fühle, ihn aber nicht mehr liebe. Damit war die Frage also beantwortet.

Einige Wochen später hatten wir unsere letzte Sitzung bei der Paartherapie. Ich erzählte von unserem Tag in Heidelberg und meinen Gefühlen. „Ich finde die Trennung richtig und ich werde nach Ablauf des Trennungsjahres die Scheidung einreichen!", sagte ich. Mein Mann war geschockt. Das ginge ihm alles viel zu schnell. Er meinte, so etwas solle man nicht überstürzen. Ich wurde wütend, weil mir bewusst wurde, dass er meinen Auszug nie als Trennung gesehen hatte und er die von mir gezogene Grenze mal wieder überschreiten wollte. Unsere Therapeutin unterstützte mich: „Ich habe das Gefühl, Sie sind schon eine ganze Zeit getrennt, nur keiner traut sich, das auszusprechen." Mein Mann versuchte dann, noch weiter zu diskutieren. Die Therapeutin unterbrach ihn, beendete offiziell die Paartherapie und verabschiedete uns. Er war total überrumpelt und verdutzt. In einem Auto fuhren wir gemeinsam zu meinem Wohnort, an dem mein Mann sein Auto abgestellt hatte. Während der Fahrt fing er erneut an, mit mir zu diskutieren. Ich würde überstürzt handeln und hätte ihm keine weitere Chance gegeben. Ich wiederholte meine Aussage aus dem therapeutischen Gespräch ein zweites Mal und sagte ihm, er solle meine Meinung akzeptieren und nicht weiter diskutieren. Dabei wurde ich richtig laut. Danach drehte ich die Musik auf und schwieg ihn an. Den Rest der Fahrt schwieg auch er.

Seit diesem Gespräch sind sechs Monate vergangen. Sechs Monate, in denen ich gesundheitlich weder zu Höhenflügen geneigt, noch stark depressive Phasen erlebt habe. Dafür bin ich sehr dankbar.

Aber warum geht es mir so gut? Das hat viele Gründe:

Ich bin glücklich verliebt. Seit Mai habe ich eine neue Beziehung mit einem Mann, den ich bereits seit 20 Jahren kenne und mit dem ich zwölf Jahre keinen Kontakt hatte. Kurz nach dem Ausflug nach Heidelberg mit meinem Mann habe ich einen alten Kontakt wieder aufgenommen. Beim dritten Treffen war klar, dass die Anziehungskraft von früher noch da war und wir einfach ein tolles Paar abgeben. Das hat sich auch in den folgenden Monaten bestätigt. Mein Freund tat und tut mir sehr gut, weil er immer einen guten Spruch auf den Lippen hat, sich für meine Krankheit interessiert, meine Grenzen akzeptiert und sehr strukturiert ist. Bei ihm fühle ich mich als Frau.

Seit Februar singe ich wieder in einem Chor, im Gospelchor. Das Singen tut mir sehr gut. Hier spüre ich meine Stimme einmal anders. Die Melodien und Texte geben mir Kraft. Außerdem habe ich dadurch viele nette Menschen kennengelernt, die mich vor meinem Zusammenbruch noch nicht kannten. Hier kann ich abwägen, wem ich was von meiner Geschichte erzähle und ich kann einfach nur so sein, wie ich mich gerade fühle. Die gemeinsamen Chorauftritte machen viel Spaß und schweißen die Gruppe sehr zusammen.

Bei einem Chorwochenende habe ich „Bodypercussion" kennengelernt. Dabei geht es darum, einen Rhythmus mit dem Körper zu erzeugen. Durch Stampfen und Klatschen auf verschiedene Körperteile werden unterschiedliche Klänge erschaffen, die dann in der Gruppe gegeneinander, wie bei einem Kanon, gespielt werden können. Seit Mai nehme ich an einem Kurs für „Bodypercussion" teil. Es macht mir sehr viel Spaß, neue Rhythmen zu lernen. Dabei muss ich mich ganz auf meinen Körper und die anderen Gruppenteilnehmer konzentrieren. An etwas anderes denken, kann ich dabei nicht. So hilft mir Bodypercussion, mich auf mich und meinen Körper zu konzentrieren.

Seit April bin ich Mitglied und stellvertretende Leiterin der Selbsthilfegruppe „Burnout". Auf Initiative des Leiters der Selbsthilfegruppe treffen wir uns zweimal im Monat, um uns über unsere Erlebnisse und Erfahrungen auszutauschen. Gemeinsam teilen wir unsere alltäglichen Probleme, tauschen uns über Behandlungsmethoden aus und unterstützen uns gegenseitig. Für mich ist diese Gruppe sehr wichtig, weil ich hier offen über meine Ängste und Nöte reden kann. Ich muss nicht so viel erklären, wenn ich über meine Erfahrungen berichte. Die anderen Teilnehmer haben ähnliche Situationen erlebt und wissen, wie sich eine Depression oder ein Burnout anfühlt. Durch die Gruppe sind zwei sehr intensive Kontakte entstanden, so dass ich mich mit den beiden Mitgliedern schon oft in der Zeit zwischen den offiziellen Treffen der Selbsthilfegruppe ausgetauscht habe. Diese Kontakte sind mir sehr wichtig und wir können viel voneinander lernen.

Als fester wöchentlicher Termin hat sich auch die tanztherapeutische Gruppe bei meiner Tanztherapeutin etabliert. Es tut mir immer noch sehr gut, dort mit meinem Körper zu arbeiten und in der Gruppe zu tanzen.

Alle zwei Wochen gehe ich weiterhin zu meiner Psychotherapeutin. Die Gespräche mit ihr unterstützen mich dabei, meinen Lebensalltag zu bewältigen. Probleme kann ich direkt mit ihr besprechen und so einen guten Umgang damit finden.

In einem Abstand von vier Wochen habe ich einen Gesprächstermin bei meinem Psychiater. Er überprüft meinen Gesundheitszustand und passt die Medikation neu an. Die Treffen mit ihm helfen mir, auf die letzten vier Wochen zurückzuschauen und meinen Gesundheitszustand realistisch einzuschätzen.

Zusätzlich gehe ich alle sechs Monate zum Radiologen, der meine Schilddrüse untersucht. Aber auch das ist zur Routine geworden.

Beruflich gesehen habe ich mein Arbeitspensum deutlich reduziert. Ich arbeite mit einer halben Stelle weiterhin als Lehrerin in meiner alten Schule. Die Unterrichtsstunden sind auf vier Tage gleichmäßig verteilt, so dass ich nicht mehr als vier Unterrichtsstunden an einem Tag unterrichte. Es strengt mich immer noch sehr an, wenn in der Schule durch Konferenzen oder Elterngespräche eine höhere Arbeitsbelastung anfällt. Ich versuche dann, bewusst Pausen einzuplanen und mir Entspannungsräume zu schaffen. Für mich ist es gut, nicht jeden Tag in der Schule zu sein. Früher dachte ich immer, ich müsse alles mitkriegen und dürfe nichts verpassen. Heute weiß ich, dass vieles auch ohne mein Engagement gut bearbeitet wird. Diese Einstellung entlastet unheimlich. Außerdem habe ich gelernt, mich abzugrenzen und auch mal „NEIN!" zu sagen. Ich melde mich nicht gleich, wenn jemand gesucht wird, der eine Aufgabe erledigen soll. In der Tagesklinik haben wir gesagt: „Wir wollen arbeiten, um zu leben, und nicht leben, um zu arbeiten!" Das versuche ich nun umzusetzen.

Ansonsten versuche ich, möglichst oft das zu tun, was mir gut tut. Dazu gehört tanzen, singen, mich mit Freunden oder meiner kleine Nichte treffen. Die Zeit mit ihr ist besonders wertvoll für mich. Sie hat den Blick für die kleinen Dinge im Leben: sie hört die Vögel singen und sieht den Regenwurm auf dem Boden. Sie lebt vollständig im Jetzt und sagt, was sie denkt. Ich mag sie sehr und die Zeit mit ihr tut mir sehr gut.

Aber auch alleine tue ich mir Gutes. Ich habe meine Bastelleidenschaft entdeckt. Dieses Jahr bastle ich Geburtstagskarten und gestalte Kalender mit Fotos oder Postkarten. Das ist ein schöner Ausgleich für meine theoretische Arbeit und es befriedigt mich sehr, wenn ich ein selbstgemachtes Produkt in den Händen halte.

„Ich schreibe Sie jetzt erst mal für vier bis sechs Monate krank!" Das waren die Worte des Arztes, der mich wegen meines Burnouts krankgeschrieben hatte und mit denen dieses Kapitel angefangen hat. Rückblickend hat sich seit meinem Zusammenbruch eine Menge verändert. Ich bin dem Arzt sehr dankbar, dass er so schnell gehandelt und mich in eine psychosomatische Klinik eingewiesen hat. Damit ist ein Prozess in Gang gesetzt worden, für den ich ohne Behandlung und professionelle Hilfe viel länger gebraucht hätte. Ich habe das Gefühl, dass ich wieder Luft zum

Atmen bekommen und zu mir gefunden habe. Endlich kann ich das Leben wieder genießen.

Silvia Berg ist das Pseudonym der Autorin dieses Berichts. Sie ist 34 Jahre alt, geschieden, neu verliebt und arbeitet wieder als Gymnasiallehrerin. Sie beschreibt, wie sie durch Singen, Tanzen und eine tiefenpsychologische Psychotherapie ihren Raum wiederentdeckt und neu gestaltet hat.

4

Ein langer Weg zurück ins Leben

Christin Jönnson

An einem Aprilabend 2004 finden wir eine Frau in einer Bade-
wanne, gefüllt mit heißem dampfendem Wasser. Ein eigentlich
ganz normales und unspektakuläres Bild. Bei näherem Betrachten sehen wir jedoch, dass hier etwas ganz und gar nicht stimmt.
Das Wasser ist kochend heiß, aber die Frau ist sich der Schmerzen nicht bewusst, als das Wasser ihre Haut krebsrot färbt. Statt
sich zurückzulehnen und das dampfend heiße Wasser zu genießen, sitzt sie zusammengekrümmt, über ein kleines Objekt in
ihrer Hand gebeugt. Als wir das Bild heranzoomen, erkennen
wir die scharfe Rasierklinge, mit der sie ihre Handgelenke und
Unterarme mit der monotonen Entschlossenheit einer Schlaf-
wandlerin aufschlitzt. Wieder und wieder trifft die Rasierklinge
auf die weiße, zarte Haut ihrer Arme und wieder und wieder
quillt das zähfließende Blut aus den Öffnungen der Haut.

Obwohl ihre Bewegungen regelmäßig und entschlossen sind,
ist es offensichtlich, dass sie verzweifelt ist. Ihr Köper zittert von
dem heftigen Weinen und verblendet durch den dicken, salzigen
Tränenschleier hat sie Schwierigkeiten, ihre Schnitte zielgerecht
zu setzen. Ungeachtet dessen versenkt die Frau das Rasiermesser
weiterhin mit ebenmäßiger Genauigkeit in ihre Arme und hin-
terlässt 46 tiefe und hässliche Wunden an den Armen.

Zu meiner endlosen Verzweiflung blute ich nicht, das heißt,
ich blute nicht genug. Es ist, als ob mein Körper einen inneren
Verteidigungsmechanismus hat, das dem Blut verhindert, den
Körper zu verlassen. Egal wie tief ich versuche zu schneiden, es
sickert nur aus jeder Wunde. Es ist genug, um das Badewasser
in eine unappetitliche, hellrote Brühe zu verwandeln, aber nicht
genug, um mein Leben zu beenden.

Der Boden des Badezimmers ist nass und glitschig von dem
Wasserdampf, der den kleinen Raum füllt. Auf dem Boden liegen
ein paar durchnässte Handtücher.

Vor ein paar Stunden habe ich meine Tochter zu den Eltern
ihrer Freundin gebracht mit der Bitte, sie dort übernachten zu
lassen.

„Natürlich", heißt es, „sie ist uns immer willkommen. Wir sehen zu, dass die beiden morgen früh rechtzeitig zur Schule kommen!"

Ich bin eine alleinerziehende Mutter und obwohl mein Kind der Nabel meiner Welt ist, kann meine Liebe zu ihr mich nicht von meinem Vorhaben abhalten. Im Gegenteil. Auf irgendeine verdrehte Art und Weise bin ich der Meinung, dass es ihr ohne mich besser gehen wird. Wie und mit wem – soweit kann ich nicht denken. Ich kann überhaupt nicht klar denken.

Mir kommt auch nicht der Gedanke, einen guten Freund oder eine Freundin anzurufen, Hilfe und Unterstützung zu suchen. Ich sehe keine Hoffnung, keinen Ausweg, keine Zukunft. Meine Welt besteht in diesem Augenblick nur aus Verzweiflung.

Völlig erschöpft gebe ich in den frühen Morgenstunden auf. Zitternd vor Kälte wickle ich ein paar Handtücher lose über die klaffenden Wunden meiner Unterarme und lege mich ins Bett.

Nach ein paar Stunden traumlosem Schlaf, wache ich mit einer neuen, dumpfen Entschlossenheit auf. Ich muss das, was ich angefangen habe, zu Ende führen. Ich streife also ein großes Sweatshirt über den Kopf, kämme mir die Haare und verlasse die Wohnung. Ich muss traumhaft aussehen, aber ich schaue weder in einen Spiegel noch an meine Armen herunter. Die mit getrocknetem Blut durchgeweichten Handtücher um den Armen lasse ich, wo sie sind, das Sweatshirt ist groß genug.

Kurz darauf bin ich wieder zu Hause – in einer Plastiktüte eine Flasche Wodka und eine Packung Schlaftabletten. Die Schlaftabletten sind rezeptfrei und daher natürlich sehr schwach und ich weiß, dass ich die ganze Packung schlucken muss. Ich hoffe, dass der Alkohol den Rest erledigen wird.

Ich würge so viele von den Tabletten herunter wie ich kann und spüle mit dem Wodka nach. Draußen strahlt die Morgensonne. Ich ertrage das Licht nicht und habe die Gardinen im Zimmer zugezogen. Ich liege zusammengekauert auf meinem

Bett, spüre, wie eine Betäubung sich im Körper ausbreitet und verliere das Gefühl für Zeit und Raum.

Irgendwann pocht ein Geräusch auf meine abgestumpfte Aufmerksamkeit. Es ist sehr irritierend und ich hoffe, dass das Geräusch von selbst aufhören wird, aber es wird nur intensiver. Ich muss das irgendwie ausschalten und versuche aus dem Bett zu steigen. Es geht nur sehr langsam und mühevoll und ich muss mich an der Wand abstützen. Das durchdringende Klingeln kommt von der Wohnungstür und ich mache die Tür auf.

Im Hausflur stehen drei Polizisten und meine besorgten Nachbarn.

Auf dem Weg ins Krankenhaus befragt mich ein fürsorglicher Mann vom Rettungsdienst. Er schaut sich besorgt meine Unterarme an und möchte wissen, ob ich Schlaftabletten genommen habe.

Die Tabletten zeigen ihre Wirkung und ich bin vollkommen betäubt und unfähig, irgendeine Gefühlsregung zu zeigen. Ich habe Schwierigkeiten, meinen Blick zu fokussieren, versuche aber, dem netten Mann in die Augen zu schauen und kann nur betreten nicken. Er sagt, er muss es im Krankenhaus melden.

Ich erzähle ihm auch von meiner Tochter und dass ich schnell wieder zu ihr muss. Ich habe plötzlich Angst, dass ich durch das Krankenhaus in der Psychiatrie landen werde und mein einziger Gedanke ist, dass meine Tochter dann ohne Schutz dasteht und dass ich so schnell wie möglich zu ihr muss. Er hört mein Flehen und versucht, mich zu beruhigen. Er wird mit den Ärzten reden – ich solle keine Angst haben, es werde alles gut.

Ich habe das Gefühl, dass seine Anteilnahme nicht geheuchelt ist und dass er tatsächlich auf meiner Seite ist. Während der ganzen Fahrt hält er meine Hand und die Wärme tut gut.

Ich werde in ein Krankenhaus gebracht, in dem meine Arme endlich verbunden werden. Da die Wunden so lange offen waren, werden sich Narben bilden. Ich nicke nur teilnahmslos. Okay, da kann man nichts machen, es gibt Schlimmeres.

Ich muss ein ekelhaftes, pechschwarzes Kohlegebräu trinken und schlucke das ganze kommentarlos herunter. Der Arzt schaut mich verdutzt an. Anscheinend wundert er sich, dass ich so ruhig und pflegeleicht alles über mich ergehen lasse. Es ist natürlich die Wirkung der Schlaftabletten, aber das behalte ich für mich.

Der Arzt stellt mir eine ganze Reihe von Fragen, aber bevor er die Sätze zu Ende bringen kann, habe ich bereits den Anfang vergessen. Mein Gehirn streikt komplett und ich muss ihm sagen, dass ich es nicht schaffe, ihm zu antworten. Sorry.

Nach endlosem Warten werde ich in ein anderes, naheliegendes Krankenhaus gebracht. Man möchte mich über Nacht dabehalten und schließt mich an einem Überwachungsmonitor an. Keiner fragt mich, ob ich Durst habe oder etwas essen möchte. Mittlerweile ist es fast 30 h her, dass ich etwas gegessen habe. Ich bin aber zu erschöpft, um nach Nahrung zu fragen.

Ich kann ein paar Stunden schlafen und wache am nächsten Morgen früh auf. Irgendwann steht eine Gruppe von Ärzten für die Morgenvisite an meinem Krankenbett. Man fragt mich, wie es mir gehe. Ich weiß, dass ich mich ruhig und vernünftig verhalten muss, um aus dem Krankenhaus zu kommen. Besteht die Gefahr, dass ich mir wieder etwas antun werde? „Nein, Herr Doktor, ich bin jetzt wieder ganz ruhig und möchte wirklich nur nach Hause." Mein Auftreten scheint die ernsten Herren zu überzeugen.

Einer der Ärzte begleitet mich zurück zu dem Krankenhaus vom Vortag. Hier werde ich nochmals von einer Ärztin befragt, die meint, sie würde mich gerne dabehalten. Sie wird jedoch plötzlich abberufen und nach einiger Zeit kommt jemand zu mir ins Zimmer und meint, ich könne jetzt nach Hause fahren.

Ich kann es erst gar nicht glauben. Hier muss etwas schiefgelaufen sein. Irgendwo scheint es eine Lücke in der Krankenhauskommunikation zu geben. Ich rufe schnell ein Taxi, bevor das Missverständnis entdeckt wird.

Als ich in dem roten Ledersitz des Taxis zurücksinke, ahne ich, dass ich großes Glück habe, auf dem Heimweg zu sein. Ich fühle mich völlig leer und bin nur von dem Gedanken getrieben, zu meiner Tochter zu kommen. Ich will nach Hause, duschen und endlich aus dem unerträglichen Sonnenlicht herauskommen.

Irgendwo im Hinterkopf sagt mir eine Stimme, dass ich einen langen Weg zurück ins Leben und zu etwas, das einer Normalität nahe kommt, vor mir habe.

Bis ich selbst davon betroffen wurde, hatte ich nur eine vage Vorstellung von Burnout und davon, was Burnout eigentlich ausmacht. Meines Wissens war das einfach ein anderer Ausdruck für Stress, nur dass es sich etwas schicker anhörte und etwas war, das nur hochkarätige Manager betraf.

Viele, die nicht selbst von diesem Zustand betroffen sind, glauben, dass Burnout gleichzustellen ist mit dem endgültigen und manchmal dramatischen Zusammenbruch – und ich war da keine Ausnahme. Wo immer ich davon in den Nachrichten hörte oder wenn jemand im Büro hinter vorgehaltenem Mund davon erzählte, dass schon wieder einer der Führungskräfte für längere Zeit wegen Burnout „beurlaubt" worden war, bedeutete es für mich, dass derjenige einen knackigen Zusammenbruch hatte. Es hörte sich besser an als zu sagen „er war total gestresst" – wir standen ja alle unter Druck.

Das allgemeine Verständnis war jedoch, dass die Arbeitsbelastung zu hoch geworden war und dass die Betroffenen plötzlich und ziemlich nebulös von etwas, das sich Burnout nennt, betroffen waren. Burnout schien wie ein Vorschlaghammer niederzusausen und er konnte nicht aufgehalten werden. Eines Tages standen diese Hochleistungsmenschen mitten in den Geschehnissen und trafen weitreichende Entscheidungen mit einem schier übernatürlichen Arbeits- und Reisepensum und im nächsten Augenblick fielen diese Überflieger um wie die Kegel, ohne dass jemand so genau wusste, was eigentlich passiert war.

Es war, als ob ein unsichtbares und gefährliches Virus in den Büros der Chefetage wütete und wer ein Entscheidungsträger war, befand sich automatisch in der Gefahrenzone. Nun wurden diesen Menschen Gehälter und Boni ausbezahlt, von denen wir Normalsterblichen nur träumen konnten und obwohl ein Burnout als etwas Erstzunehmendes angesehen wurde, so wurde er auch irgendwie als Teil der Abmachung für diese Positionen gesehen. Hatte man einen solchen Job, musste eben damit gerechnet werden. Viele dieser erstklassigen Leistungsträger ging es ja schließlich sehr gut, und sie mussten nur mit dem ganz normalen Wahnsinn der Geschäftswelt leben.

Ein Missverständnis war, zu glauben, dass Burnout sich nur auf Menschen in höheren Führungsebenen beschränkt. Ich hatte keine Ahnung, dass Burnout so gut wie jeden auf jeder Arbeitsebene treffen kann, wenn bestimmte äußere und innere Voraussetzungen vorhanden sind.

Ein weiteres Missverständnis war zu glauben, dass Burnout nur ein anderer Ausdruck für Stress war. Stress ist natürlich ein Teil von all dem, was zu einem Burnout führen kann, aber es ist eben nur ein Puzzlestück von vielen.

Schließlich wusste ich nicht, dass Burnout ein sehr langer Prozess sein kann, der manchmal Monate oder gar Jahre des Leidens andauert. Der endgültige Zusammenbruch ist nur die Spitze des Eisbergs, etwas, das der Umgebung der Betroffenen endlich sichtbar macht, dass etwas ernsthaft nicht in Ordnung ist. Der lange Weg vor diesem „Grand Finale" ist in der Regel mit sehr großer Arbeitsbelastung, Stress, Depressionen, Selbstzweifeln und sozialem Rückzug verbunden. Oft wird dieser Zustand nicht ernst genug genommen, weder von dem direkt Betroffenen, der es hauptsächlich auf persönliches Versagen zurückführt, noch von dem Umfeld. Manchmal dringt so gut wie nichts von den Qualen nach außen, und das Leiden bleibt unbemerkt – und hier liegt auch die große Gefahr.

Persönlich war mir die Tatsache völlig unbekannt, dass ich unter einem Burnout litt und, dass ich tatsächlich seit längerem in einem Ausnahmezustand lebte. Und doch war ich das klassische Beispiel für das Burnout-Syndrom, sozusagen die Bilderbuch-Ausgebrannte.

Anfangs habe ich verstanden, dass meine Belastung, sowohl beruflich als auch privat, langsam zu viel wurde. Ich sah tatsächlich die roten Warnlichter aufleuchten. Wie so viele andere jedoch, die das Gefühl haben, in einer Stressfalle festzustecken, dachte ich, die Lösung sei einfach, noch härter zu arbeiten und noch mehr auf allen Fronten zu leisten. Die Belohnung würde dann in Form einer besseren Selbstorganisation kommen und dadurch würde ich auch alle an mich gestellten Anforderungen besser meistern können.

Dass ich meinen Arbeitserfolg mit übergroßem Einsatz und vielen Überstunden zahlen musste, dass ich statt Anerkennung nur noch mehr Aufgaben übertragen bekam, dass nicht nur die Überlastung sondern auch meine eigene Neigung zum Perfektionismus mich völlig erschöpfte, dass ich so gut wie keine Möglichkeit hatte, mich zwischendurch wirklich auszuruhen – dass all dies zu einem Burnout führen konnte, ja, das war mir nicht bewusst.

Alles, was ich an dem schicksalshaften Aprilabend sah, war mein eigenes Versagen.

Drei Jahre vor meinem Burnout hatte ich einen neuen Job bei einer großen, internationalen Firma angefangen. Ich erkannte sehr schnell das großartige Potential des Unternehmens, in dem fortgeschrittene Trainings und persönliche Weiterentwicklung zu den Grundpfeilern gehörten. Das Lernen hatte mich beschwingt und ich war in einem Umfeld tätig, in dem mir ein großer Freiraum für selbstständiges Denken und Handeln gegeben wurde. Paradoxerweise gab es gleichzeitig wenig Raum für Einfluss auf die Arbeitsumgebung, dafür jedoch unzählige Anweisungen von Übersee, die befolgt werden mussten. Ich befasste mich aber mit neuen Systemen und konnte neue Konzepte entwickeln, alles in einer globalen und aufregenden Umgebung. Ich befand mich am Puls der Zeit und genoss es.

Es wurde mir auch sehr schnell klar, dass Überstunden unumgänglich waren. Viele Überstunden. Ich befand mich in einer Denkfabrik und durch den internationalen Charakter des Unternehmens, etwas das mich ja interessierte und motivierte, hätten wir eigentlich 24 h am Tag durcharbeiten können.

Als meine Tochter zwei Jahre zuvor in die Schule kam, waren meine Eltern aus Schweden nach Deutschland gezogen. Als Neunjährige ging sie nun jeden Nachmittag zu den Großeltern, um Mittag zu essen und ihre Hausaufgaben zu machen.

Ich hatte im Ausland geheiratet und meine Tochter stammte aus dieser Ehe, die mit einer relativ fluchtartigen Ausreise endete. Die Reaktion des Vaters waren Drohungen der Entführung. Und sind solche Drohungen einmal ausgesprochen, können sie nie wieder zurückgenommen werden. Die Gefahr wird zu einem ständigen Begleiter.

Da wir keinen Unterhalt erhielten, waren ich und meine Tochter auf mein Gehalt angewiesen. Nach der gescheiterten Ehe hatte ich als alleinstehende Mutter immer ganztags gearbeitet und meine Tochter hatte sich daran gewöhnen müssen. Ich war froh darüber, dass ich uns alleine und ohne Hilfe versorgen konnte. Es gab nie banges Warten auf eine Unterhaltszahlung am Ende des Monats – zumal ich wusste, da kommt nichts. So schön die Selbstständigkeit jedoch sein kann, gab es auch viele Momente, in denen ich die Unterstützung gut gebraucht hätte.

Mit acht Jahren wurde bei meiner Tochter die Aufmerksamkeitsstörung ADS diagnostiziert. Sie war auffällig geistesabwesend während des Unterrichts. Dazu kamen viele kleine Einzelheiten, die jede für sich unauffällig gewesen wären, aber zusammen ein eindeutiges Bild ergaben. Obwohl bei meiner Tochter keine Hyperaktivität damit verbunden war, was häufig der Fall

sein kann, mussten wir einige Routinen und Gewohnheiten um-
stellen und auf sie anpassen.

Mein Leben sah also wie folgt aus:

Eine ständig wachsende Arbeitsbelastung kombiniert mit vielen Überstunden, ein Arbeitsumfeld, in dem wenig Lob vergeben
wurde, aber sehr große Fremdsteuerung und somit wenig direkter Einfluss herrschte. Sehr hohe Ansprüche von anderen, noch
höhere Ansprüche an mich selbst, alles perfekt an allen Fronten
zu meistern, zerstörerische Liebesbeziehungen – ich war ja der
Meinung, nichts Besseres zu verdienen. Sorgen um mein Kind,
Freunde, die sich langsam zurückzogen, da ich sowieso nie Zeit
hatte, mich mit ihnen zu treffen und so gut wie keine Möglichkeit, alledem zwischendurch mal zu entkommen, um mich auszuruhen und Kraft zu tanken.

Wie mein Therapeut nach dem Burnout damals in einem unserer Gespräche fragte: „Und da wunderst du dich, dass Körper
und Geist stopp geschrien haben?" Nein, heute, Jahre später,
wundert es mich überhaupt nicht.

Ich hatte anfangs versucht, mit meinem direkten Vorgesetzten
und auch mit der Personalbeauftragten zu reden, aber ich wusste
ja selbst nicht, was mit mir los war. So haben sie die Situation
auch nicht ernst genommen. Ich solle mich etwas ausruhen, versuchen, das Wochenende zu genießen – danach musste alles wieder in Ordnung sein.

Als diese Maßnahmen nicht halfen, stand für mich fest: es
musste an mir liegen. Ich war nicht gut genug, ich habe die Anforderungen nicht erfüllt.

Das Schlimmste an dem Ganzen war die Einsamkeit. Es gab
niemanden, dem ich mich anvertrauen konnte. Außer ein paar
hurtigen Zurufen gab es keine Hilfestellung. Alle Gedanken
kreisten darum, zu versuchen, die eigene Unzulänglichkeit und
das Versagen zu kaschieren. Was würde geschehen, wenn die
anderen herausfinden würden, dass ich nur ein Schwindler war,

jemand, der einen Arbeitsplatz beanspruchte, ohne jedoch die erforderlichen Leistungen zu bringen?

Schlimm war zudem, dass nicht nur ich mich schlecht fühlte, sondern auch die Menschen in meiner engsten Umgebung litten darunter. Ich zog mich von allen und allem zurück und musste so manches Mal bei der Arbeit für eine hochgezogene Augenbraue gesorgt haben.

Zu sagen, dass ich ein Opfer der Umstände war, ist schlicht und einfach nicht wahr. Die simple Wahrheit ist, dass ich das Geschehene zugelassen hatte. Es waren meine eigenen Entscheidungen, die mich in die jeweiligen Situationen geführt hatten. Diese Entscheidungen und ein nagendes Gefühl, nie gut genug zu sein. Nicht gut genug, um beruflich wirklich erfolgreich zu sein, nicht gut genug, um eine gute Mutter zu sein, nicht gut genug, um in einer gesunden und intakten Partnerschaft zu leben – einfach nicht gut genug, um mein Leben zu meistern.

4.1 Der Weg zurück ins Leben

Der Weg aus dem Burnout zurück ins Leben hat lange gedauert und war voll von solchen und anderen bitteren, aber notwendigen Wahrheiten. Auf meinem Weg habe ich vieles gelernt, über mich selbst, über meine Wahrnehmung von der Welt, in der ich lebe und wie wir Menschen im Allgemeinen funktionieren.

War also der Burnout und alles, was damit verbunden war, eine gute oder eine schlechte Erfahrung? Nun, es war einfach eine Erfahrung. Hätte ich nach dem Burnout weitergemacht wie bisher, hätte ich es bestimmt als eine sehr schlechte Erfahrung angesehen. Der Heilungsprozess hat mich aber mir einen Spiegel vor Augen halten lassen und obwohl der Lernprozess nicht einfach war, so setze ich das Gelernte heute bewusst ein. Was uns im Leben wiederfährt, ist weder gut noch schlecht. Es sind einfach

Geschehnisse und es ist unsere persönliche Entscheidung, wie unsere Wahrnehmung ist und wie wir damit umgehen wollen.

Es ist seit meinem Burnout sehr viel in meinem Leben passiert – ein vereitelter Umzug ins Ausland, Bossing am Arbeitsplatz, Arbeitslosigkeit, schwere Krankheit in der Familie, ein plötzlicher Todesfall – um nur einiges zu erwähnen. Jede einzelne Sache für sich wäre genug, um in ein tiefes emotionales Loch zu fallen.

Ich habe jedoch durch viele, zugegeben, manchmal aufwühlende Gespräche, einiges gelernt und kann mit den richtigen Strategien auch die schwierigsten Situationen meistern. Ich weiß heute, dass egal, was in meinem Leben passiert, ich alles überleben werde. Ich kann immer sagen: „Ich habe im wahrsten Sinne Schlimmeres überlebt, ich werde auch mit diesem fertig werden."

4.2 Die ersten Schritte der Vorbeugung

Was können wir denn tun, um das komplexe Burnout-Syndrom zu verhindern? Wenn die Entstehung so vielschichtig ist, müssen wir wohl auf vielen Ebenen agieren. So ist es auch. Wenn Sie sich in der Gefahrenzone befinden (und das wissen Sie genau, wenn das der Fall ist), sollten Sie als Erstes sich selbst überprüfen.

Erhalten Sie genügend und dabei auch erholsamen Schlaf? Ernähren Sie sich einigermaßen gesund? Haben Sie einen erhöhten Alkohol- und/oder Tablettenkonsum? Verbringen Sie Qualitätszeit mit Ihren Lieben? Haben Sie Möglichkeiten, sich zwischendurch genügend auszuruhen und Kraft zu tanken? Können Sie zur Ruhe kommen oder bewegen Sie sich im Dauerstress oder gar in Richtung von Depressionen? Haben Sie Zeit für sich alleine, für Ihre Familie, für Ihre Freunde?

Um Burnout zu verhindern, ist es wichtig, eine Art unsichtbaren „Schutzanzug" zu entwickeln, sowohl psychisch als auch physisch. Mit der richtigen Widerstandsfähigkeit und persönlichen Flexibilität wird Sie so schnell nichts umhauen können.

4.3 Eigenverantwortung

Jemand hat mal gesagt, dass die Definition des Wahnsinns wie folgt lautet: „Du kannst nicht immer wieder dasselbe tun, aber auf neue Resultate hoffen"!

Die Konsequenz daraus ist also: wenn Sie etwas Neues erreichen möchten, das heißt, neue Resultate, müssen Sie anfangen, etwas in Ihrer Handlungsweise zu verändern.

Für mich ist der erste Schritt zu einer persönlichen Veränderung die Eigenverantwortung – und die kann erlernt und weiterentwickelt werden. Eigenverantwortung ist der Preis, den wir für unsere freie Wahlmöglichkeit bezahlen müssen. Auch wenn wir uns dafür entscheiden, keine bewusste Wahl zu treffen, so haben wir just in dieser Verweigerung schon wieder genau das getan, was wir nicht tun wollten, nämlich eine Wahl getroffen. Wie die Entscheidung auch ausfallen mag, ob Sie sich dafür entscheiden, sich selbst zu respektieren und zu schätzen oder ob Sie die Opferrolle wählen – es ist Ihre Entscheidung und Ihre Verantwortung und es ist etwas, das Ihnen niemand abnehmen kann, ob Sie es nun mögen oder nicht.

Der erste Schritt kann also eine bewusste Entscheidung sein, nicht die Rolle des Opfers zu spielen.

Egal wie die Umstände sein mögen, nur Sie alleine entscheiden, wie Sie mit der Situation fertig werden und wie Sie sich dabei fühlen möchten. Wir können leider nicht immer die Situation direkt beeinflussen. Niemand wünscht sich zum Beispiel eine schwere Krankheit. Die Entscheidung liegt in diesem Fall darin, wie wir damit umgehen möchten.

Die Eigenverantwortung verleiht uns eine Handlungsfähigkeit, und das ist entscheidend. Wenn Sie die volle Verantwortung für sich selbst und für Ihr Leben übernehmen, erkennen Sie oft auch die Möglichkeiten. Wie bereits erwähnt, schmecken Ihnen die Alternativen vielleicht nicht immer. Durch die Wahlmöglichkeit bewegen Sie sich jedoch weg vom Reagieren (eine passive Rolle) hin zum Agieren (eine aktive Rolle).

Eigenverantwortung verlangt auch nicht selten ein Quäntchen Mut. Für sich selbst gerade zu stehen und die volle Verantwortung zu übernehmen, zu verstehen, dass wir nicht jedem gefallen können, sondern damit anfangen müssen, uns selbst zu gefallen – das verlangt Mut. Die Belohnung dafür ist jedoch die Wahrnehmung eines selbstgesteuerten Lebens. Das sollte den Aufwand entschädigen.

Wichtig ist, zu erkennen, was für Sie wirklich von Bedeutung ist – und was nicht. Wenn Sie ständig in Konflikt mit Ihren inneren Werten leben, sind Sie auch einer ständigen Belastung ausgesetzt. Hier geht es nicht um das ethische Richtig und Falsch. Werte sind einfach Haltungen und Qualitäten, die für Ihr Handeln unverzichtbar sind.

Sie können zwar die Werte oder Ziele anderer leben, es ist dann nur nicht Ihr eigenes Leben. Wie der amerikanischen Psychologe John Atkinson sagte: „Wenn du nicht dein eigenes Leben führst, wird es jemand für dich machen." Was für eine Verschwendung!

4.4 Es spielt sich alles in unseren Köpfen ab

Es handelt sich hier nicht um esoterischen Hokuspokus, sondern ist durchaus etwas Logisches. Woran wir denken, beeinflusst das, was wir sagen und tun. Indem wir uns auf eine bestimmte Art und Weise verhalten und reden, senden wir Signale und Nachrichten an unsere Umgebung. Und diese Umgebung antwortet dann darauf mit einer Reaktion. Wie man in den Wald hineinruft, so schallt es wieder heraus!

Wenn Sie sich schlecht oder unsicher fühlen, wird es sich in Ihrer Sprache und Ihren Taten äußern. Die Menschen in Ihrer Nähe werden das natürlich sehen und hören und dementsprechend darauf reagieren.

Wenn Sie sich hingegen gut und selbstsicher fühlen, wird sich auch das zeigen und Ihre Mitmenschen werden darauf reagieren.

Das Schöne an all dem ist, dass wir tatsächlich ganz bewusst das, was wir denken und sagen, beeinflussen können. Wir haben alle unsere eigene Bandbreite, wenn Sie so wollen, und innerhalb dieser Bandbreite kann eine persönliche Veränderung gemacht werden. Es geht nicht darum, ein völlig anderer Mensch zu werden. Sie haben das Recht, so zu sein, wie Sie sind. Es geht vielmehr um eine Entwicklung innerhalb der eigenen Vorgaben. Das heißt, dass ein Mensch, der von Natur aus sehr negativ und pessimistisch ist, wohl nie breit grinsend, singend und tanzend über grüne Hügel hüpfen wird. Wenn dieser Mensch sich jedoch im unteren Bereich seiner persönlichen Bandbreite befindet, kann eine klare positive Steigerung erzielt werden, was wiederum ungeahnte erfreuliche Folgen haben kann.

Wie kann denn so eine persönliche Weiterentwicklung mit den damit verbundenen positiven Folgen zustande kommen? Nun, dazu müssen wir zwei Gesichtspunkte in Betracht ziehen. Der erste ist, dass Sie handeln müssen. Es gibt niemanden, der Ihnen diese Arbeit abnehmen kann. Es gibt keinen magischen Knopf, den Sie drücken können. Sich eine Veränderung zu wünschen und sich darauf zu fokussieren, ist prima. Diesen Wunsch müssen Sie allerdings mit Taten kombinieren, sonst nutzt es nichts.

Der zweite Gesichtspunkt ist, dass es keine schnelle Lösung gibt. Es gibt zwar genügend „Mental-Gurus" da draußen, die versuchen, Ihnen einen Schleichweg mit der Garantie auf eine Veränderung über Nacht zu verkaufen. Das wird aber leider nicht funktionieren. Lernen dauert nun mal. Gewiss gibt es schnell umsetzbare Strategien, aber eine persönliche Entwicklung braucht ihre Zeit, Einsatz und eine gewisse Übung.

Und somit haben wir auch einen dritten Gesichtspunkt, nämlich Ausdauer. Das ist allerdings nicht so abschreckend wie es vielleicht klingen mag. Es bedeutet nur, dass Sie nicht aufgeben sollten. Eine veränderte Verhaltensweise und neue Gewohnheiten brauchen ihre Zeit und wenn es nicht beim ersten Mal so richtig klappt, sollten Sie nicht allzu streng mit sich selbst ins Gericht gehen, sondern es nochmal versuchen und nochmal und nochmal.

4.5 Persönliche Beziehungen

Beziehungen sind keine Einbahnstraßen. Beide Partner teilen sich die Verantwortung und es gibt keine Möglichkeit, sich dieser Verantwortung zu entziehen, es sei denn, Sie streben die Rolle des Opfers an. Sollte dies der Fall sein, müssen Sie natürlich auch die Konsequenzen von solch einem Benehmen alleine tragen. Es gibt einfach keinen Weg, der Eigenverantwortung zu entkommen. Egal, wie man es auch betrachtet, denn wie Sie sich auch entscheiden – Sie treffen eine Entscheidung und zu dieser Entscheidung müssen Sie auch stehen. Wenn Sie sich in Schweigen flüchten, dürfen Sie nicht vergessen, dass das Schweigen immer und ausnahmslos eine Zustimmung ist und somit wird es Sie nicht von Ihren Pflichten befreien.

Wenn Sie mit einem gesunden, liebevollen und respektvollen Partner zusammensein möchten, müssen Sie auch gewillt und fähig sein, nicht nur dieser Person auf dieselbe Art und Weise zu begegnen, sondern Sie müssen auch in der Lage sein, sich selbst diesen Respekt zu zeigen. Selbstwertgefühl wird deutlich, in dem, was wir glauben und in den Werten, für welche wir eintreten, die wiederum mit unserer Eigenverantwortung verbunden sind. Wenn Sie nicht für sich selbst und für das, woran Sie festhalten, gerade stehen, werden Sie im Endeffekt sich selbst verraten, indem Sie sich sich selbst gegenüber respektlos verhalten und Ihren eigenen Wert und Ihre Bedeutung verleugnen. Dieser Schmerz wird Ihnen nicht von anderen zugefügt – das tun Sie sich ganz alleine selbst an.

Für sich selbst geradezustehen, beeinflusst also Ihre Beziehungen. Eine respektvolle Partnerschaft setzt voraus, dass Sie sich selbst, Ihren Werten und Ihren Standards treu sind und dass Sie ebenso die persönlichen Grenzen von anderen respektieren können.

Dieser Respekt zeigt sich auch in Ihrer Kommunikation mit anderen. Es gibt oft Situationen im Leben, in denen wir nicht derselben Meinung sind wie unsere Gesprächspartner. Wie aber gehen wir damit um? Kritisieren wir diesen Menschen als Person („du bist …") oder sprechen wir die Sache an?

Wenn wir gelernt haben, uns selbst zu respektieren, fällt es uns wesentlich leichter, auch andere zu respektieren. Wir wissen, die Würde des Menschen ist unantastbar. Das ist sogar im deutschen Grundgesetz verankert. Das gilt natürlich ebenso für den täglichen Umgang miteinander. Es geht also immer um die Sache, nie um die Person. Ich kann einen Menschen nicht für seine Persönlichkeit kritisieren – er oder sie hat ein Recht so zu sein, wie er oder sie nun mal ist – sondern ich kann nur sein Verhalten kritisieren.

Wenn eine Auseinandersetzung bevorsteht, erleichtert es ungemein, sich auf einer sachlichen Ebene zu halten. Versuchen Sie das Gesagte nicht immer so furchtbar persönlich zu nehmen – auch wenn Ihre Person nun mal angegriffen wurde. Dieser Mensch hat einen Grund dafür, warum er das gesagt oder getan hat, und der Grund sind nicht immer Sie als Person, auch wenn Sie vielleicht aktuell in der Schusslinie stehen mögen.

So, wie Sie versuchen, das Beste nach den gegebenen Umständen zu tun, so machen es auch die anderen. Zugegeben, es ist nicht immer gut genug, aber mehr als unser Bestes kann niemand verlangen. Manchmal verhalten sich eben auch nette Menschen weniger nett. Persönlichkeit und Verhalten muss also voneinander getrennt werden.

Und so, wie Sie versuchen können diesen Umgang zu pflegen, sollten Sie das auch von anderen einfordern. Die amerikanische Präsidentengattin Eleanor Roosevelt hat es am besten formuliert, indem sie sagte: „Niemand kann dir, ohne deine Zustimmung, das Gefühl geben, minderwertig zu sein."

Setzen Sie Grenzen und zeigen Sie sie. Wenn andere Menschen Ihre Grenzen nicht kennen, dürfen Sie sich nicht wundern, wenn sie ständig überschritten werden. Es liegt an Ihnen, diese zu kommunizieren, es ist Ihre Eigenverantwortung.

4.6 Die emotionalen Vampire

Wenn alles um Sie herum zu bröckeln beginnt, ist es besonders wichtig, ein gut funktionierendes, soziales Netzwerk zu haben. Allerdings sollten Sie auch Ihre Gesellschaft mit Vorsicht aussuchen. Wenn Sie alte und gute Freunde haben, ist es prima. Sie müssen nur sicherstellen, dass sie auch wirklich unterstützend sind.

Diejenigen, von denen Sie sich wirklich fernhalten sollten, sind die Miesmacher.

Einige Menschen haben ein untrügliches Gespür für alles, was destruktiv und negativ ist und werden davon angezogen wie Motten vom Licht. Sie sind normalerweise die Ersten, die Sie umkreisen, in der Hoffnung auf saftige Einzelheiten. Sie gedeihen im Unglück, bevorzugt natürlich das Unglück eines anderen. Sobald etwas Schlechtes passiert, werden sie in ihrer Weltanschauung bestätigt, dass das Leben ein ständiger Kampf ist und dass die Welt nichts außer Mühsal und Trug beinhaltet.

Gibt es Unruhen irgendwo auf der Welt? „Glaub mir, dass ist der Anfang einer neuen Depression/ Finanzkrise/ globalen Notlage!" Hat der Schwager bei der Hausrenovierung einen Holzsplitter in den Fuß bekommen? „Du hättest seinen Fuß sehen sollen! Er ist auf die dreimalige Größe angeschwollen und rotlila verfärbt. Wahrscheinlich muss der Fuß amputiert werden." Die Schreckensgeschichten werden mit glänzenden Augen und einem zufriedenen Grinsen zum Besten gegeben.

Das sind keine schlechten Menschen. Es ist nur so, dass sie gemäß dem Notprinzip leben, und alles, was diese Einstellung bestätigt, wirkt wie eine Bluttransfusion für einen ausgehungerten Vampir. Pessimismus ist ihre Richtschnur und was immer passiert, wird mit diesem Standard gemessen. Unglück bestätigt ihre Weltanschauung. Gute und positive Dinge, die passieren, sind sowieso nur kurzlebig und sollten generell mit Misstrauen behandelt werden, da sich wahrscheinlich etwas Bösartiges und Hinterlistiges dahinter versteckt.

Interessanterweise scheint das Negative ansteckend zu sein, besonders wenn Sie sowieso das Gefühl haben, sich in einer Kriegszone zu befinden und den sicheren Boden unter den Füßen zu verlieren. Die Unglücksraben begrüßen Sie nur allzu gern in ihrer Mitte und wenn Sie einmal drin sind, brauchen Sie eine gehörige Portion Energie und Kraft, um wieder heraus zu finden.

Halten Sie sich also fern von den Miesmachern. Zeigen Sie Ihnen, wo Ihre Grenzen sind und gehen Sie ihren düsteren Versammlungen um die Kaffeemaschine herum bei der Arbeit aus dem Weg. Einige werden natürlich denken, dass Sie ihnen ausweichen (was Sie ja auch tun) und werden Sie vielleicht als einen hochnäsigen und arroganten Besserwisser einordnen. Na, sollen sie doch. Die Frage, die Sie sich selbst stellen können, ist: „Kümmert es mich wirklich, was diese Menschen von mir denken oder gibt es andere, dessen Meinung mir wichtiger ist?!"

Die Miesmacher sind schnell zu erkennen und daher können wir sie ziemlich gut vermeiden. Wenn es um Freunde und Familie geht, wird es etwas haariger. Sie sollten doch auf ihrer Seite stehen, oder? Sie haben so was wie eine moralische Verpflichtung ihnen gegenüber, sie in den Zeiten der Not zu unterstützen.

Sie sind wahrscheinlich auch gewillt, für Sie dazusein, vorausgesetzt Sie erkennen Ihr „altes Ich" an und haben Verständnis für ihr Benehmen. Wenn Sie einmal eine persönliche Entwicklung und somit eine Veränderung durchgemacht haben, können Sie auch ein paar Überraschungen erleben. Einige Menschen aus dem persönlichen Umfeld können wohlgemeinte aber leider nutzlose Ratschläge geben, wie z. B. „Sei vorsichtig, bevor du überhaupt etwas änderst …du weißt, was du hast, aber nie, was du bekommst … bedenke wie deine Mutter/ dein Vater/ dein Lebensgefährte darauf reagieren wird …"

Wenn Sie Rat suchen, sollten Sie also auf die Sprache des anderen achten. Argumentieren sie im Hinblick darauf, was andere davon halten werden und ob sie um Sie, Ihr Wohlbefinden und Ihr Glück besorgt sind. Und auch wenn diese Personen nur Ihr Bestes im Blick haben, ist das, was sie sagen und empfehlen wirklich das, was Ihnen gut tun wird? Das können im Endeffekt nur Sie selbst entscheiden.

Reden Sie auf jeden Fall mit den Menschen, denen Sie vertrauen und dessen Meinung Sie schätzen. Bedenken Sie jedoch, dass Sie die endgültige Entscheidung treffen müssen und dass die Verantwortung nur bei Ihnen liegt. Sollten sich die Dinge nicht so entwickeln, wie Sie es sich erhofft haben, können sie nicht zu jemand gehen und sagen: „Das ist deine Schuld. Ich habe deinen Rat befolgt und schau nur, was dabei herausgekommen ist."

Negative Gedankengänge werden Ihren Handlungsspielraum einschränken, da es sehr kontraproduktiv ist. Am Ende des Tages sind Sie es, der mit den Dingen in Ihrem Leben umgehen muss, nicht Ihre wohlwollenden Freunde.

4.7 Tun Sie sich etwas Gutes

Ein guter Anfang zum Wohlfühlen ist, sich von dem Negativen fernzuhalten. Und dabei meine ich alles, was negativ ist. Das ist der erste Schritt zu einer realistisch optimistischen Denkweise. Ich habe zum Beispiel vor einigen Jahren aufgehört, mir Nachrichten anzuschauen. Es kann schon mal passieren, dass ich mir ein paar Minuten hier und da ansehe, mehr jedoch nicht. Wie kann ich denn in unserer modernen Welt ohne diese Informationen leben, fragen Sie sich vielleicht? Meine Antwort ist: sehr gut! Interessanterweise erhalte ich immer die gängigsten Tagesinformationen, auf irgendeine Art und Weise. Es ist ja nicht so, dass ich mich nicht mit meinen Mitmenschen unterhalte.

Damals erschien mir das als ein sehr radikaler Schritt. Heute kann ich sagen, dass ich die Nachrichten nicht vermisse oder das Gefühl habe, weit weg von den Geschehnissen zu leben. Ich vermisse nicht die negativen Reportagen – das Negative verkauft sich nun mal besser als das Positive.

Es geht dabei nicht darum, die Augen vor der Welt oder vor dem Leid zu schließen. Es geht darum, sich nicht davon negativ beeinflussen zu lassen. Ich kann vielleicht nichts gegen Kriege, Naturkatastrophen oder Hungersnot auf der Welt machen. Ich kann aber versuchen, für die Menschen in meiner Nähe da zu sein und Gutes in meinem eigenen Umfeld zu tun.

Ich verändere vielleicht nicht die Welt, aber für die gestresste Dame an der Kasse kann mein Lächeln die Welt bedeuten.

Sich wohl zu fühlen ist ein Recht, dass jeder von uns für sich beanspruchen sollte. Es ist kein Luxus, sondern eine Notwendigkeit und wir haben es alle verdient. Nicht auf Kosten anderer natürlich. Der Kuchen ist groß und es ist mehr als genug für uns alle da.

Das Wohlfühlen kann alles sein, eine schöne Zeit mit Freunden zu verbringen oder die Familie zu besuchen, das Lieblingsbuch zu lesen oder einen lustigen Film anzuschauen. Auf Ihrem Nachttisch liegt natürlich ein ganzer Stapel mit intellektueller Lektüre, die auf der Spiegel-Bestsellerliste steht, oder? Das sollte Sie aber nicht daran hindern, auch das Lustige zu verschlingen. So etwas Triviales wie Filme mit einem glücklichen Ende kann in trüben Stunden Balsam für die Seele sein.

Sehen Sie das als einen Baustein des allgemeinen Wohlfühl-programms und seien Sie ruhig radikal in Ihrer Vorgehensweise. Verpassen Sie keine Möglichkeit zu lachen oder eine gute Zeit zu erleben. Es muss sich nicht immer um Stunden handeln, manch-mal geht es nur um ein paar Sekunden.

Zum Programm fügen Sie dann auch etwas für den Körper hinzu: erholsamer Schlaf, gesundes und leckeres Essen – alles in Maßen – und etwas Bewegung.

Persönlich bin ich kein Freund von sportlichen Aktivitäten. Ich finde es meistens langweilig. Ich weiß aber, dass es mir gut tut und es muss nicht immer stundenlanges Trainieren im Sport-studio sein. Drei Mal 30 min in der Woche und Sie sind dabei, vielleicht mit etwas Jogging oder Walking – mehr bedarf es tat-sächlich nicht.

Selbstpflege ist immer wichtig. Es liegt in Ihrer Verantwor-tung, sich um sich selbst zu kümmern. Das ist nicht die Aufga-be von jemand anderem, egal wie nahe Sie sich stehen mögen. Wenn Sie nicht alles auf einmal umsetzen können, so fangen Sie einfach mit einer Sache an. Wenn diese Sache dann zur Gewohn-heit geworden ist, kommt das Nächste an die Reihe und dann immer so weiter.

Überfordern Sie sich nicht und denken Sie immer daran: es muss und sollte nicht perfekt sein! Setzen Sie sich lieber ganz kleine, aber realistische Ziele, die Sie tatsächlich auch erreichen können.

Und Sie wissen ja, sollte es nicht auf Anhieb klappen, geben Sie nicht auf, sondern versuchen Sie es immer wieder. Denken Sie daran: der einzige Weg es zu tun, ist, es zu tun. Gedanken ohne Taten sind Wunschdenken. Das kann nett sein, aber es bringt Sie nicht weiter. Also, tun Sie es!

Christin Jönsson, geboren 1961, lebt mit ihrer Tochter zusammen und arbeitet heute als Trainerin für Business English und Schwedisch. In dem Prozess den eigenen Burnout zu verarbeiten, hat sie ein Diplom in holistischem Coaching gemacht. Die gewonnenen Einsichten und Erfahrungen kann sie nun in ihrer Arbeit als Sprachtrainerin in der Geschäftswelt einsetzen.

5
Zweimal Burnout und zurück

Silke Krause

31.12.2004 – Ich sitze im Wohnzimmer vor dem Fernseher – allein! 2004 war ein Horrorjahr und phasenweise auch das schönste Jahr meines Lebens. So viele „ups and downs" habe ich noch nie in nur einem Jahr erlebt.

Obwohl, stressig war es auch schon in den Jahren vorher. Wahrscheinlich habe ich es nur nicht so wahrgenommen. Mein Vater verließ unsere Familie als ich zwölf Jahre alt war. Meine Mutter versorgte meine kleinere Schwester und mich ab diesem Zeitpunkt alleine. Wie selbstverständlich übernahm ich die Verantwortung, mich um meine Schwester, meine Mutter und meine Oma mit zu kümmern. Es hatte niemand offiziell eingefordert oder an mich appelliert, dass ich das tun sollte, aber mein Engagement wurde dennoch sehr dankbar angenommen und in unser alltägliches Leben integriert. Aus heutiger Sicht möchte ich behaupten, das war der Zeitpunkt, als ich für mich entschied, dass es Zeit wurde, erwachsen zu werden.

Leistung – das war bei uns in der Familie schon immer ein großes Thema – zumindest, was mich als Erstgeborene anbelangte. Zuwendung, Lob und Anerkennung gab es, insbesondere von meinem Vater, nur bei entsprechend vorzuweisender Leistung. Und natürlich entsprach ich auch nach der Trennung meiner Eltern und dem Kontaktabbruch zu meinem Vater diesen Anforderungen voll und ganz. Egal, wie stressig es zu Hause war – ich kämpfte weiter, bis ich mein bzw. das Ziel der anderen erreicht hatte. Das erste meine Mutter und meine Oma mit Stolz erfüllende Ziel, war dann 1998 erreicht, als ich als Erste meiner Geburtsfamilie das Abitur absolvierte. Mich selbst erfüllte es weniger mit Stolz auf meine Leistung, sondern eher mit einer kurzen Genugtuung, es geschafft zu haben. Wie häufig hatten viele daran gezweifelt, dass ich es schaffen würde – insbesondere nach dem Jahre dauernden Scheidungskrieg meiner Eltern und meinen vor der 10. Klasse massiv absackenden Noten. Die Zweifler mundtot zu bekommen, das war es, was mich damals zufrieden stimmte. All die Menschen schweigen zu sehen, die meiner

Mutter unterstellt hatten, dass sie es als alleinerziehende Mutter nicht schaffen würde, ihre Töchter zu „anständigen" und „erfolgreichen" Menschen zu erziehen.

Die Tatsache, mein Abitur geschafft zu haben, ließ mich persönlich ziemlich kalt. Meine Träume lagen woanders. Ich hätte gerne etwas Handwerkliches oder Kreatives gemacht. Mein Traum war es, nach dem Abitur Grafikdesign zu studieren. Ich zeichnete wahnsinnig gerne und hatte auch meine Mappe schon fast fertig, um mich für das Studium zu bewerben, als sich herausstellte, dass die Kosten des Studiums den finanziellen Rahmen und die Möglichkeiten unserer Familie sprengen würden. Die einzige Möglichkeit der Finanzierung wäre mein Vater gewesen, und das kam für mich definitiv nicht in Frage! Die Kommunikation mit meinem Vater lief schon seit Jahren nur noch über Anwälte. Regelmäßig kamen Schreiben, in denen ich Rechenschaft darüber ablegen musste, was ich wo, wann und wie lange noch machen würde, damit er bloß keinen Tag länger als nötig seinen finanziellen Pflichten nachkommen musste. Der Kontakt zwischen meinem Vater und mir bestand schon seit Jahren nicht mehr. Bei zufälligen Begegnungen auf der Straße hatte er im besten Fall nicht mal eine Begrüßung für mich übrig – im schlimmsten Fall grüßte er mich mit obszönen Gesten. Mir von diesem Mann meine Zukunft finanzieren lassen? Dafür war ich schon damals zu stolz! Ich wollte nur raus aus seiner Kontrolle, wollte möglichst schnell auf eigenen Beinen stehen können und weder meiner Mutter finanziell zur Last fallen, noch auf das Geld meines Vaters angewiesen sein. Ich wollte es ganz alleine aus eigener Kraft schaffen! Mir selbst und allen Zweiflern beweisen, dass ich keinen Vater brauchte, um etwas aus meinem Leben zu machen. So entschied ich mich 1999 für eine Berufsausbildung im kaufmännischen Bereich. Diese verkürzte ich um ein Jahr und schloss mit einem 1,0-Berufsschulzeugnis ab. Stolz? Meine Mutter und meine Oma waren definitiv stolz auf mich. Und ich? Weder auf mein Zeugnis, noch auf meine Noten. Wenn ich überhaupt stolz war, dann darauf, dass ich nun endlich ein Stück selbstständiger und freier sein konnte! Zufrieden? Nein, das war ich dadurch noch lange nicht!

Direkt im Anschluss an meine Berufsausbildung begann ich 2001 ein berufsbegleitendes Abendstudium. BWL mit Fachrichtung Wirtschaftsinformatik. Wieso? Nun ja: Ich wollte mehr. Ich interessierte mich für das, was meine Chefs taten, wie sie kalkulierten, analysierten und disponierten. Das wollte ich auch können, denn eines war klar: Meinen Ausbildungsberuf dauerhaft ausführen, das wollte ich nicht. Der Job war damals nur Mittel zum Zweck und forderte mich nur wenig. Schon vor Ende meiner Berufsausbildung begann er, mich zu langweilen, weil es bis auf neue Produkte anscheinend nichts Neues mehr für mich dort gab. Ich brauchte neue Herausforderungen. Ich musste das Gefühl haben, mich permanent neu beweisen zu können. Da kam das Abendstudium gerade recht. Und wen wundert es? Auch hier gab es wieder jede Menge Menschen in meinem Umfeld, die mir von der Doppelbelastung Beruf und Studium abrieten und mir nicht zutrauten, dass ich diese drei Jahre Studium mit meinem mangelnden Talent am Umgang mit Zahlen erfolgreich bewältigen könnte.

Natürlich war es anstrengend! Ich kann mich nicht daran erinnern, dass lernen mir je besonders leicht gefallen wäre. Ich musste immer viel tun, wenn ich etwas verinnerlichen wollte. Besonders theoretische Lerninhalte musste ich immer lesen und dann handschriftlich mit eigenen Worten zusammenfassen, damit ich sie begreifen konnte. Ich weiß nicht, wie viele Stunden, wie viele Tage und Nächte ich mir um die Ohren schlug, um all das theoretische Wissen in meinen Kopf zu bekommen. Aber neben all der Lernerei brachte mein Studium auch eine Menge interessanter Optionen mit sich. Noch während meines Studiums erhielt ich ein verlockendes berufliches Angebot. Noch vor dem Abschluss meines Studiums gelang mir der Sprung aus dem Einzelhandel in die Industrie. Von dem Aachener Elektrofachmarkt in die Controllingabteilung eines in Düsseldorf ansässigen japanischen Handelsunternehmens. Aus heutiger Sicht war das echt ein Erfolg: mit gerade Anfang 20 nur ein Sprung von der Einzelhandelskauffrau ins Controlling. Nettes Zubrot damals war dabei natürlich ein für mich enormer Gehaltssprung. War ich stolz auf mich? Nein – denn ich schrieb meinen Stellenwechsel meinem Vitamin B zu. Ich war der Ansicht, dass ich ohne den Studienkollegen, der mich für diese Position vorgeschlagen hatte, aus eigenen Kräften nicht dort gelandet wäre. Diese Tatsache reichte, um diese Position für mich emotional nicht als meinen Erfolg verbuchen zu können. Ob ich denn mit dieser verbesserten beruflichen Situation zufrieden war? Natürlich nicht, schließlich war da ja noch ein Abendstudium, das es abzuschließen galt!

Nachdem ich die Stelle gewechselt hatte, veränderte sich mein Leben radikal – ich lebte fast nur noch, um zu arbeiten und zu studieren: 04:30 Uhr klingelte mein Wecker, um 05:30 Uhr ging es ab zum Bahnhof Richtung Düsseldorf, 07:00 Uhr ab ins Büro, Arbeit bis um 16:30 Uhr und dann wieder in den Zug zurück nach Aachen. Montag und Mittwochabend direkt zum Abendstudium bis 21:00 Uhr und dann nach Hause, essen, schlafen und um 04:30 Uhr wieder raus. Die anderen Abende saß ich zu Hause und lernte und Samstagmorgens um 08:00 Uhr saß ich wieder im Studium. Wie ich das geschafft habe? Das frage ich mich heute auch! Ich denke, ich war halt jung und mein Körper widerstandsfähig! Ich hielt es bis auf ein paar Kopfschmerzen hin und wieder ganz gut durch.

In den folgenden Jahren ereilte uns zusätzlich noch ein familiärer Schicksalsschlag: Meine Großmutter, mit der ich von klein auf in einem Mehrgenerationenhaus aufgewachsen war, erkrankte an Krebs. Einige Jahre zuvor war sie bereits an Lungenkrebs erkrankt, der allerdings erfolgreich mit Chemo und Bestrahlung zum Stillstand gebracht werden konnte. Doch der Krebs war wieder zurück gekommen und in Omas Kopf gestreut. Mittlerweile lebte Oma nur eine Querstraße von der Wohnung entfernt, in der ich mit meinem damaligen Freund wohnte. Meine Großmutter war eine sehr starke Frau! Sie war im Krieg aus Ostpreußen geflohen, hatte auf der Flucht im tiefsten Winter bei minus 20 Grad, barfuß in Gummistiefeln, die Zehen beider Füße verloren. Beide Vorderfüße waren amputiert worden. Sie brachte 1955 meine Mutter als uneheliche Tochter zur Welt und zog sie ganz alleine groß. Einen Mann an ihrer Seite hatte sie all die Jahre nicht! Sie war also eine selbstständige, harte Powerfrau, die genau wusste, was sie wollte und was sie nicht wollte. Ich habe meine Oma schon in den frühesten Jahren meiner Kindheit sehr bewundert. Sie war immer mein Leitbild für weibliche Stärke, Selbstständigkeit und Durchsetzungsvermögen. Und jetzt musste ich zusehen, wie diese toughe, selbstständige Frau vom Krebs gebeutelt alle Haare verlor und immer unselbstständiger wurde. Und ihre Gehirnzellen von den Bestrahlungen irreparabel geschädigt wurden. Diesen Anblick ertrug ich nicht!

Ich stürzte mich noch mehr in meine Arbeit und mein Studium und taktete mich zeitlich so mit Aufgaben zu, dass ich nur noch mit ihr telefonieren, sie aber nicht mehr besuchen konnte. Ich lief weg – aus Angst, ihr beim Sterben zusehen zu müssen! Mein Körper? Der hielt stand. Allerdings hatte ich immer häufiger Kopfschmerzen, die ich mit Schmerzmitteln bekämpfte und ab und zu rebellierte mein Magen, aber auch das war recht leicht mit Magentropfen in den Griff zu bekommen. Meiner Oma ging es zusehends schlechter – und ich arbeitete noch mehr, um noch weiter weglaufen zu können. Zum Glück wusch mir meine beste Freundin gehörig meinen sturen Kopf und las mir die Leviten – ich bin ihr bis heute zutiefst dankbar dafür. Sie hielt mir den schmerzhaften Spiegel vors Gesicht und zwang mich, hineinzusehen. Sie verdeutlichte mir, was passieren würde, wenn ich weiter weglaufen würde, was ich mir für Vorwürfe machen würde, wenn ich meine Oma nicht auch in dieser Phase des Lebens begleiten würde. Das saß und kam zeitlich genau richtig, denn meine Oma stürzte einige Zeit später schwer und konnte sich nicht mehr alleine versorgen. Oma nahm meiner Schwester und mir das Versprechen ab, dass wir alles in unserer Macht stehende dafür tun sollten, dass sie möglichst lange in ihren eigenen vier Wänden bleiben darf – ohne dass sie zu meiner Mutter ziehen oder in ein Pflegeheim abgeschoben werden würde. Uns an das Versprechen haltend, ergab sich die Möglichkeit, dass eine Wohnung unter meinem damaligen Freund und mir frei wurde. So entschlossen wir uns gemeinsam, Oma dort einziehen zu lassen, damit wir sie besser mitversorgen konnten. In gemeinsamer Absprache kümmerten sich meine Mutter, mein Stiefvater, meine Schwester und ich mit Unterstützung eines Pflegedienstes um meine Großmutter. Bis es nicht mehr ging und Oma nach einem weiteren Sturz und einem Kreislaufkollaps ins Krankenhaus kam und klar war, dass sie nicht mehr unbeaufsichtigt in ihre eigene Wohnung zurückkehren durfte. Meine Mutter übernahm die Verantwortung und nahm meine Oma komplett bei sich zu Hause auf.

Ich ziehe noch heute meinen Hut für das, was meine Mutter und mein Stiefvater für Oma getan haben. Sie haben mit unheimlicher Liebe und einer Engelsgeduld Omas Pflege übernommen, ihr Wohnzimmer ausgeräumt und Omas Krankenbett zum Mittelpunkt des ganzen Hauses gemacht. Das bedeutete im ersten Schritt eine deutliche Entlastung für mich. Doch statt besser, ging es mir schlechter. Das Pendeln nach Düsseldorf zehrte zunehmend an meinen Kräften. Sobald ich im Zug saß, schlief ich ein und wurde zum Glück immer wieder wach, wenn meine Haltestelle angesagt wurde. Tagsüber nahm ich mindestens zwei bis drei Kopfschmerztabletten und in regelmäßigen Abständen meine Magentropfen. Schlafen? Ich war hundemüde und bekam doch kein Auge zu. Mein Kopf drehte Karussell. Irgendwann griff ich dann zu Schlaftabletten aus der Apotheke, um überhaupt wieder ein Auge zu machen zu können.

Wochen und Monate zogen ins Land und mir ging es immer schlechter. Ich bekam so starke Migräneanfälle, dass ich vor Schmerzen nur noch wimmernd in meinem Bett lag und mein

Freund mich sogar ins Krankenhaus fahren musste. Nachts plagten mich trotz der Schlaftabletten Alpträume. Aufgeben? NEIN! Natürlich funktionierte ich tagsüber trotzdem wie bisher: 4:30 Uhr Wecker, Zugfahrt, Arbeit, Zugfahrt, Lernen, Schlafen. Davon, dass ich täglich etliche Medikamente nahm, um weiter funktionieren zu können, merkte keiner etwas. Mein Magen rebellierte mittlerweile alle 30 min und zwang mich regelmäßig auf der Arbeit, die Toilette aufsuchen zu müssen. Auch davon bekam niemand etwas mit. Die Mauer um mich herum und die freundlich ausgeglichene Maske der Heiterkeit funktionierten makellos. Ich wollte nur noch durchhalten. Durchhalten, bis das Abendstudium erfolgreich abgeschlossen war und die zwei Jahre Schwangerschaftsvertretung in diesem Düsseldorfer Unternehmen überstanden waren. Ich war fest entschlossen, bis dahin durchzuhalten. Ich hätte es auch fast geschafft. Doch dann kam der 09.03.2004. Ich erinnere mich, als wäre es gestern gewesen. Ich bin zu Hause – das Telefon klingelt – ich hebe ab – wir müssen ins Krankenhaus. Omas Kreislauf hatte versagt – gestorben – wir dürfen hinfahren – Abschied nehmen – der Boden unter meinen Füßen scheint aufzugehen, ich höre mich selbst schreien, schluchzen, weinen, wimmern – werde abgeholt – wir fahren ins Krankenhaus – ich gehe zu ihr und verabschiede mich – das letzte Mal!

Die nächsten Tage, Wochen, Monate wurden hart! Nur wenige Tage nach Omas Tod sollten die Abschlussprüfungen des Studiums losgehen. Für Trauern blieb keine Zeit! Funktionieren war angesagt! Ich schaffte meine Prüfungen – irgendwie. Ich hatte mir zwar meinen Notendurchschnitt zerhauen, aber geschafft ist geschafft. Feiern? Wofür denn und was denn? Ich schleppte mich irgendwie zu einem Cocktailabend mit ein paar Studienkollegen, nach feiern war mir allerdings nicht zumute – aber nicht schlimm: Modus „Mauer hoch und Maske auf" – dann bemerkt es eh keiner. Die ganzen Jahre habe ich mich damit motiviert, wie es sich wohl anfühlen würde, das Diplom mit meinem Namen in den Händen zu halten – und nun? Es war mir egal! Fühlen? Ich fühlte entweder gar nichts oder tiefe Traurigkeit. Dazwischen gab es nichts.

Und mein Körper? Tja, jetzt war es soweit: der machte nicht mehr mit. Ich war krankgeschrieben. Wurde tagelang von andauernden Migräneanfällen geschüttelt. Die Magentropfen halfen nicht mehr. Ich saß nur noch weinend zu Hause. Die letzte Hoffnung war der Gang zur Therapeutin. Ich bekam zum Glück schnell einen Termin und wurde sehr zügig medikamentös auf Antidepressiva eingestellt. Langsam ging es bergauf. Mein Zustand stabilisierte sich wieder und ich konnte auch wieder arbeiten gehen. Stück für Stück fand ich dank der Medikamente wieder in mein Leben zurück.

Zu Beginn sagte ich es ja: es war das Jahr mit den krassesten „ups and downs" und dem traurigsten Ereignis meines Lebens – aber im gleichen Jahr folgte das bisher glücklichste Ereignis meines Lebens: mein absolutes Highlight. September 2004: Ich heirate den Mann meines Lebens! Nach acht Jahren Beziehung geben wir uns das Jawort. Der ganze Tag ein Traum! Es fühlt sich alles einfach nur richtig an. Ich fühle mich sicher, angekommen, zugehörig, geborgen – zu Hause! Bin ich zufrieden? Ja, aus tiefstem Herzen! Bin ich stolz? Ja – die Frau an der Seite meines Mannes zu sein, seinen Ring zu tragen und seinen Namen nun auch meinen zu nennen, erfüllt mich mit Stolz und Ehre. Ein Traum. Und gleichzeitig die Hoffnung, dass dieses Ereignis, dieses Glücksgefühl bleibt und alles an Trauer und negativen Gefühlen, die mich zwischendurch verfolgen und wie Kaugummi an mir zu kleben scheinen, vertreibt.

Naja, dass das kein Rezept ist, das nachhaltig wirken kann, brauche ich wohl nicht zu erwähnen. Zwei Monate nach unserer Hochzeit kauften wir ein Zweifamilienhaus in unserer Nähe und zogen dort zusammen mit meinen Schwiegereltern ein. (Ja – an alle, die jetzt die Augenbrauen runzeln oder mit dem Kopf schütteln: ihr habt recht! Aus heutiger Sicht würde ich es auch nicht wiederholen!). Als wir einzogen, war mir selbst schon klar, dass ich noch nicht über den Berg war. Eigentlich ging es mir gar nicht gut. Ich war wieder krankgeschrieben und die Dosis meiner Medikamente wurde erhöht. So konnte ich mich jedenfalls irgendwie über Wasser halten. Womit ich allerdings nicht gerechnet hatte, war die Tatsache, dass es statt wieder aufwärts zu gehen so rapide weiter abwärts ging. Ich hatte mich in den letzten Wochen immer mehr von allem und jedem distanziert. War teilweise tagelang zu Hause eingeigelt, ohne auch nur das Haus zu verlassen. An klingelnde Telefone ging ich nicht ran. Meine Rollos waren die meiste Zeit des Tages runtergelassen, wenn jemand klingelte, öffnete ich nicht. Der einzige Ort in der Wohnung, an dem ich mich sicher und einigermaßen geborgen fühlte, war mein Bett im komplett abgedunkelten Schlafzimmer. Auch die Medikamente halfen nicht wirklich, diesen Zustand zu verbessern. Morgens nach dem Aufstehen nahm ich Stimmungsaufheller, damit ich den Tag überstand. Abends gab es dann die Schlafmittel, damit ich überhaupt ein Auge zubekam. Ich fühlte mich wie in einem Teufelskreis gefangen und hatte keine Ahnung, wie ich da jemals wieder rauskommen sollte!

Das Jahr neigte sich langsam dem Ende zu und jeder Tag, der auf Weihnachten zuging, machte alles nur noch schlimmer. Meine Mauer des Alltags war schon lange bis auf die Grundmauern abgerissen und half mir nicht mehr durch den Tag und meine fröhliche, Heile-Welt-Maske war wie vom Erdboden verschluckt! Weihnachten – ich hatte schon seit Jahren eine Abneigung gegen dieses Fest entwickelt und jetzt, wo Oma nicht mehr da war, war es doppelt schwer, denn sie hätte am 24.12. Geburtstag gehabt. Ich weiß nicht mehr, wie ich die Zeit bis Weihnachten und die Weihnachtstage als solche überstanden habe. Meine Erinnerung an diese Zeit ist wie ausgelöscht. Untypisch für mich, da ich mich sonst an die kleinsten Details erinnern kann. Aber diese Tage sind weg – ausgelöscht. Dafür setzt die Erinnerung schlagartig mit dem Silvesterabend wieder ein. Der 31.12.2004. Es ist durchaus nicht übertrieben, wenn ich diesen Tag als den schwärzesten meines Lebens bezeichne! Ich hatte, Schlaftabletten sei Dank, den halben Silvestertag verschlafen. Ich fühlte mich irgendwie ... wie soll ich es beschreiben? Taub. Ja, taub trifft es ganz gut. Irgendwie wach, aber doch nicht wirklich da. Ich litt vor mich hin, aber fühlen konnte ich es nicht wirklich. Ich wusste, ich bin tief traurig, aber bewusst fühlen konnte ich es nicht. Es war so, als hätte ich von der Intensität, den Status fühlen zu können, bereits überschritten. Unsagbar allein war ich, obwohl ich es wahrscheinlich nicht hätte sein müssen. Mein Mann versuchte für mich da zu sein, wo er nur konnte – kam aber nicht an mich ran. Meine Freunde hatte ich in den letzten Monaten so sehr vernachlässigt, mich zurückgezogen und den Kontakt weitestgehend abgebrochen, so dass ich nicht mehr erwarten konnte, dass sich jemand von ihnen meldete. Und um ehrlich zu sein: ich wollte auch gar nicht, dass sich jemand bei mir meldet. Ich wollte nur Ruhe! Wollte nicht reden, nicht zuhören und schon gar nicht fröhlich lächeln müssen. Ich wollte einfach nur allein sein und hoffte darauf, dass ich mich endlich nicht mehr so fühlen würde wie eingeschlafene Füße, die nicht aufwachen wollen, aber ohne das Kribbeln dabei. Nur taub und irgendwie nicht vorhanden, ein fieses Gefühl.

Ich lag – wie sehr häufig in dieser Zeit – in eine Wolldecke gewickelt auf unserer Couch im Wohnzimmer und ließ mich vom Fernsehprogramm berieseln, ohne es wirklich mitzubekommen. Mein Mann versuchte den ganzen Tag schon vergeblich, an mich heran zu kommen und mich davon zu überzeugen, dass mir doch ein Spaziergang sicherlich gut tun würde – und ich den Abend doch mit ihm und seiner Familie ins neue Jahr feiern sollte. Denn 2005 würde ja sicherlich alles wieder besser werden. Ob 2004 oder 2005. Wen kümmerte das? Mich an diesem Tag nicht. Ich wollte nur alleine sein und schickte meinen Mann sogar weg zu seiner Familie zum Silvester feiern. Er wollte erst nicht alleine gehen, ließ sich dann aber davon überzeugen, dass er ruhig gehen kann, denn wir waren ja nach wie vor im gleichen Haus. Er feierte eben nur eine Etage über mir und könnte ja zwischendurch nach mir schauen kommen. Zu diesem Zeitpunkt war ich mir wirklich sicher, das sei die beste Lösung für uns beide. Denn feiern und anderen Menschen begegnen, wollte ich definitiv nicht. Dieses Gefühl innerer Leere kannte ich ja schon und ich ging davon aus, es kontrollieren zu können. Spätestens wenn ich meine Schlaftablette genommen hätte, würde ich langsam wegdämmern und diesen „wir freuen uns auf ein tolles, neues Jahr-Quatsch" einfach verschlafen. Dachte ich. Denn es kam ganz anders. Mein Mann ging irgendwann gegen 21:00 Uhr zu seiner Familie nach oben und ich blieb in unserer Wohnung alleine.

Zuerst alles noch wie gewohnt, knallte meine Stimmung gegen 23:00 Uhr plötzlich um. Das Gefühl von Taubheit und das Nichts-fühlen-können waren plötzlich wie vom Erdboden verschwunden! Alle Gefühle, die ich wochenlang nicht fühlen konnte, trafen mich mit einem Schlag. Es zerriss mir förmlich das Herz. So viel Trauer mit einem Schlag. Innere Leere und Kälte, die mich zittern ließen. Ich hatte wochenlang nicht eine Träne vergießen können und nun liefen mir ganze Rinnsale über mein Gesicht. Wie lange ich dort so saß, kann ich gar nicht sagen. Das nächste, was ich bewusst wahrnahm, war das fröhliche Lachen von meinem Mann und seiner Familie auf der Dachterrasse über unserem Wohnzimmer. Ich hörte Silvesterraketen, die gen Himmel schossen und freudiges Staunen über die bunten Leuchtkugeln am Himmel. Der nächste Stich traf mich in mein Herz: geballte Ladung Sinnlosigkeit. Wie ferngesteuert stand ich auf. Ich war plötzlich erfüllt von einer tiefen inneren Ruhe und Überzeugung: Ich war mir sicher zu wissen, ich gehöre hier nicht hin und ich muss weg. Es war, so kurios es auch klingen mag, ein Gefühl der Erleichterung. Gepaart mit der Sicherheit zu wissen, dass das jetzt der richtige Weg ist. Ich ging in die Diele, zog mir mit einer Engelsgeduld meine Schuhe und meine Jacke an, griff nach meiner Handtasche, nahm mir meinen Autoschlüssel und machte mich auf den Weg zu meinem Auto. Jemandem Bescheid sagen – da dachte ich gar nicht dran. Ich wusste genau, wo ich hin wollte und was ich dort tun würde. Mich verabschieden, daran dachte ich nicht. Kurz bevor ich in mein Auto steigen konnte, erreichte mich mein Mann. Gerade noch rechtzeitig. Mit ihm reden konnte ich nicht. Ihm auf seine Fragen antworten auch nicht. Ihm muss allerdings klar gewesen sein, dass es verdammt knapp war. Ich bin mir auch heute noch sicher: hätte mein Mann mich nicht genau in diesem Moment davon abgehalten loszufahren… mein Ziel wäre die Mauer des Friedhofes gewesen, auf dem meine Oma beigesetzt ist! Ich wollte nicht mehr! Und ich hätte damals alles daran gesetzt, meiner Qual in dieser Nacht ein Ende zu setzen.

Danach ging alles sehr schnell: ich wurde nur wenige Tage später in eine psychosomatische Fachklinik eingeliefert. Zum Glück! Denn die Ärzte dort haben es geschafft, mir wieder zurück in mein Leben zu helfen. Ich möchte hier nichts beschönigen oder herunterspielen, denn die Zeit dort war hart. Und egal wie hart ich die ganzen Jahre vorher gearbeitet habe, um meine Ziele zu verwirklichen, nichts davon wäre vergleichbar mit dem Kraftaufwand, den ich einsetzen musste, um an mir selbst zu arbeiten. Als ich die Kur antrat, waren sechs Wochen bewilligt worden und ich konnte mir beim besten Willen nicht vorstellen, die komplette Zeit dort zu verbringen. 300 km weg von zu Hause, weg von meinem Mann und alleine mit dem Gefühl, nicht lebensfähig zu sein. Es war hart. Und zusätzlich war es hart, weil ich mit meinem „Check-In" völlig entmündigt wurde. Mir wurde dort in meiner Akte „suizid-gefährdet" vermerkt. Und deshalb wurde mir alles abgenommen, bei dem nur im Ansatz vermutet wurde, ich könnte mir damit etwas antun. Das brachte mich völlig in Rage. Ich hatte bis auf diesen Silvesterabend niemals ernsthaft darüber nachgedacht, mir das Leben zu nehmen. Und jetzt wurde ich (in meinen Augen) wie eine Geistesgestörte behandelt und musste sogar meine Kopfschmerztabletten und meine Magentropfen abgeben. Für jede Tablette, die ich haben wollte, musste ich in die Krankenstation und dort um Erlaubnis bitten, eine haben zu dürfen. Furchtbar. Wenn ich eins nicht leiden konnte, dann war es, wieder das Gefühl zu haben, unter Kontrolle zu stehen und nicht selbstbestimmt handeln zu können. Zudem wirkten die anderen Patienten auf mich irgendwie… wie sag ich das? Schlimmer dran als ich. Da waren wirklich Leute in meinem Alter, die bereits zehn Suizidversuche hinter sich hatten, magersüchtige Mädchen, die mit Sicherheit mal bildhübsch gewesen waren und sich nun auf 30 kg und weniger runtergehungert hatten. Die ersten Tage habe ich viel geweint und wollte einfach nur weg. Bis ich dann sehr schnell erkannt habe, dass dies eine Chance für mich ist. Sechs Wochen, in denen ich für nichts und niemanden da sein musste – außer für mich selbst. Sechs Wochen, in denen ich all meine Zeit und Energie darauf verwenden konnte, wieder gesund zu werden. Und das nutzte ich. Natürlich wieder in typischer Manier mit einem starken Leistungsmotiv dahinter.

Damals habe ich nicht verstanden, was dieser Absatz in meinem Kurbericht bedeuten sollte, dass die Therapeuten meine behandelnden Ärzte zu Hause darauf hinwiesen, dass mein Leistungs- und Anerkennungsmotiv sehr auffällig sei und für die Zukunft Risiken mit sich bringen würde. Heute kann ich darüber schmunzeln. Wieso, das wird später noch klarer. Nachdem ich meine Einstellung diesen Kuraufenthalt betreffend verändert hatte, begann ich, die Zeit zu genießen. Ich freundete mich mit einer italienischen Mitpatientin an, die während der insgesamt neun Wochen meines Aufenthalts meine „Mami Rita" wurde. Wir gaben uns gegenseitig Halt, bauten uns gegenseitig auf, aßen jede Menge Pizza und Zuppa-Inglese-Eis miteinander und nebenbei lernte ich ein bisschen, auf Italienisch zu fluchen. Stück für Stück zeigten die Sitzungen Wirkung. Der Einzige, der mich während meiner Kurzeit besuchen durfte, war mein Mann. Und das war gut so. Ich sah ihn zwar auch nur an den Wochenenden, aber er war genau die Verbindung, die ich zu meinem Leben „draußen" brauchte. Der Abstand zum Rest der Familie tat mir sogar sehr gut.

Wenn ich aus heutiger Sicht versuche zu bewerten, was für mich in der Kur am gewinnbringendsten war, dann waren das auf jeden Fall die Einzelgespräche mit meiner Therapeutin. Sie hatte mein Leistungsmotiv erkannt und es gewinnbringend in die Therapie integriert. Sie gab mir neben den Therapiesitzungen Fachliteratur zu lesen und die Aufgabe, ihr alles aufzuschreiben, was durch das Lesen der Bücher an Erinnerungen und Gedanken in mir hochkamen. Das tat ich fleißig und spürte so von Sitzung zu Sitzung weitere Fortschritte. Ich hatte das Gefühl, aktiv an meiner Heilung mitwirken zu können. Die Gruppensitzungen zum Thema soziale Kompetenz fand ich eher unangenehm, da ich den Eindruck hatte, dass viele der Teilnehmer gegen ihren aufrichtigen Willen daran teilnahmen. Die kreativen Beschäftigungsmöglichkeiten nutzte ich in den ersten Wochen regelmäßiger, merkte dann aber, dass ich mich im Rahmen der Kunsträume nicht so öffnen konnte wie in meinem Zimmer. Daher besorgte ich mir Papier und Stifte und malte dann in meinem Zimmer, was mich bewegte. Nachdem ich diese persönliche Atmosphäre zum Malen und Zeichnen nutzen konnte, spürte ich auch hier, dass durch die Kreativität mehr Lebensfreude zurückkam und dass aus der Ruhe meiner künstlerischen Tätigkeit plötzlich neue Lösungsansätze in Form von Gedankenblitzen auftauchten. Wer hätte das gedacht. Aus den ursprünglichen sechs Wochen Horror-Kuraufenthalt wurden neun Wochen, nach denen ich mich sogar mit Tränen in den Augen von „Mami Rita" verabschiedete. Dankbar für jeden einzelnen Tag dort. Denn dort habe ich mich selbst wieder gefunden und die nötige Stärke sammeln können, den Schritt in den Alltag zu wagen. Dort musste ich jetzt meine größte Lernaufgabe weiter am Leben halten und erproben, ob ich das „NEIN" sagen, was ich in den letzten Wochen gelernt hatte und das bewusste „Grenzen setzen" auch im Alltag würde anwenden können. Wieder zu Hause angekommen, hielt ich eine ärztliche Anweisung in meinen Händen, meinen Beruf in Düsseldorf aus gesundheitlichen Gründen aufgeben zu müssen. Allerdings galt ich als geheilt entlassen und es war mir gelungen, meine Medikamente, die ich vor der Kur nehmen musste, deutlich zu reduzieren. Und auch von den 30 kg Kummerspeck, die ich mir nach Omas Tod angegessen hatte, waren 7 kg erfolgreich verschwunden. Mein Ziel für die nächsten Wochen und Monate war es, meine Medikamente komplett abzusetzen und mir einen neuen, entspannten Job zu suchen. Von der Diagnose Burnout sprach damals noch niemand. Depressive Episode und emotionale Anpassungsstörung war die Diagnose, die in meinem Kurbericht zu finden war.

Alle, die glauben, dass hiermit meine „Burnout"-Erfahrung abgeschlossen ist, die muss ich enttäuschen. Denn die wahren Zusammenhänge erkannte ich erst einige Zeit später.

Schnell gelang es mir, meinen alten Job zu kündigen und eine neue Beschäftigung zu finden. Niemals hätte ich zu dem Zeitpunkt damit gerechnet, dass es mich nur fünf Jahre danach erneut erwischen würde. Aus heutiger Sicht ist mir das alles klar, nur damals erkannte ich nicht, dass meine persönlichen, inneren Anteile eine entscheidende Rolle in diesem Prozess spielten und dafür mit verantwortlich waren, dass ich überhaupt so tief in diesen Kreislauf rutschen konnte. Ich hatte Ende 2007 meinen Arbeitgeber gewechselt, weil ich mich nach zwei Jahren Tätigkeit in einem mittelständigen CD- und DVD-Produktionsunternehmen im Vertrieb nicht weiterentwickeln konnte und wollte. Ich war mal wieder an dem Punkt, dass ich mich nicht mehr beweisen konnte, keine neue interne Herausforderung für mich mehr fand und mich schlichtweg langweilte. Mein Ziel war es, nach diesem kleineren Unternehmen nun für einen großen Konzern tätig zu sein, um die Möglichkeit zu haben, innerhalb eines Unternehmens wachsen und meine Karriere vorantreiben zu können. Nach einem netten Bewerbungsgespräch wurde ich als Mitarbeiterin im Vertriebsinnendienst eines namenhaften Unternehmens der Süßwarenindustrie eingestellt. Der Plan ging auf – ich fühlte mich in diesem Konzern sehr gut aufgehoben und identifizierte mich mit diesem Unternehmen komplett. Ich war stolz auf meinen Arbeitgeber und engagierte mich gerne auch über die Regelarbeitszeit hinaus. Als nach einem Jahr die Phase kam, dass ich mich langsam unterfordert fühlte, sprach ich meinen Chef darauf an und begann im ersten Step aus privatem Interesse eine Weiterbildung im Bereich NLP (Neuro-Linguistisches-Programmieren). Diese sollte mir gar nicht groß beruflich nutzen. Es sollte damals die erste Ausbildung sein, die ich nur für mich absolvieren wollte. Um mit mir besser kommunizieren zu können, leistungsstärker zu werden und um das, was mir in der Vergangenheit passiert war, besser verstehen zu können.

Ich hatte das große Glück, dass mein damaliger Vorgesetzter mit dieser Fortbildung einverstanden war und mich an den Wochentagen freistellte, damit ich die Schulung besuchen konnte. Aus heutiger Sicht kann ich freudig und mit Stolz behaupten: diese Ausbildung hat mein Leben verändert! Vor dieser Ausbildung war ich eine sehr kontrollierte, kühle Frau, die ihre Gefühle möglichst unter Verschluss hielt. Mein Vertrauen musste man sich erst mit viel Anstrengung verdienen. Beruflich gelang es mir immer, eine sehr offene, kommunikative und gesellige Mitarbeiterin zu sein. Privat streifte ich diese Rolle gerne ab und versteckte mich hinter meiner Mauer. Ich ließ nur wenige Menschen wirklich an mich heran. Viele dachten, mich gut zu kennen, aber nur sehr wenige kannten mich wirklich. Mal ausgelassen und kindisch oder albern zu sein – nein, das ging gar nicht. Ich erinnere mich noch als wäre es gestern gewesen: mein erstes NLP-Ausbildungswochenende und es gab nur einen einzigen Platz im ganzen Raum, an dem ich mich sicher fühlte und das Gefühl hatte, alles, was um mich herum passiert, beobachten und kontrollieren zu können.

Anfangs sehr skeptisch, ängstlich und zögerlich, ließ ich mich auf die Gruppenübungen ein. Um ehrlich zu sein, habe ich das nur gemacht, um nicht durch meine Weigerung aufzufallen und weil ich verdammt viel Geld aus meinem eigenen Portemonnaie für diese Weiterbildung bezahlt hatte. Und ich wollte verdammt nochmal für mein Geld etwas mitnehmen! Obwohl ich es hasste. Heute muss ich darüber schmunzeln, wenn ich mich an meine Abneigung, mich den Übungen zu öffnen, erinnere. Mir standen nur bei „Androhung" der nächsten Übung die Nackenhaare zu Berge und die Fußnägel rollten sich gleich mit hoch. Allerdings passierte etwas Ähnliches wie in der Kur damals: ich reflektierte für mich den Grund, warum ich mich zu dieser Fortbildung angemeldet hatte und kam zu der Erkenntnis, dass ich nur etwas verändern kann, wenn ich es denn auch wirklich mit vollem Einsatz versuche. Wenn ich mich voll mit eingebracht hätte und ich dann merken würde, dass es mir nichts gebracht hätte, dann hätte ich einen Grund, mich zu beschweren. Aber nicht, ohne es überhaupt versucht zu haben.

Gesagt, getan. Natürlich war es mir extrem unangenehm und zu Beginn auch verdammt peinlich, mich auf dieses – wie ich es damals nannte – „Ringelpietz mit Anfassen" einzulassen, aber so wahr ich hier sitze und diese Seiten tippe, es hat gewirkt. Es gibt so viele beeindruckende Übungen, an denen ich teilgenommen habe und die ich am eigenen Leib erfahren und gespürt habe, dass sie diesen Rahmen hier sprengen würden. Ich hoffe, auch so die Begeisterung für diese Ausbildung transportieren zu können. Fakt ist, ich habe ihm Rahmen dieser Ausbildung Themen aus Schubladen bearbeiten können, die selbst in etlichen Therapiesitzungen nicht gelöst werden konnten. Mit wenigen Übungen sind einige meiner Themen alleine in dieser Ausbildung nachhaltig bearbeitet und gelöst worden. Über diesen therapeutischen Nutzen hinaus hat sich meine Persönlichkeit verändert. Wobei, das stimmt so nicht ganz. Wenn ich sage, dass die Kur damals im Jahr 2005 dafür gesorgt hatte, dass ich mich wiedergefunden habe, dann hat die NLP-Practitioner-Ausbildung im Jahr 2008 dafür gesorgt, dass ich angefangen habe, mich wahrzunehmen und zu fühlen. Sie hat mir gezeigt, wie viel Lebensfreude und Lebenssinn, wie viele positive Gefühle ich mir die ganzen Jahre zuvor habe entgehen lassen. Ich habe sie einfach nicht wahrgenommen oder mich nicht getraut, sie zuzulassen, weil ich zu sehr damit beschäftigt war, meinen rationalen Zielen hinterherzuhetzen und meine Maske der Funktion aufrechtzuerhalten. Diese NLP-Practitioner-Ausbildung dauerte nur zwanzig Tage, die auf ein gutes halbes Jahr verteilt waren. Aber diese zwanzig Tage und all die netten Menschen, die ich im Rahmen dieser Ausbildung kennengelernt habe, haben mich auf eine Art und Weise verändert, der ich bis heute tief dankbar bin. Ich bin seitdem viel offener und kommunikativer – und habe auch noch Spaß daran. Ich erkenne seitdem Kommunikations- und Verhaltensmuster um mich herum, die es mir beruflich und privat erleichtern, meine Rolle und meine Position zu finden, zu stärken und zu festigen. Dabei nimmt einen sehr wesentlichen Teil die Kommunikation zu mir selbst ein, die sich ebenfalls stark verändert hat. Ich habe erkannt, dass meine innere Kommunikation bisher stark dafür verantwortlich war, mich selbst gedanklich zu blockieren und mir meine Laune verdarb. Dadurch erschwerte ich es mir selbst, meine Ziele und Vorhaben zu erreichen. Heute weiß ich, wie ich mein Denken verändern kann, um mich selbst in einen guten, positiven und erfolgreichen Zustand zu versetzen. Auch meinem Chef fiel meine Veränderung positiv auf und er lobte meine hohe Empathie und Kommunikationsstärke. Nach zweieinhalb Jahren Innendienst bekam ich das Angebot, unternehmensintern zur Junior Sales Managerin in den deutschlandweiten Außendienst befördert zu werden. Und an diesem Punkt machte ich einen entscheidenden Fehler: Ich hörte nicht auf meinen Bauch!

Hätte ich auf meinen Bauch gehört, dann hätte ich sein mahnendes Grummeln und Ziehen wahrgenommen, das mich sowohl vor meinem zukünftigen Vorgesetzten (der mir nicht sonderlich sympathisch war) warnte, als auch vor der Vorstellung, dass ich alleine deutschlandweit auf Außendiensttour unterwegs sein sollte und immer in Hotels übernachten müsste, ohne eine Assistentin für mein Backoffice. Hinzu kam, dass das Geschäft im Umsatz schon 30 % rückläufig war, als ich es übernehmen sollte und die Kollegin, die diese Position vor mir inne hatte wegen psychischen Problemen auf unbestimmte Zeit ausgefallen war. Aus heutiger Sicht unfassbar dumm. Aber ich nahm den Job an. Mein Kopf hatte mir gesagt, dass es unumgänglich wäre, einen Job im Außendienst anzunehmen, wenn ich in diesem Unternehmen weiter aufsteigen wollte. Mein Kopf sagte mir, dass mein Chef enttäuscht sein würde, wenn ich ablehne und bei der nächsten Möglichkeit nicht mehr an mich denken würde. Mein Kopf sagte mir, es bestehe keinerlei Gefahr, dass ich diesem Job nicht gewachsen wäre, weil ich jünger, stärker und dynamischer sei als die Kollegin, die diesen Job vorher gemacht hatte. Meine Alarmglocken haben Sturm geklingelt zum damaligen Zeitpunkt, nur leider wollte ich sie nicht hören. So nahm alles seinen Lauf.

Ich hatte mit meinem Chef eine Probezeit von drei Monaten vereinbart, in der wir gemeinsam schauen wollten, ob der Job etwas für mich sei oder nicht. Doch nach nur wenigen Wochen wusste ich für mich schon: NEIN, definitiv nicht. Ich fühlte mich von dem Unternehmen, auf das ich vorher so stolz war, komplett isoliert. Wenn ich es nicht besser gewusst hätte, wäre ich mir sicher gewesen, dass ich während dieser kurzen Zeit in einem anderen Unternehmen tätig war. Ich war eine absolute Einzelkämpferin – ohne wirkliche Anbindung an ein bestehendes Team. Und mein neuer Vorgesetzter? Alle Befürchtungen, die ich hatte, traten noch schlimmer als erwartet ein. Er war unzuverlässig, verdrehte die Tatsachen permanent zu seinem Vorteil, hatte ein – sagen wir es mal vorsichtig – verdrehtes Verständnis von angebrachter Nähe und Distanz zu seiner Mitarbeiterin und nahm mir Stück für Stück die Autonomie, die ich brauchte, um meine Arbeit gut machen zu können. Schon weit vor Ablauf meiner Dreimonatsfrist suchte ich das Gespräch mit meinem vorherigen

Vorgesetzten und bat ihn um Hilfe. Ich bat ihn, mir wieder einen Job im Innendienst zu geben, mit der Begründung, dass mich der neue Job nicht erfüllen würde.

Wir führten ein sehr nettes und aufrichtiges Gespräch, in dem mein Chef mir erklärte, wie wichtig es für ihn und das Unternehmen sei, dass ich noch eine Weile durchhalte. Ich dürfte ihn vor der vollendeten Weihnachtsdispo nicht hängen lassen und sollte ihm doch zumindest versprechen, den Job ein Jahr lang zu machen, damit er auch genug Zeit habe, sich eine Alternative zu überlegen. Ich gab ihm mein Wort, ihn nicht vor Ende der Weihnachtsdispo hängen zu lassen und nahm ihm das Versprechen ab, dass er für mich da sein würde, wenn das Verhältnis zu meinem neuen Chef schlimmer werden sollte. Ich habe immer gerne und viel gearbeitet, auch Überstunden waren für mich immer eine Selbstverständlichkeit. Doch so unglücklich, wie in diesen Monaten, war ich in meinem ganzen Berufsleben noch nie. Ich kämpfte Tag für Tag, um das Versprechen einzulösen, das ich meinem Chef gegeben hatte. Wollte ihm meine Loyalität unbedingt unter Beweis stellen und mit ihm gemeinsam das rückläufige Geschäft wieder auf Kurs bringen. Leider verlor ich dabei mich selbst aus den Augen. Plötzlich waren sie wieder da: die Kopfschmerzen, die ich von „damals" schon kannte. Und genau wie damals war ich ganz schnell an dem Punkt, dass ich es ohne drei bis vier Schmerztabletten am Tag nicht mehr aushielt. Ich stand ständig unter Strom und kam auch irgendwie nicht mehr runter. So begann ich wieder zu rauchen, und zwar nur, um zwischendurch mal das Gefühl zu haben, fünf Minuten raus zu kommen und mal tief einatmen zu können. Schnell wurden aus den zwei bis drei Zigaretten am Tag immer mehr. – Im Auto bei drohenden Sekundenschläfen war es immer häufiger die Zigarette bei offenem Fenster, die mir wieder Power für die nächste halbe Stunde lieferte. Koffein-Tabletten putschten mich zusätzlich auf, um weiter funktionieren zu können. Nachts dann allerdings Schlaflosigkeit. Und genau wie damals spielte ich dieses Spiel viel zu lange, ohne zu merken, was ich mir selbst damit wirklich antat.

Nach meiner NLP-Ausbildung hatte ich beschlossen, mich in dem Bereich NLP und Coaching noch weiter fortzubilden und hatte mit einer Ausbildung zum systemischen Coach begonnen. Zum Glück gelang es mir, im Rahmen dieser Ausbildung und den damit verbundenen Übungsgruppen, mich selbst auch meinen beruflichen Themen öffnen zu können. Es gab eine Vielzahl sehr hilfreicher Übungen und Coachings, die ich im Rahmen meiner Ausbildung erfahren durfte. Auf meine damalige berufliche Situation bezogen, gab es zwei explizite Übungen und damit verbundene Themenbereiche, die mich am tiefsten berührt und emotional am weitesten gebracht haben: Das war im ersten Schritt das Wochenende, an dem wir uns mit dem Thema Transaktionsanalyse beschäftigt hatten. Hier kam man zu dem Ergebnis, dass – ob wir wollen oder nicht – alle Ich-Anteile (das Erwachsenen-Ich, das Eltern-Ich und das Kindheits-Ich) tagtäglich in uns sind und sich auf verschiedene Art und Weise bemerkbar machen, was mich sehr zum Nachdenken brachte. Durch verschiedene Übungen erkannte ich, dass ich beruflich häufig, um mein Leistungs- und Anerkennungsstreben zu befriedigen, auf dem gefügigen kindlichen Anteil unterwegs war und sehr selten Nein sagte, weil ich befürchtete, dann etwas von meiner positiven Ausstrahlung und meinem Entwicklungspotenzial einbüßen zu müssen. Auf der anderen Seite war ich mir sehr sicher, dass ich von den Eltern-Ich-Anteilen den fürsorglichen auslebte, weil ich stets darum bemüht war, dass es allen Menschen in meiner Umgebung gut geht und sie sich wohl fühlen können. Im Gegensatz dazu war ich davon überzeugt, dass ich dem dominanten Eltern-Ich gar nichts abgewinnen konnte. Diese dominante „Du musst/Du sollst"-Kommunikationstechnik erschien mir fremd. Ich konnte mich nicht daran erinnern, jemals so mit anderen

Menschen umgegangen zu sein. Und ich hatte dauernd das Bild meines Vaters vor meinen Augen, wenn wir über diesen Ich-Anteil sprachen. Damit wollte ich natürlich gar nichts zu tun haben. Tja, das war eine bittere „Autsch"-Erkenntnis. Welch eine Überraschung. Ich habe nach verschiedenen Übungen sehr wohl massive Anteile des dominanten Eltern-Ichs in mir gefunden: einen sehr ausgeprägten Gerechtigkeitssinn, der sich natürlich an Regeln und Normen orientiert und der „durchgesetzt" werden will, aber auch, und das war für mich viel erschreckender, eine sehr harte, unsensible und gar nicht fürsorgliche Art und Weise, mit mir selbst zu kommunizieren und mich zu immer höheren Leistungen anzutreiben. Das hatte definitiv nichts mit Fürsorglichkeit zu tun.

Ja, dieses Wochenende hatte es schon in sich: Zum einen diese Selbsterkenntnis betreffend und zum anderen erfuhr ich wenige Tage später, dass auch das Dramadreieck aus der Transaktions-analyse seine Bewandtnis hat. Ich hatte es meiner Ausbilderin zu verdanken, dass ich nur wenige Tage später die Selbstreflexions-fähigkeit besaß, die Dynamik des Dramadreiecks zu durchschauen und dementsprechend darauf reagieren zu können. Ich wurde von meinen beiden Vorgesetzten zu einem Gespräch gebeten. Der offizielle Outlook-Termin trug den Titel „Umsatzentwicklung für den kommenden Monat". Mein Gefühl sagte mir schon vor dem Termin, dass es wahrscheinlich gar nicht um den Umsatz gehen würde, sondern um meine Bitte, endlich diese Position verlassen zu können. Ich hatte recht. Nur war ich von der Art und Weise, wie dieses Gespräch geführt wurde doch sehr überrascht. Mir wurden der Reihe nach Verhörfragen zu meinem Umsatz und meinen Kunden gestellt, die ich auch alle beantworten konnte – schließlich hatte ich mich ja auf dieses Gespräch vorbereitet. Mir fiel nur auf, dass beide Herren mal so gar nicht an meinen Antworten interessiert waren, sondern versuchten, mich zu provozieren, indem sie im Raum herumschauten, gähnten oder sich gegenseitig Augen verdrehende Blicke zuwarfen, während ich meine Antworten gab. Dank des Dramadreiecks vor meinen Augen und des bei mir eingeschalteten Erwachsenen-Ichs, gelang es mir, mich nicht emotional involvieren zu lassen. Zum Schluss war sogar ich diejenige, die meine beiden Chefs darauf ansprach, ob es nicht Sinn machen würde, wenn wir uns alle diese Zeit sparen würden und direkt zu dem Punkt kämen, um den es doch offensichtlich wirklich ginge. Meine Chefs tauschten verdutzte Blicke, ließen sich dann aber darauf ein und kamen zum Punkt. Natürlich ging es darum, dass ich diesen Job nicht mehr weitermachen wollte und welche Möglichkeiten daraus resultierten. Wir vereinbarten recht schnell einen Termin mit dem Personalleiter, um gemeinsam zu besprechen, welche internen Möglichkeiten mir zur Verfügung stehen würden, wenn ich diese Position ablehnen würde.

Ein seltsames Gefühl. Ich hatte erstmalig nicht aus Angst, nicht mehr gemocht oder anerkannt zu werden, meinen Mund gehalten. Ich hatte aus dem fürsorglichen Eltern-Ich heraus auf mich selbst achtgegeben und deutlich Nein gesagt. Und das Erstaunlichste daran war: Ich ging aus diesem Gespräch mit einem Gefühl heraus, als wäre ich die Siegerin gewesen. Obwohl ich in völliger Ungewissheit in das Gespräch hineingegangen war und ich nicht wusste, was es für Konsequenzen für mich mit sich bringen würde. Ich fühlte ich mich frei, glücklich, euphorisch.

Allerdings: So schnell ging es am Ende dann doch nicht. Meine Vorstellung, ich würde sang und klanglos meine Beförderung zurückgeben können und wieder eine andere Position annehmen, war wohl ziemlich blauäugig von mir gewesen. Ich hatte nicht bedacht, dass es natürlich systemisch gesehen auch Auswirkungen für meine Chefs haben würde, wenn ich einen Rückzieher mache. Schließlich hatten die beiden mich als genau die richtige für den Vertrieb ausgesucht, die den Karren des rückläufigen Geschäftes dauerhaft wieder aus dem Dreck ziehen würde. Wenn die erste Mitarbeiterin auf diesem Posten psychisch krank wird und die zweite Mitarbeiterin nach nur wenigen Monaten sagt, sie möchte aus bestimmten Gründen nicht mehr, tja, dann würden die beiden Herren natürlich auch unangenehme Fragen beantworten müssen. Und so zog sich der Prozess hin. Es dauerte noch einige Wochen, in denen ich natürlich versuchte, soweit es meine Gesundheit zuließ, meine Arbeit nach besten Wissen und Gewissen weiterzuführen. Ich war ja davon überzeugt, dass sich jetzt schnell eine Änderung ergeben würde. Meine körperlichen Symptome verschlechterten sich in dieser Zeit zusehends.

Genau wie damals rebellierte mein Magen. Mit unzähligen Tröpfchen und Tinkturen versuchte ich, meinen Magen und Darm unter Kontrolle zu bringen. Man stelle sich einfach vor, wie es ist, zwischen 600 und 700 km am Tag im Auto unterwegs zu sein und jede mögliche Raststätte willkommen heißen zu müssen. Nicht wirklich lustig. Ich kämpfte noch bis zum Ablauf meiner Dispofrist und hoffte, durch das Erreichen meiner Zielerreichung meinen Chef zufriedenzustellen und ihn davon überzeugen zu können, mich bitte wieder in den Innendienst zu holen, denn auch die Situation mit meinem direkten Vorgesetzten wurde immer unerträglicher. Ich musste immer häufiger Grenzen setzen und um Distanz kämpfen und war schlichtweg einfach erschöpft! Ich schaffte es mit meinen letzten Kraftreserven in unseren dreiwöchigen Sommerurlaub. Aber Erholung? Fehlanzeige. Denn wir hatten in diesem Jahr unser Eigenheim gebaut und waren dabei, innen alles zu renovieren, um noch in unserem Urlaub umziehen zu können. Entspannung sieht definitiv anders aus.

Meine Coachingausbildung lief parallel dazu weiter und ich beschäftigte mich auf Anraten meiner Ausbilderin mit zahlreichen Büchern zum Thema „Prävention Burnout" und mit der Gestalttherapie – also dem bewussten Wahrnehmen der Dinge, die ich hier und jetzt, in diesem Moment spüre. Mit Erschrecken stellte ich fest, dass ich schon viel weiter im Burnout-Prozess drin steckte, als ich mir selbst eingestehen wollte.

Was für ein „Zufall"! – Kurz vor Ende meines Urlaubes stürzte ich auch noch die Treppe herunter und prellte mir meine Rippen und meine Schulter so stark, dass ich eine weitere Woche zu Hause bleiben musste. Wieder zurück bei der Arbeit, gingen der Druck und die Schikane meines direkten Chefs ohne Pause sofort wieder in die Vollen. Im Urlaub hatte ich nach einer weiteren Coaching-Sitzung beschlossen, dass ich erneut darum bitten würde, eine neue Stelle zu bekommen und wenn das nicht klappen sollte, würde ich um mein Zwischenzeugnis bitten und mir eine neue Stelle suchen. Es kam, wie es kommen sollte. Der Ton wurde plötzlich rauer, ich wurde als angeblich unfähig dargestellt und im ganzen Unternehmen gab es angeblich keine geeignete Position mehr für mich. Darüber hinaus sei ich ja auch selbst schuld, dass ich die Probezeit von drei Monaten überschritten hätte. Sonst hätte ich natürlich wieder zurückgekonnt. Nun gut, dass ich schon weit vor Ablauf der dreimonatigen Probezeit das erste Mal bei meinem Chef war, davon wollte er plötzlich nichts mehr wissen. Ich sage ja, ich hatte die Systematik definitiv unterschätzt. Mein Chef konfrontierte mich nach einer geschäftlichen Reise mit der Aussage, dass es jetzt schon so weit sei, dass er von seinem Chef darauf angesprochen wurde, dass ich ja sehr blass aussehen würde, ob ich krank sei. Natürlich war ich krank. Und war dennoch zu dieser Veranstaltung mitgefahren, weil ich wusste, wie wichtig sie meinem Chef war. Nur behielt ich mittlerweile kein Essen mehr bei mir und musste regelmäßig die Toilette aufsuchen.

Endlich fand das ersehnte Gespräch mit dem Personalleiter statt. Und wen wundert es, da war das Dramadreieck wieder. In einem Gespräch „drei gegen eins" wurde mir mitgeteilt, dass man mir nur ein Angebot in Berlin unterbreiten könnte und dass ich ja dann mit meinem Mann in diese 600 km entfernte Stadt ziehen könne, um weiter im Unternehmen bleiben zu dürfen. Ich hatte zum Glück genau damit gerechnet. Es war genau so gekommen, wie es sich in meiner Coachingsitzung abgezeichnet hatte und ich war froh und dankbar, dass ich durch mein Coaching das Gefühl von Kontrolle hatte. Ruhig und gelassen gelang es mir, den drei Herren mitzuteilen, dass ich doch unter diesen Umständen darum bitte, dass man mir mein Zwischenzeugnis ausstelle, damit ich mich nach einer neuen Position umsehen kann. Natürlich war ich auch traurig, denn wie gesagt, habe ich mit großem Stolz und mit Herz und Seele für dieses Unternehmen gearbeitet, aber ich hatte für mich erkannt, dass kein Beruf der Welt es wert ist, dass ich dafür über meine Grenzen und meine Werte gehe und mich mit Medikamenten vollpumpe, um weiter funktionieren zu können.

Ich war wirklich erstaunt, aber es ging mir gut. Ich war mir auch sicher, dass jetzt, wo klar war, dass ich mir freiwillig einen neuen Job suchen würde, endlich Schluss mit der Schikane sei. Ich freute mich sogar darauf, mit erhobenem Haupt die letzten Monate in diesem Unternehmen verbringen zu können. Doch leider kam es ganz anders. Nur wenige Tage nach diesem Gespräch rief mich mein direkter Vorgesetzter zu sich und forderte meinen Tourenplan für die nächsten Wochen ein. „Den hast du doch", sagte ich zu ihm. „Ja, ich brauche den nochmal!" – „Klar, druck ich dir aus – wofür brauchst du ihn denn?" Ein hämisches Grinsen im Gesicht und ein Blick, gegen den ich mich mittlerweile häufiger gewehrt hatte. „Weil ich den Plan umbauen werde und wir beide die nächsten drei bis vier Wochen zusammen eine große Außendiensttour planen werden…" Mit aller Macht versuchte ich, die Fassung zu behalten. Wenn ich mir nur vorstellte, dass ich mit diesem Menschen in einem Auto unterwegs sein und mit ihm mehrere Nächte im gleichen Hotel übernachten musste, wurde mir direkt wieder schlecht. Mein Magen rebellierte, ich zwang mich, ruhig stehen zu bleiben und erwiderte mit einem Lächeln: „Klar, bekommst du. Reicht es dir, wenn ich dir die Pläne morgen auf deinen Schreibtisch lege?" Er bejahte und verabschiedete sich bis zum nächsten Tag. Ich fühlte mich als hätte mir ein Pferd in den Magen getreten, mein Kopf drehte sich und ich spürte, wie mir der Boden unter den Füßen weggerissen wurde. Ich verschwand auf die Toilette, mein Magen drehte sich wie auf Knopfdruck und katapultierte mein Frühstück in die Schüssel. Ich musste hier weg.

Ich fühlte mich wie ein Reh, das vor den großen weißen Scheinwerfern eines herannahenden LKWs steht und auf den Aufprall wartet, weil es wie festgewurzelt nicht von der Stelle kommt. Ich muss hier weg. Ich schöpfte mir kaltes Wasser ins Gesicht und kühlte mir meine Handgelenke, bevor ich hastig meine Handtasche packte und mich bei den Kolleginnen verabschiedete. Ich ging lächelnd an den Kollegen vorbei, wünschte wie sonst auch noch einen schönen Tag, stieg auf dem Werkhof in mein Firmenauto, ließ meinen Kofferraum kontrollieren, scherzte wie immer mit den Werkschutzkollegen und fuhr winkend vom Hof. Mein Herz schlug mir bis zum Hals. Ich fuhr zwei Straßenecken weiter, suchte mir den nächstmöglichen freien Parkplatz und brach weinend zusammen. Als ich am nächsten Tag zum Arzt ging, zog dieser mich sofort mit der Diagnose Burnout aus dem Verkehr. Nur drei Wochen nach diesem Tag hatte mir mein Arbeitgeber meinen Firmenwagen abgenommen und mir aus betriebsbedingten Gründen gekündigt. Natürlich tat das weh, aber aus heutiger Sicht bin ich sogar dankbar dafür, dass es so gekommen ist, denn es hat mir den Grund gegeben, mich im Rahmen meiner Coachingausbildung auch intensiv mit mir selbst zu beschäftigen. Heute weiß ich, dass nicht nur die äußeren Umstände meines familiären und beruflichen Umfeldes dafür verantwortlich zu machen sind, dass ich zweimal in diese Burnoutschleife gerutscht bin. Heute weiß ich, dass meine inneren Faktoren viel wichtiger sind und dass ich sie gut im Auge behalten muss, um mich präventiv zu schützen.

Es ist mein starkes Leistungsmotiv, das mich dazu treibt, durch besonders gute und hochwertige Leistung andere zu beeindrucken, damit sie mich und meine Leistung anerkennen und wertschätzen. Meine Aufgabe ist es, darauf zu achten, dass ich meinen Selbstwert nicht zu sehr davon abhängig mache, wie mich andere bewerten, sondern dass ich weiß, ich muss nur mich selbst zufriedenstellen. Ich muss mir immer wieder ins Gedächtnis rufen, dass ich es nicht allen anderen recht machen kann. Es wird immer jemanden geben, dem meine Arbeit, meine Art und im Zweifel meine Nase nicht gefällt. Und das es vollkommen okay so ist! Meinen „perfektionistischen Antreiber", der mich seit frühester Kindheit begleitet hat, habe ich identifiziert und dabei erkannt, dass er der beste Freund meines Leistungsmotives ist. Die beiden hatten einen Club gegründet mit dem „Beeil dich-Antreiber" und dem gefügigen „Mach es allen recht-Antreiber". So gut die sich auch alle miteinander verstehen und so einig die sich alle sind, wenn ich diese Antreiber wieder Oberhand nehmen lasse, steuere ich über kurz oder lang wieder in die nächste Burnoutschleife.

Nach vielen Wochen grübeln, einigen sehr positiven Bewerbungsgesprächen in gewohnten Vertriebspositionen und einigen Coachingsitzungen kam der Entschluss und die Erleuchtung, wie es weitergehen soll, völlig unerwartet und plötzlich.

Ich nahm einen weiteren Bewerbungstermin auf eine Key-Account-Vertriebsposition wahr. Während des Gespräches verlief alles sehr gut. Die Anforderungen an die Position waren mir sehr vertraut und auch die Arbeitsbedingungen waren für mich nichts Neues. Es wäre eine gewohnte Arbeitsbelastung für mich gewesen. Zehn bis zwölf Stunden am Tag, Außendiensttermine und Innendienst im Homeoffice, eine Mischung zwischen Betreuung der Bestandskunden und Neukundenakquise. Ich spürte, dass das Gespräch sehr gut lief und erkannte auch die Zeichen der Entscheider, dass eine Einstellung sehr wahrscheinlich sein würde. Ich ertappte mich dann aber bei dem Gedanken: „Will ich das überhaupt? Möchte ich wieder so einen Vertriebsjob? Möchte ich wieder diese Umsatzverantwortung für ein Unternehmen tragen? Möchte ich diesen Mangel an Autonomie in Kombination mit GPS-Überwachung in meinem Fahrzeug?"

Alles in mir schrie förmlich NEIN! Eines hatte ich mir nach dem letzten Erlebnis bei meinem letzten Arbeitgeber geschworen: DIESES MAL HÖRE ICH AUF MEINEN BAUCH! Und der schrie eindeutig NEIN! Und ich hielt mein Wort und hörte auf ihn. Ich lehnte den Job ab, verabschiedete mich höflich und verließ das Unternehmen und auf dem Weg zum Auto wurde es mir plötzlich glasklar! Natürlich. Wieso war ich da nicht schon vorher drauf gekommen? Es war zwar eigentlich erst für die nächsten drei bis fünf Jahren geplant, aber warum nicht jetzt? Ich setzte mich ins Auto und rief meinen Mann an. Innerlich duckte ich mich schon, weil ich erwartete, dass er mich fragen würde, ob ich noch alle Latten am Zaun habe. Doch das tat er nicht. Ohne langes Vorspiel fragte ich ihn, was er denn davon halten würde, wenn ich mich nach Ablauf meiner Coachingausbildung selbstständig machen würde. Kurzes Schweigen. Und dann: „Na klar, mach doch. Du hast doch bisher immer vor mir angefangen und hast den Weg geebnet. Ich komme dann, wenn es soweit ist, hinterher!"

Stimmt, ich hatte als Erste die Ausbildung angefangen und abgeschlossen, auch das Abendstudium habe ich zuerst angefangen und auch die NLP-Ausbildung bei Stephan habe ich als Erste gemacht. Warum also nicht?

Um wirklich sicher zu gehen, dass diese Entscheidung die für mich richtige sein würde, buchte ich noch ein Coaching. Die Übung, die ich dort machte, ist heute noch eine meiner Lieblings-Coaching-Übungen, da sie so schnell und so eindeutig eine

Antwort liefert, an die man mit dem Kopf alleine so schnell nicht heran kommt.

Die Übung heißt „die leeren Stühle" und dient dem Klienten zur Entscheidungsfindung in unterschiedlichsten Situationen. Die Stühle, die dazu real im Raum aufgestellt werden, dienen dabei als Symbolik für die verschiedenen Wahlmöglichkeiten. Meine Wahlmöglichkeiten waren Stuhl 1, im angestellten Verhältnis sein, in welchem Unternehmen auch immer oder Stuhl 2, die Selbstständigkeit. Durch meinen Coach wurde ich angeleitet, nacheinander auf diesen beiden Stühlen Platz zu nehmen und mich in diese zukünftige Situation hineinzufühlen. Ich sollte mir vorstellen, es sei schon Realität. Ich kann mit Worten allein gar nicht beschreiben, wie eindeutig die körperliche Antwort war, die ich bekam.

Auf dem Stuhl des „Angestelltenverhältnisses" spürte ich schlagartig alle körperlichen Symptome wieder, die sich sowohl in dem Düsseldorfer Unternehmen und bei meinem letzten Arbeitgeber schleichend aufgebaut hatten. Nur diesmal spürte ich die Symptome nicht schleichend, sondern geballt, so als hätte mir jemand eine Bahnschranke vor den Kopf geknallt. Bevor ich mich auf den „Angestelltenstuhl" setzte, ging es mir gut und nun hatte ich plötzlich unsagbar starke Kopfschmerzen, als würde mein Schädel zerspringen. Mein Magen krampfte sich schmerzhaft zusammen und die Übelkeit kroch mir die Kehle hoch. Ich fühlte mich unheimlich traurig und mir war beklemmend schwer ums Herz. Tränen stiegen mir in die Augen und mir wurde mit einem Schlag klar, welche Qualen ich mir selbst in der Vergangenheit angetan hatte. Jetzt *dachte* lediglich ich an meine Zukunft als Angestellte und fühlte mich schlagartig wieder so? Nein, das wollte ich nicht. Unter Tränen verließ ich diesen Stuhl und wurde von meiner Coach erst mal aus dieser Situation mit all ihren Gefühlen und Eindrücken befreit, bevor ich mich auf den Stuhl der Selbstständigkeit setzte. Ein seltsamer Stuhl. Verbunden mit einem Gefühl, das neu ist. Ungewohnt. Ein bisschen unsicher fühle ich mich. Aber es geht mir gut. Ich spüre ein Lächeln auf meinem Gesicht. Ich habe keinerlei körperliche Symptome. Keine Schmerzen, keine Übelkeit. Das einzig etwas Unangenehme ist das Gefühl, um mich herum allein zu sein und diese leichte Ungewissheit. Doch das Gefühl des Alleinseins ist schnell weg, als ich mir wichtige Kollegen aus meinem Netzwerk als Kooperationspartner an meiner Seite vorstelle. Und das Gefühl der Unsicherheit, ja, es ist da, aber es fühlt sich nicht bedrohlich an, sondern so, als ob es zu dieser neuen Situation dazugehört. Mein Entschluss ist gefasst. Mein Coach beendet die Übung und ich falle ihr danach erst einmal um den Hals und bedanke mich bei ihr für ihre Hilfestellung.

Und da bin ich jetzt: Am 15.03.2011 habe ich mein Unternehmen „SkillCare Training& Coaching" gegründet. Seitdem bin ich auf drei Standbeinen tätig. Als Trainerin im Unternehmenskontext, als Systemischer Coach in der Persönlichkeitsentwicklung und als Dozentin in der Erwachsenenbildung. Natürlich habe ich wie jede Existenzgründerin damit zu tun, meinem Unternehmen die nötige Festigkeit und Umsatzsicherheit zu geben, kämpfe mit meiner „Beeil dich"-Ungeduld und erinnere mich regelmäßig daran, dass ich mir selbst Zeit geben muss, zu wachsen. Ich habe keinen Chef mehr, dem ich zwingend gefallen will und gefallen muss, sondern lerne, mir selbst das Lob und die Anerkennung zu geben, die ich verdient habe. Ich weiß, dass ich von meinen persönlichen Eigenschaften her darauf aufpassen muss, präventiv auf mich achtzugeben, damit ich die Burnoutschleife nicht erneut bereise. Dessen bin ich mir bewusst. Und auch hier kommt dann der große Vorteil meines Netzwerkes zum Vorschein. Zum einen sorgen meine Kollegen dafür, dass ich das Gefühl habe, trotz meiner Selbstständigkeit nicht „alleine" zu sein, sie ermöglichen es mir, durch ihre unterschiedlichen Tätigkeitsschwerpunkte eine breitere Zielgruppe bedienen zu können. Zum anderen haben wir eine Möglichkeit gefunden, uns gegenseitig mit unseren Themen zu unterstützen. Die Schwäche des einen, ist die Stärke des anderen und umgekehrt. Wir sind füreinander die wertschätzenden und ehrlichen Spiegel, die wir brauchen, um uns kontinuierlich weiterentwickeln zu können. Nicht zuletzt sind wir Freunde, die auf uns achten, wenn wir uns selbst vor lauter Eifer gerade ein wenig aus den Augen verlieren. „Nichts passiert ohne Grund!", das ist seit den Geschehnissen bei meinem letzten Arbeitgeber mein Lieblingsspruch, der sich immer wieder bewahrheitet. So weh es auch tun mag und so wenig wir in dem Moment des Geschehens begreifen, was das eigentlich alles soll. Irgendwann wird es Sinn ergeben. Ich grolle weder meinem vorherigen Arbeitgeber, noch meinem ehemaligen Chef. Er wird seinen Grund gehabt haben, warum er sich so verhalten hat, wie er es getan hat – und ich hatte meine Gründe, warum ich mich auf meine Art verhalten habe.

Fakt ist: ohne diese Vorfälle hätte ich mich zu diesem Zeitpunkt definitiv nicht getraut, in die Selbstständigkeit zu gehen. Mir wäre der Faktor Sicherheit, alleine im Hinblick auf das neu gebaute Haus, viel wichtiger gewesen als das Experiment, mich in der Selbstständigkeit auszutesten. Fakt ist auch: es war und ist die richtige Entscheidung gewesen. Mein Bauch hatte recht! Mein jetziger Beruf erfüllt mich in einem Maß, wie es keiner meiner bisherigen auch nur ansatzweise geschafft hätte. Ich habe das Gefühl, wirklich etwas Produktives, Sinnhaftes zu tun. Ich vergleiche es gerne mit meinem handwerklichen Hobby. Wenn ich etwas zusammenbaue oder einen Raum renoviere, dann sehe ich am Ende des Tages das, was ich geschafft habe und das, was ich geleistet habe. Im Vertrieb fiel es mir häufig schwer, die Geduld zwischen Säen und Ernten aufzubringen, bis ich „sehen" konnte, was ich erreicht hatte. Aber selbst, wenn ich es dann „gesehen" habe, konnte ich es nicht „fühlen". Bei meiner jetzigen Arbeit kann ich sehen und fühlen, was ich erreicht habe. Das größte Geschenk für mich aus heutiger Sicht ist das Leuchten in den Augen meiner Klienten, wenn sie zu einer Erkenntnis gelangt sind oder es ihnen gelungen ist, ihre Ziele zu erreichen. Wenn sie in meinen Workshops sitzen und mitarbeiten, ihre Energie in den Tag mit einbringen und am Ende des Tages auf die Uhr schauen und sich wundern, dass der Tag schon vorbei ist. Dieses Gefühl, anderen Menschen etwas zu geben, ihnen Hilfe zur Selbsthilfe zu leisten, ist das, was meiner Arbeit Sinn gibt. Auch wenn ich jede Tätigkeit, die ich bisher ausgeübt habe, immer mit vollem Einsatz gelebt habe, ist es dieses Mal anders. Meine Arbeit heute: das bin ICH und da ist meine Überzeugung, meine Energie und mein Herzblut drin – und das fühlt sich verdammt gut an!

Als ich das Angebot erhielt, meine Geschichte für dieses Buch zu schreiben, habe ich nicht lange überlegt, denn eine Vielzahl meiner Klienten schlittert am Rande eines drohenden Burnouts und will es nicht sehen, nicht hören und schon gar nicht fühlen. Ich halte es für unheimlich wichtig, dass Betroffene aufhören, sich peinlich betroffen dafür zu schämen und zu verstecken. Ich halte es für wichtig, dass gerade die Menschen, die schon betroffen waren und den Weg hinaus gefunden haben, sprechen und anderen den Mut machen, hinzusehen. Aus meiner Erfahrung heraus kann ich nur sagen, so schlimm der Burnout auch ist und so tief er bis hin zu suizidalen Gedanken führen kann, er ist auch eine Chance. Er ist ein deutliches Zeichen unseres Körpers und unserer Seele, der uns darauf aufmerksam macht, dass irgendwas in unserem Leben bisher falsch gelaufen ist. Dass uns gerade etwas kaputt macht und wir unsere Gesundheit und im schlimmsten Fall unser Leben aufs Spiel setzen. Er ist eine Chance zu erkennen, was und wie wir es bisher getan haben und er birgt die große Chance uns selbst (wieder)zu finden und besser kennenzulernen. Ich wünsche jedem Betroffenen den Mut, es als Chance zu begreifen, bewusst in den eigenen Spiegel zu sehen und in sich hineinzufühlen. Suchen Sie sich wertvolle Menschen, denen es durch ihre Ausbildung gelingt, Ihnen Hilfe zur Selbsthilfe zu geben und nutzen Sie die Möglichkeit der „Räuberleiter", um den Weg in Ihrem eigenen Labyrinth wieder klar zu sehen und gehen zu können.

Silke Krause, geboren im Juli 1978, Aachen. Getrieben von inneren Antreibern quälte sie sich jahrelang durch schulische und berufliche Erfolge. Dabei war sie stets auf der Suche nach ihrer eigenen Zufriedenheit und der Anerkennung anderer. Zwei Mal selbst von dem Burnoutsyndrom betroffen, entschied sie sich, auf die Suche nach Hilfe zur Selbsthilfe zu gehen. Nach zahlreichen Ausbildungen gelang es ihr, ihren Teufelskreislauf zu durchbrechen. Heute ist sie auf selbstständiger Basis in Stolberg tätig und unterstützt dort andere Menschen mit Freude bei deren Persönlichkeitsentwicklung.

6

Neue Ziele nach dem Burnout

Eberhard Küpfer

Eigentlich sollte ich es ja besser wissen und noch besser leben, als es eben gekommen war. Gerade im Hinblick darauf, dass ich in früheren Jahren ein Buch dazu geschrieben habe, welches die Thematik dazu streift. Aber niemand ist gefeit davor, in seine eigene Falle zu geraten und schon gar nicht, wenn man sich womöglich zu sicher fühlt. Mein Weg soll den geneigten Leser ermutigen, den richtigen Weg, den jeder in sich spürt, zu gehen und nicht falschen Verlockungen zu verfallen. Mitunter ist es gut, wenn eine Begebenheit aus der Umwelt dich aufrüttelt, bevor du in Selbstüberschätzung womöglich ein tragisches Unglück erleidest.

Was eigentlich macht mich aus? Wohin steuert mein Schifflein im Meer des globalen Denkmodells Leben? An welchen Orten fühle ich mich wohl und wen hätte ich gerne um mich herum?

Dies sind alles Fragestellungen, denen es nachzugehen gilt, nicht erst nach der Diagnose „Burnout". Es kann ja nicht sein, dass man nur aus (eigenen) Erfahrungen lernen muss, es gäbe da auch ein Lernen aus Erkenntnis, was nichts anderes als Erkennen von fremden Erfahrungen meint.

Wenn ich also jetzt aus meinem eigenen Leben erzähle, so mache ich das deshalb, damit man daraus eigene Schlüsse ziehen oder aus parallel verlaufenden Episoden Auswege erschließen kann. Das Eingeständnis von Fehleinschätzungen oder Holzwegen ist jedoch nicht so einfach für die eine oder andere Person. Da geht es um Blöße oder Schwäche zeigen, und das ist nicht jedermanns Sache. Immer nur gut dastehen, ist meiner Meinung nach aber eine Fantasie, die im Leben nicht immer umsetzbar ist. Das Leben an sich ist mitunter eine Sinuskurve mit den alltäglichen Auf und Abs, kann also nicht als eindeutig klare, ansteigende Linie erkannt werden. Das hat mit den verschiedenen Deutungsmustern zu tun, denen wir Menschen uns bedienen. Ich erlaube mir von eigenen Erfahrungen zu erzählen. Das gibt dem Leser die Chance, sich zu spiegeln und damit auch Auswege aus eigenen Verstiegenheiten oder Sackgassen zu suchen.

Vielleicht ein kleines Beispiel: Ich hatte zwischen 1987 und 1991 an der Katholischen Fachhochschule in Freiburg im Breisgau praktische Theologie studiert und wollte als Praktiker auch wissen, wie es denn in Israel, dem Land Jesu, aussieht.

So arbeitete ich in den Semesterferien vor meiner Reise als Aushilfskraft am Güterbahnhof in Basel. Im darauffolgenden Jahr bereiste ich als Rucksacktourist das recht versteppte Land mit seinen verschiedenen Facetten an biblischen Orten, israelitischen und palästinensischen Lokalitäten sowie wüstenartigen Ländereien.

Mir war das „fünfte Evangelium" wichtig, um meinen persönlichen Eindruck von Land und Leuten sowie den kriegerischen Auseinandersetzungen im Gelobten Land des Mose und Josua richtig einschätzen zu lernen. Meine Zielsetzung war klar und wurde von mir entsprechend verfolgt.

Am Toten Meer gibt es einen Nationalort, wie etwa das Rüttli in der Schweiz oder Mount Rushmore in den USA oder das Brandenburger Tor in Berlin – Orte der Erinnerung an heldische Einsätze gegen Besatzungskräfte. Ich wollte hinauf auf die Festung der Befreiung Masada und wählte nicht die schaukelnde Seilbahn, sondern den sich in Serpentinen hinaufwindenden Schlangenpfad. Doch bereits nach wenigen Metern versagten mir die Schenkel, stechende Schmerzen ließen mich zu Boden gehen und ich sah, wie weitaus ältere Personen an mir vorbeigingen und mit kleinen Schritten leicht hinaufkamen. Im Vorfeld war ich einige Kilometer ohne viel Wasser durch die Wüste gegangen und nicht wie diese Touristen mit dem Bus unmittelbar am Schlangenpfad angelangt. Auch hatte ich die Steigung nicht richtig eingeschätzt, und so kam es zu meinem Nothalt. Der Kopf wollte, der Körper meinte erst einmal: „Stopp, so nicht!"

In meinen späteren Jahren kommt mir dieses Bild, das wie ein Anker wirkt, immer wieder in den Sinn. Was waren danach meine folgenden Aktionen?

Ich massierte die Beinmuskeln soweit es bei angezogenen Jeanshosen ging und rappelte mich wieder mit dem Rucksack auf dem Rücken auf, wechselte den Rucksack auf die Bauchseite und versuchte, mit kleinen Schritten Terrain zu gewinnen. Es gelang mir, eine erste Kurve der Serpentinen zu erreichen, ein wenig auszuruhen und dann weiterzugehen, bis ich oben auf dem 400 m hohen Plateau angelangte.

Im Nachhinein realisierte ich auf dem Felsen, wie meine Vorgehensweise denn nun gewesen war:

1. (Ein-)Halt der geplanten Hauruck-Aktion
2. Betrachtung, wie es denn andere machen
3. Eigenen Körper versorgen (Wassertrinken und Massage)
4. Planung der nächsten kleinen Schritte
5. Ausführung mit Pausen
6. Erreichen des Zieles im eigenen Takt

Doch zurück zu Masada – mich hatte diese Geschichte sehr beeindruckt, wo nach der zweiten Tempelzerstörung Aufständische Zuflucht vor den Römern auf dieser Höhenburg fanden. Durch eine sechsmonatige Belagerung und Erbauung einer Rampe gelang es den Römern, die Festung zu übernehmen – sie fanden jedoch nur viele Tote und ganz wenige überlebende Frauen vor. Der Führer der Belagerten hatte den Befehl gegeben: „Ein ruhmvoller Tod ist besser als ein Leben im Elend …" Die Römer „bewunderten den Mut (dieser) Entscheidung".

Die Tat machte Masada bis heute zum Symbol des jüdischen Freiheitswillens.

Meine Sehnsucht der Burnout-Belagerung zu entfliehen, finde ich in folgenden eigenen dichten Worten wieder:

Du musst in die Wüste, um zum Gelobten Land zu gelangen.
Du hast Anstrengungen zu durchleben, um ans Ziel zu kommen.
Das hatte ich dort bereits erfahren und nun im grauen Geschäftsalltag wieder vergessen.

Das Geschäftsleben kann jedoch eine grausame Wüste sein oder
zumindest werden,
  die Dich zu Boden wirft,
  die Dich leer werden lässt,
  die Dich des Lebenswillens und der Freude beraubt,
  die Dich in Verzweiflung bringt,
  die aber auch die Hoffnung nährt, ins Gelobte Land zu gelangen
  oder zumindest zu einer nächsten Oase
  wo Wasser und Früchte, eben Leben, auf Dich warten.

Das alles findet sich erstaunlicherweise eben auch im Burnout–
Prozess, dem „Schlangenpfad" der Moderne, von dem wir übrigens in der Schule nichts zu hören kriegen.

6.1   Was ist wie passiert oder wie kam es zu meinem Burnout-Erleben?

In einem Artikel aus dem Jahr 2012 las ich, dass man einen Burnout nicht kriegt, einen Burnout leistet man sich. Ich war etwas
ungehalten ob dieser dreisten Behauptung, komme aber heute im
intensiveren Umgang mit den verschiedenen Ansätzen diverser
Autoren schon zur Ansicht, dass diese These durchaus ihre Berechtigung aufweist.

Wenn ich mir nämlich vorstelle, dass ich womöglich viele
Anzeichen nicht mehr als wichtig erachtet oder in einer John
Wayne-Manier („Ein Mann muss tun, was ein Mann tun muss")
abgetan hatte, ist klar, dass es am Ende auch entsprechende Wirkungen zeigte.

Meine Überforderungsanzeichen waren Arbeitsverdichtung
durch Mehrfachfunktionalität nach dem bayerischen Prinzip „E
bissel was geht immer", verbunden mit viel Bürokratie und stets
die wirtschaftliche Rendite im Blick. Daraus entstanden Ohn-
machtsgefühle und, was mich am meisten belastete, der Verlust

der Freude am beruflichen Wirken. Wenn sich dann noch Hektik einstellte und Entscheidungen von Vorgesetzten fehlten oder nicht kamen, entwickelte sich Ärger und ironisches Reden. Am Schluss erlebte ich mich einfach nur noch als funktionierende Einheit, die Kummer mit Essattacken wegdrückte. Dies alles im seelischen Rucksack, erlebte ich, wie ich Arbeit mit nach Hause nahm, um jene natürlich nicht fertigzustellen, denn dort erwartete mich meine Familie mit deren Bedürfnissen. Mit der Zeit wurde ich fahrig und meine Aufmerksamkeit litt sehr darunter.

Wie das alles kam, kann ich ja nur in der Retrospektive erahnen und an einigen Fakten festmachen, aber natürlich nie in Gänze beweisen. Gleichwohl muss ich mir darüber klarwerden, dass es einen großen Begünstigten innerhalb unserer Industriegesellschaft gibt, der unsagbar mit schuld ist an der Misere Burnout: der Perfektionismus.

Der Psychotherapeut und Eheberater Reinholf Ruthe meint dazu:

> Perfektionismus ist ein unmenschliches Streben. Er setzt Leib, Seele und Geist unter Druck. Menschen, die dem Perfektionismus huldigen, schädigen sich und ihre Umgebung.

Dabei unterscheidet Ruthe introvertierte und extrovertierte Perfektionisten. Und während der eine Typ sich permanent selbst schädigt, ist der andere Typ ein überkorrekter Überwacher, ein „Stänkerer" auf seine Weise.

Jeder von uns kennt den einen wie den anderen Typus, denn in jeder Gruppierung unserer Gesellschaft sind sie vertreten wie Pilze, die sich in diversen Milieus einnisten und fast nicht mehr loszukriegen sind.

Daraus resultiert meist das Burnoutsyndrom, das als Hilferuf der betroffenen Menschen gegenüber diesem übermächtigen Idealismusmonster zu deuten ist.

Ein anderer berufener Autor, der Arzt Rudolf Köster, spricht bereits 1984 von seelischen Risikofaktoren, die sich je nach Menschentyp im Leben als Krankheiten der Seele und des Gemütes artikulieren. Er meint, dass „dort, wo früher Lungenheilstätten standen … sich heute Kurkliniken für die Behandlung psychosomatischer und psychosozialer Krankheiten" befinden. Köster differenziert in drei Gruppen: Ego-, Bumerang- und Giftpfeil-Faktoren, was wir heute als Starter zum Burnout und seinem Zielpunkt Depression interpretieren dürften.

Die beiden nordamerikanischen Autoren Albert S. Bernstein und Sydney Craft Rozen haben sich ebenfalls mit den Vorformen wie Rechthaberei, Gebrauch von Ausreden, Verleugnen von Problemen, Schuldzuweisungen, Perfektionismus und Pochen auf Fairness im betrieblichen Alltag als Boten des Burnouts beschäftigt.

Ich für meinen Teil hatte folgende innere Faktoren (Ausbrennförderer) im Nachhinein ausgemacht:

Ein Überengagement mit großem Verantwortungsbewusstsein, einen superhohen Anspruch an mich selbst und ein Sich-nicht-abgrenzen-können – dann aber auch das Leben an sich mit dem Prinzip Mobilität, was eine Egal-Wirkung auf die Umwelt beinhaltet.

Mehr Reisen fördert bekanntlich automatisch mehr CO_2- Verbrauch, Lärm, Stress etc. Es nennt sich nomadische Perspektive, dies natürlich noch zusätzlich zur bereits bekannten sesshaften Arbeit.

6.2 Was bin ich für ein Typ Mensch?

Meine Persönlichkeitsstruktur war zum einen Teil der Selbstverbrenner, der sich voll für eine Sache einsetzt und keine Aufgabe abgibt, und zum anderen Teil der Verschlissene, der nicht Nein sagen kann und sich in verschiedenen Sachlagen verzettelt.

Ich hatte im Coaching zwölf mögliche Stufen des Burnoutsyndroms kennengelernt und stellte fest, dass ich teilweise bis zu den Rängen 9 oder sogar 10 gekommen war:

1. Drang, sich selbst und anderen Personen etwas beweisen zu wollen
2. Extremes Leistungsstreben, um besonders hohe Erwartungen erfüllen zu können
3. Überarbeitung mit Vernachlässigung persönlicher Bedürfnisse und sozialer Kontakte
4. Überspielen oder Übergehen innerer Probleme und Konflikte
5. Zweifel am eigenen Wertesystem sowie an ehemals wichtigen Dingen wie Hobbys und Freunden
6. Verleugnung entstehender Probleme, Absinken der Toleranz und Geringschätzung anderer Personen
7. Rückzug und dabei Meidung sozialer Kontakte bis auf ein Minimum
8. Offensichtliche Verhaltensänderungen, fortschreitendes Gefühl der Wertlosigkeit, zunehmende Ängstlichkeit
9. Depersonalisierung durch Kontaktverlust zu sich selbst und zu anderen Personen; das Leben verläuft zunehmend funktional und mechanisch
10. Innere Leere und verzweifelte Versuche, diese Gefühle durch Überreaktionen zu überspielen, wie beispielsweise durch Sexualität, Essgewohnheiten, Alkohol und Drogen
11. Depression mit Symptomen wie Gleichgültigkeit, Hoffnungslosigkeit, Erschöpfung und Perspektivlosigkeit
12. Erste Gedanken an einen Suizid als Ausweg aus dieser Situation; akute Gefahr eines mentalen und physischen Zusammenbruchs

Wer je ein ausgebranntes Gebäude gesehen hat, der weiß, wie so etwas aussieht. Ein Bauwerk, eben noch von pulsierendem Leben erfüllt, ist nun verwüstet. Wo früher Geschäftigkeit herrschte, finden sich jetzt nur noch die verkohlten Überreste von Kraft und Leben … Vielleicht ist sogar die äußere Hülle des Gebäudes noch erhalten …

Ich selbst bemerkte dieses „innere Einbrennen", wie ich es gerne nenne, darin, dass es wie eine Wüstenwanderung in der sonnenabgewandten Tallandschaft daher kam. Der Psalmist hatte dieses Bild wohl auch vor Augen, der zu Zeiten der Könige David und Salomo den Psalm 23 dichtete:

> Und wenn ich auch wanderte in finsterem Tal, ich fürchte kein Unheil…

Wo es einen Eingang gibt, gibt es bekanntlich auch ein Ausgang oder Durchweg, je nach Perspektive, die man einnimmt. Mose durchwanderte mehrmals die Wüsten zwischen Ägypten und Palästina und war sich der starken Wirkungen dieser Lebenserfahrungen durchaus bewusst. Er suchte den Ausweg Israels quasi aus der Knechtschaft, im Durchqueren der Wüste und des Meeres ins „Gelobte Land, wo Milch und Honig fließen".

Ich hingegen verbrannte fast an der Feuersäule Gottes (Arbeitsbedingungen und darauf abgestützter Lebensstil), bei der sich Gott in der Bibel zwischen Mose und den Pharao stellte.

6.3 Was will ich wirklich in Zukunft für mich?

Ich hatte im Coaching festgestellt, dass ich an meinem Belastungshaus zu arbeiten habe. Im ersten Beruf bin ich Maurer und Stahlbetonbauer und weiß dementsprechend um das Fundament, die tragenden Teile und das Dach eines Gebäudes. Die eigenen psychologischen Anteile, sich dort auf- und auszubauen und zu integrieren – das erscheint mir künftig wichtig. *Das Leben ist eine Baustelle* ist nicht nur ein Filmtitel, sondern seit ich 1976 als Maurerlehrling arbeitete, mein Lebensmotto. Es gelten bei Veränderungen auf Baustellen immer auch die Konditionen des Zusammenwirkens auf der jeweiligen Lebens-Baustelle, Folgemaßnahmen und Ziele neu zu definieren und dann auch nach Plan umzusetzen. Diesem widmete ich mich letzte Weihnacht, wo der Wunsch nach Veränderung des bisherigen Engagements ganz stark und konkret wurde. Meine Frau unterstützte daraufhin auch das Coaching mit und so kam es, dass der Wunsch, sich in Eigendynamik verselbstständigte. Mir wurde gekündigt, was mich nicht sonderlich traf, da ich im Sinne der selbsterfüllenden Prophezeiung ja auch mit Drahtzieher des Geschehens war. Und meine Frau gab daraufhin nur den lapidaren Kommentar „endlich" ab. Heute bin ich zwar noch nicht komplett vollbeschäftigt, aber ich habe ein Familienunternehmen kennengelernt, bei dem ich partiell mitwirken darf und wo mein Dasein geschätzt wird. Da fühle ich mich richtig gut aufgehoben.

Wenn ich mir mein Haus der Arbeitsfähigkeit, das Belastungen erträglich machen hilft, näher betrachte, so ordne ich automatisch meinen Lebensplan und schaue, wo schwache Anteile in mir sind, die gestärkt gehören. Diese versuche ich baldigst auf ein hohes Niveau zu bringen. Das bedeutet auch Arbeit an den eigenen Befürchtungen und Ängsten sowie Fahrlässigkeiten. Paulus schreibt uns dazu im zweiten Korintherbrief: „Denn weil ich schwach bin, bin ich stark" und gibt dabei zu bedenken, dass das Eingeständnis, Schwäche zu zeigen, besondere Stärke benötigt. Allerdings ist der gegensätzliche Wert in unseren Breitengraden auszumachen, wenn dort nach dem Motto „Nur keine Schwäche zeigen" gelebt wird. Manche unserer Mitmenschen leben nach solchen oder ähnlichen Prinzipen, wie „Auf Biegen und Brechen" und wundern sich dann, wenn Krankheiten und widrige Lebensumstände sie jäh ausbremsen.

Wenn ich also als schwache Person zu Boden gegangen bin, so rapple ich mich doch wieder auf und mache mich zu neuen Zielen auf, wie eingangs die Masada-Geschichte es bereits andeutete. Da Burnout streng genommen kein international anerkanntes Krankheitsbild ist und Probleme in Bezug auf Schwierigkeiten bei der Lebensbewältigung beinhaltet, wird Burnout in einen so genannten „Diagnoseschlüssel" eingestuft. Die Belastungsparameter, die Psychiater dabei auswählen können, lauten:

- Akzentuierung von Persönlichkeitszügen
- Ausgebranntsein (Burnout)
- Einschränkung von Aktivitäten durch Behinderung
- Körperliche oder psychische Belastung
- Mangel an Entspannung oder Freizeit
- Sozialer Rollenkonflikt
- Stress
- Unzulängliche soziale Fähigkeiten
- Zustand der totalen Erschöpfung

Aber wo keine Krankheit, da auch keine Gesundung? Falsche Denkrichtung!

Da es sich um Schwierigkeiten in der Lebensbewältigung handelt, gibt es sicher Wege des Handelns, also Lösungsansätze, die Besserung versprechen.

Ich hatte innerhalb des darauf folgenden Coachings natürlich folgerichtig einige Fragen an meinen Coach, der diese Fragen stets an mich zurückgab. Er war der Ansicht, dass ich es bereits selbst wüsste und ihn nur als Geländer in meinem Gang entlang eines Abgrundes bräuchte. Und wie recht er doch behielt.

Ich nahm mir vor, auf Leib, Geist und Seele zu schauen und zweckentfremdete Moden oder Ticks aufmerksam zu beobachten, danach zu hinterfragen und mit Korrekturmaßnahmen ein neues Gleichgewicht zu finden. So waren viele Spaziergänge in

Wald und Flur, in großen Gartenanlagen und über Friedhöfe neue Bestandteile von entschleunigtem Verhalten bei mir, bevor ich die Familie am Abend ansteuerte. Zu Hause wartete meine Frau meist mit Gartenarbeit, die ich recht widerwillig tat, aber beim Rosenschneiden bemerkte ich, dass ich auch manches von mir zu „beschneiden" hatte. Jedenfalls bewirkte es, dass ich mehr und mehr zu mir zurückkam.

Doch wie soll ich denn nun ein balanciertes, neues Leben ohne Burnout angehen? Ist das überhaupt machbar?

Ich denke, ja. Und beginne damit, nicht immer erreichbar zu sein. Das Mobiltelefon immer etwas weiter weg zu legen und einen Mittagsspaziergang ohne es zu machen. Mitunter ist es reiner Selbstzwang und Einbildung, dass ich immer gleich verfügbar sein muss. In welchem Arbeitsvertrag habe ich das stehen gesehen? Auch Sitzungen können problemlos ohne diese Gerätschaften stattfinden.

Ich denke, es sind die ganz kleinen Veränderungsschritte, die uns aus dem Dunstkreis der Vorboten von Burnout herausfinden lassen.

Dann versuche ich bewusst auch die „Jas", die ich oft ausspreche, zu hinterfragen und einfach mal nicht zu Diensten zu sein, auch wenn es sehr wichtige Termine sind. Ich könnte ja auch durch einen Autounfall, einen Stau oder eine plötzliche Magendarmgrippe abwesend sein.

Hinter jedem Nein steht ein größeres Ja, habe ich einmal an einer Hauswand aufgemalt gesehen und beim Vorbeigehen darüber sinniert.

In Zukunft werde ich mich mehr dem Sport widmen. Schon allein aus dem Grund, um meine angefutterten Kilos wieder in einigermaßen guter Zeit zu verlieren und einen wichtigen Schritt zur Gesundheit getan zu haben. Dann, im Nachgang zum Sport, werde ich eine verloren gegangene Methode wieder aufleben lassen, das Mentale Training. Es kann gut bei Schwierigkeiten im Alltag helfen, die richtige Haltung einzunehmen.

Ein insgesamt besseres Leben verspricht mir auch die sogenannte *Positive Psychologie*, von der ich bereits seit Jahren beseelt
bin und die ich eben nun studieren möchte. Damit, denke ich,
sind sehr viele kleine Anstöße da, die ich mir auf eine Wunsch-
collage aufmale und klebe und an einen Ort hänge, an dem ich
täglich vorbei muss.

6.4 Was will ich wirklich in Zukunft für andere?

Die weitere Fragestellung muss nun eben auch lauten: Was können andere aus meinem Fall lernen, wo wäre auch ein unternehmerischer Profit sichtbar?

Dazu sollten wir uns vorstellen, dass die betriebliche Gesundheit immer nur ein Teil der Gesamtgesundheit ist. Gesundheit
selbst ist die Ressource des menschlichen Lebens, die einen bis
zum Schluss durchs Leben trägt. Die Psyche ist durch die Ver-
strickung mit Leib und Sozialem mit jener untrennbar verbunden. Damit schließen sich Kreise, die sich in der Psychosomatik
wiederfinden. Wenn also psychische Belastungen stärker werden,
werden sie sich automatisch im Körperlichen artikulieren.

Daher ist Gesundheit im Betrieb auch eine der Führungsauf-
gaben, der sich Vorgesetzte zu stellen haben. Wer nämlich den
Krankenstand (Abwesenheiten) und Entlassungen (Fluktuation)
niedrig halten möchte, kümmert sich um sein Personal. Doch
Stresszustände, die mitunter sogar vom Management selbst gene-
riert werden, machen einen durchgehend gesunden Betrieb mit
gesunden Mitarbeitern nahezu unmöglich.

Wenn ich nochmals ein Paulus-Zitat bemühen darf, so deshalb, weil es einen Teamgedanken in sich trägt und zur Freiheit
untereinander ermutigt: „Jeder trage des anderen Last."

Nicht die Macher, Erbauer, Kümmerer, also Einzelmasken sind gefragt, sondern das Team in Projekten und Matrixorganisationen. Und jene setzen klare Ziele und Verantwortungsbereiche, regeln die Rollen und Stellvertretungen und verbessern die Arbeitsorganisation und die Prozesse. Man sollte jedoch auch Hilfe von außen holen.

Die Berufsgenossenschaften von Deutschland, die SUVA und das seco der Schweiz haben Checklisten zur Thematik entwickelt, um den Vorzeichen von Burnout bereits präventiv zu begegnen.

Als EKAS-Sicherheitsfachmann (in Deutschland ist dies die Fachkraft für Arbeitssicherheit) habe ich in gewissen Zeitabständen oder nach gravierenden Ereignissen sogenannte Gefährdungsbeurteilungen im Team mit anderen zu erstellen. Diese sind dann die Grundlage für die eigentliche Risikobeurteilung – graphisch in Gestalt einer Risikomatrix dargestellt – und werden der Geschäftsleitung vorgestellt, die die Restrisiken via Versicherungen abzuwälzen versuchen oder zu tragen haben.

Im Burnoutszenario sind dies folgende Betrachtungsweisen:

Die Einstufung im Gefährdungskataster „Klassifikation der Gefährdungen/Belastungen" ist in der Gruppe 12 „Arbeitsorganisation und psychische Belastungen" auszumachen. Dort dreht es sich dann im Wesentlichen um die Unterfaktoren Organisation, Arbeitsaufgaben, Führung und Arbeitszeiten.

Für künftige berufliche Umfeldern, in denen ich als Sicherheits- und Qualitätsverantwortlicher/Auditor tätig sein werde, habe ich einen Auditfragebogen entworfen, der die Strukturen und das Personal in den Blick nimmt. Der Auditbericht spiegelt Problemzonen, damit wird der IST-Zustand erfasst und per sogenannter *PDCA action list* sind die nötigen Gegenmaßnahmen dann umzusetzen. Damit wird sichergestellt, dass künftig an solchen Arbeitsplätzen nicht alte Muster hin zum Burnout wieder aufbrechen. Die Anwendung beinhaltet aber auch, dass die Geschäftsleitung diese Vorgehensweise befürwortet und unterstützt.

Dass die künftig anzufertigenden Gefährdungsbeurteilungen eine ganz andere, eigene Qualität ausweisen müssen, liegt auf der Hand.

Mir ist dabei wichtig, nicht nur mich, sondern auch die anderen stets in den Blick und Wirkungskreis zu nehmen. Aber ich muss zukünftig aufpassen, dass ich nicht wieder in der Kümmerer-Rolle aufgehe und mich eventuell im alten Muster „empfänglich für Burnout" wiederfinde.

Zum guten Schluss verinnerlichen wir den umgeformten und fürs Leben gedeuteten Psalm 4, der uns Mut und Zuversicht entgegen bringt:

> Wenn es manchmal eng wird im Leben,
>   im Alltäglichen, im Beziehungsgeflecht,
>   im Beruf, in der Familie, in mir.
>   Wenn mir sprichwörtlich danach ist,
>   „das Weite zu suchen",
>   tut es gut, an einen Ort in der Natur zu gehen,
>   und dann:
>   einfach nur dasitzen
>   ins Weite schauen
>   den Wind fühlen
>   die Luft riechen
>   den Atem spüren
>   die Stille hören
>   sich in die Ruhe fallen lassen
>   die Zeit vergessen
>   in mir sein
>   und bei dir
>   mein Gott
>   denn DU führst mich hinaus ins Weite
>   (Ida-Anna Braun, Referentin Frauenseelsorge)

Mögen Sie, geneigte Leser, ebenfalls Ihren Weg suchen und finden und mit neuen Zielen versehen, die Sie nicht selbstausbeute-

risch wieder in die gleiche Falle laufen lassen. So werden Sie gut
gerüstet Ihr Leben in neubedachter Balance meistern.

Eberhard Küpfer, 52 Jahre, Sicherheitsexperte, kam durch viele verschiedene Engagements in eine Burnoutfalle, die er aktiv bearbei-
tete. Er beleuchtete eigene Fehler der Vergangenheit, z. B. das
Er-Tragen von selbstauferlegten Rollen oder auch falsches Loyali-
tätsdenken in steter Verfügbarkeit. Eine Maßnahme, die ihm auf
diesem Weg half, war das bewusste Wahrnehmen von Licht, Luft
und Ruhe im eigenen Rosengarten und im Wald.

7

Nicht nur Promis haben Burnout

Emina Mazak

Gewidmet Milla Sauer, heute, im Jahr 2014, bezaubernde fünf Jahre jung.

7.1 Leise rieselt der Schnee...

Es ist der 20. Dezember. Es ist kurz nach 18 Uhr und ich gehe jetzt nach Hause. Der Stundenzettel sagt, ich habe dieses Jahr circa 2317 h gearbeitet. Eigentlich geht das gar nicht, eigentlich. Ich bin so unendlich müde, dennoch fahre ich auf Hochtouren, komme kaum zur Ruhe. Wir alle haben unfassbar viel gearbeitet und so sehen wir auch aus. Ferngesteuerte Avatare. Dauer-Standby. Mit Leben hat das nichts mehr zu tun.

Ich fahre nach Hause. Es schneit. Wohin man auch schaut, alle sind in fröhlicher Vorweihnachtsstimmung. Ich mag die Adventszeit sehr. Lichter, glückliche Gesichter, freudige Kinderaugen, Zimtdüfte und andere Gewürze versüßen diese Zeit. Weihnachten brauche ich nicht wirklich, aber die Adventszeit mag ich sehr. Während der Fahrt ist das Autoradio immer aus, durch den Schnee ist alles entschleunigt, gedämpft, dennoch rauscht es laut in meinen Ohren.

Meine Katzen empfangen mich mit großen Augen. „Du bist ja schon da ...?", scheinen sie zu sagen. Dose auf, Futter auf den Teller und beiden kurz über den Kopf gestreichelt. Eine wohlbekannte und wohltuende Konstante. Interessiert die beiden aber nicht, Futter siegt immer... Jetzt noch schnell einkaufen gehen? Mir graut vor den Schlangen an den Supermarktkassen. Zwei Tage sind die Läden zu und wir verhalten uns, als würde man uns auf den Uranus schicken. Freunde anrufen und in der Stadt auf dem Weihnachtsmarkt treffen? Mein Gefühl sagt ja, mein Kopf führt es nicht aus.

Die Stille in der Wohnung macht mich irgendwie unruhig. Innerlich bin ich auf dem Sprung. Ich muss runterkommen, habe ja jetzt fast zwei Wochen frei. So lange darauf gewartet und jetzt fast davon überfordert. Kaffee, erst einmal einen Kaffee machen. Einen gefühlten Moment später: Da war doch was – der Kaffee ist unterdessen kalt und mehr als eine Stunde ist vergangen. Ich muss sie wartend vor der Kaffeemaschine verbracht haben. Die Erkenntnis irritiert und befremdet mich, aber ich nehme es so hin, will meinen Mantel wieder anziehen und stelle fest, dass ich ihn noch immer trage. So geht es nicht weiter. Mal schauen, wie es in zwei Wochen ist.

Ich muss hier raus. Die Stille der Wohnung und das Rauschen in den Ohren machen mich kirre. Draußen ist die Luft eisig und herrlich klar, ich höre meine Schritte im Schnee knirschen. Ein schönes Geräusch. Alles ist wie in Watte gepackt. Menschen laufen Richtung Stadtmitte, unterhalten und freuen sich. Ein Nachbar steht vor dem Haus und ich schaue in ein mir bekanntes, freundliches, warmherziges Gesicht. Wir stehen uns gegenüber, an seinen Mundbewegungen sehe ich, dass er zu mir spricht. Tausend Gedanken vom Job, was ich noch alles erledigen muss, was ich eigentlich an den Feiertagen mache, all diese Gedanken rasen durch meinen Kopf und ich höre ihn gar nicht. Irgendwann komme ich wieder bei ihm an und spreche, ohne zu wissen, worauf ich eigentlich antworte, und wünsche ihm und seiner Familie schöne Weihnachten. Ich schließe mich den Menschen an, die scheinbar auch Richtung Weihnachtsmarkt laufen. Hauptsache raus und nicht alleine sein. Der Gedanke, alleine in der Wohnung zu sein, scheint mir geradezu unerträglich.

Je näher ich dem Marktplatz komme, desto langsamer werde ich. Nichts wie raus, war der eigentliche Gedanke. Jetzt, da die Anzahl der Menschen sich verdichtet, merke ich, dass es mir zu viel und zu eng ist. Am Rand, am besten laufe ich am Rand entlang, hole mir eine Bratwurst oder einen Kaiserschmarrn und eine Feuerzangenbowle. Etwas Warmes braucht der Mensch. Wie immer an unserem Stand. Immer die gleiche Stelle. Im Sommer unser Treffpunkt zum Weinfest, im Winter am Feuerzangenbowle-Stand. Vielleicht sind ja Freunde da, darüber würde ich mich sehr freuen. Leider kann ich niemanden entdecken.

Die Geräuschkulisse empfinde ich als ohrenbetäubend, als wäre ein technisches Gerät auf die höchste Stufe gedreht, das Rauschen in meinen Ohren intensiviert das Ganze. Der Gang zwischen den Buden ist unglaublich anstrengend für mich. Ich laufe ein paar Meter und habe das Gefühl, seit Tagen unterwegs zu sein. Wortfetzen in unterschiedlichen Sprachen umgeben mich, Menschen unterhalten sich angeregt, das Kinderkarussell schräg vor mir erscheint mir unfassbar laut. Gestresste Eltern, denn der Sohnemann will in das Feuerwehrauto, das ist aber leider schon besetzt. Tränen. Noch mehr Stress. Ich habe das Gefühl, einen schnell geschnittenen Film zu sehen. Kleine Sequenzen, die am Ende eine eigene Geschichte ergeben. Wie in einem guten Altman-Film.

Jemand rempelt mich an und läuft weiter. Erst jetzt merke ich, dass ich mitten im Weg stehengeblieben bin und dieses Kind am Karussell betrachte. Aber eigentlich will ich nur weg. Ich ertrage diesen Krach nicht, mir ist heiß, meine Ohren explodieren gleich und ich spüre Schweiß auf meiner Stirn. Ich muss hier raus, alles in mir will nur weg. In meiner Wohnung haben mich Stille, innere Unruhe und das Alleinsein aus der Wohnung getrieben, ich hoffte, mich hier nicht einsam zu fühlen. Nicht alleine von gefühlten 240 km/h auf null runter. Jetzt stelle ich fest, von Menschenmassen umgeben zu sein, tut mir ebenfalls nicht gut. Ich fühle mich so kraftlos und unfassbar müde. *Jingle Bells* und *Last Christmas* bis der Arzt kommt, eine Band spielt vor dem Rathaus, rege Unterhaltungen über Belanglosigkeiten, was man sich eben auf dem Weihnachtsmarkt so erzählt. Tolle Wurst, alle in glücklicher Erwartung des Festes, und ich bin der einsamste Mensch der Welt und weiß nicht, ob ich lachen oder weinen soll.

Mit einer Bratwurst zum Mitnehmen und einer Feuerzangenbowle im Pappbecher mache ich mich auf den Heimweg. Einige Menschen schauen mich merkwürdig an. Ein paar Tränen in meinen Augen nehme ich noch wahr, aber es ist ja auch frisch draußen. Das ist bestimmt eine gute Erklärung. Oder lüge ich mir gerade selbst in die Tasche? Es kostet mich sehr viel Kraft, nach Hause zu laufen, habe das Gefühl, ich sei seit Tagen unterwegs. Wieder in meiner Wohnung, mache ich nur das Licht auf der Terrasse an. Dort, in diesem kleinen Innenhofidyll, ist alles dick in Puderzucker gehüllt. Es schneit immer noch und wirkt wie Balsam auf meine Seele. Dicke Schneeflocken fallen ganz still und leise. Es ist wie eine Ruhedusche. Das Licht erhellt einen kleinen Teil der Wohnung.

Couch, Pyjama, Katzen, Fernseher. Wunderbar. Irgendeine sentimentale Vorweihnachtsschmonzette läuft; die kommenden Stunden sind gerettet. Am nächsten Morgen erwache ich auf der Couch, der Fernseher läuft immer noch, eine kalte, runzelige und angebissene Bratwurst finde ich auf dem Esstisch wieder. Bäh. Nicht einmal die Katzen wollten sie.

Ich mache mir einen Kaffee. Während ich vor der Maschine stehe, jagen Gedanken durch meinen Kopf. Innerlich bin ich nervös und unruhig, äußerlich bin ich ruhig und fühle mich einfach nur leer. Das muss sich ändern. Das alles muss sich ändern. Ich kann und will so nicht mehr. Die Frage ist: Wie?

Die Lage spitzt sich zu …

Das neue Jahr beginnt ähnlich stressig, wie das alte Jahr endete. Man soll nicht für möglich halten, wie sich Dinge strudelartig entwickeln können. Wir haben unfassbar viel zu tun, alle sind in Aufruhr. Die Vorzeichen der Wirtschaftskrise sind zu spüren und die Unruhe greift um sich. Ich versuche, meine Mitarbeiter zu beruhigen, so gut es geht, die haben ja auch einen Fernseher und hören Nachrichten. Unsere Kunden trifft es hart, was eine direkte Auswirkung auf uns hat. Wir alle versuchen, Antworten für fragende Augen zu finden. Niemand weiß letztendlich, was passieren wird. Ich habe mich noch nie so abhängig gefühlt. Eigentlich sind wir alle wie gelähmt und warten auf ein Signal, aber wir zeigen es durch Aktionismus. Ein unfassbarer Stress. Raus aus den Kartoffeln und wieder rein in die Kartoffeln. Manchmal ist es wie früher beim *Großen Preis*: Umschlag A, B oder C. Jeden Tag Wahrscheinlichkeiten von den neuesten Nachrichten und politischen Entwicklungen ableiten, analysieren und Szenarien der Kompensation finden. Die Welt scheint sich täglich neu zu erfinden, und irgendwann kann ich es einfach nicht mehr hören. Dann gehen wir jetzt alle unter, ist mir langsam alles eh zu blöd. Unsere Eltern und Großeltern haben Kriege und Hunger über-lebt, Rosinenbomber und Aufbauphasen. Wir nennen es heute Abwrackprämie, Rettungsschirme und Wirtschaftsspritze. Auch wir werden es überleben. Manchmal finde ich diese Entwicklung sogar gesund. Dieses System fährt ohnehin irgendwann an die Wand. Im ersten Quartal befinden wir uns auf einer Achterbahn der Aktivitäten und Emotionen. Hundert gefühlte Excel-Dateien am Tag, immer gleiche Themen in andauernden und endlosen Besprechungen. Bla, bla, bla. Ich kann das einfach nicht mehr ernst nehmen und reagiere irgendwann, wie immer in stressigen Zeiten, mit schwarzem Humor.

In diesen Tagen muss es irgendwann passiert sein. Ich habe den Sinn meiner Arbeit verloren. Je mehr ich versuche, Stabilität zu geben, umso instabiler werde ich. Ich gerate immer häufiger in Störgefühle und habe Probleme, mich mit meinem berufli-chen Umfeld zu identifizieren. Manchmal habe ich das Gefühl, ich stünde neben mir und schaue mir selbst zu. „Was mache ich hier eigentlich?" Diese Frage sollte mich ein paar Monate lang beschäftigen und sich im Herbst zuspitzen. Alles sehr raumein-nehmend. Von den Kräften, die ich täglich abrufen muss, rede ich erst gar nicht.

Die körperlichen Signale werden präsenter. Einen geregelten Schlaf hatte ich gefühlt zuletzt Neunzehnhundert-was-auch-immer. Ich schlafe im Durchschnitt drei bis vier Stunden, den Rest der Nacht liege ich wach und habe Angst zu verschlafen oder wandere hundemüde zwischen Bett, Kaffeemaschine und der Couch in der Wohnung umher. Ein Teufelskreis. Gegen fünf oder sechs Uhr schlafe ich irgendwann übermüdet ein und bin über den Tag hinweg logischerweise wenig fit.

Irgendwann greift diese Kettenreaktion. Die Dinge dauern dadurch natürlich länger, meine Konzentration schwächelt nach einer gewissen Zeit, erste Fehler schleichen sich ein. Da die Dinge länger dauern, verschieben sich sowohl mein Tages- als auch mein Biorhythmus komplett. Es pendelt sich ein, dass ich erst spät zu Hause bin. Wenn ich noch etwas koche, um wenigstens eine normale Mahlzeit am Tag zu haben, bekommt es mir nicht und ich kann deswegen nicht einschlafen.

Aus der Reflexion heraus kompensiere ich, seitdem ich denken kann, Stress über Magen und Darm. Mir schlagen Dinge im wörtlichen Sinne auf den Magen oder werden schwer verdaulich. Irgendwann auf diesem Weg geht nichts mehr. Wir essen unregelmäßig, arbeiten ohne Unterbrechung und meist ohne Pausen durch, teilen uns während der Arbeitsmeetings Familienpizzen oder andere eher ungesunde Sachen. Manchmal komme ich nach Hause und mir ist richtig übel. Kein Wunder, es gibt auch Tage, an denen meine Kollegen und ich nur Kaffee und Kekse zu uns nehmen. Das Rauchen habe ich allerdings nahezu aufgegeben. Die Welt retten heißt, keine Zeit für Raucherpausen zu haben. Wenigstens das ist gut und fehlt mir merkwürdigerweise gar nicht.

Dennoch kommt der Tag, an dem ich einfach nicht mehr kann. Ich habe solche Schmerzen im Bauchraum, dass ich kaum laufen kann. Ich gehe sogar noch in eine Besprechung, die ganze Arbeit soll sich ja wenigstens auszahlen. Das mache ich noch und während ich am Tisch sitze, merke ich, dass es mir immer schlechter geht. Ich nehme nichts mehr wahr, ich spüre einen hohen Druck im Kopf und höre ein unbeschreiblich lautes Rauschen in den Ohren und mein Herz klopft wie verrückt, aber am schlimmsten sind die Schmerzen der Bauchgegend. Meine Brille beschlägt, etwas tropft mir von den Augenbrauen in die Augen und brennt wie Hölle. Ich bin komplett durchnässt, habe das Gefühl des Fallens, stehe irgendwann einfach auf und gehe aus dem Raum. Im Flur laufe ich einer Kollegin in die Arme. Sie bleibt bei mir und informiert den Werksnotdienst. Zwischen Bauchnabel und Knien spüre ich außer Schmerz nichts mehr und bin geerdet, im wörtlichen Sinne. Der Arzt untersucht mich und findet nichts. Welch eine Überraschung. Ich bekomme ein Medikament, damit sich Magen und Darm entspannen – ich erspare Ihnen die Details – sowie die wundervollen wohlmeinenden Worte, ich solle meinen Stress reduzieren. Super, das ist eine gute Idee. Ich werde mir direkt dafür ein Zeitfenster im Kalender blocken. Ich weiß noch, wie ich dasaß und kurzzeitig an aktive Sterbehilfe dachte. Selten war ich so aggressiv in meinem Leben, wie in diesem Augenblick. Es wiederholt und spitzt sich in kurzem Abstand noch einmal zu bis es in meinem Kopf endlich „Klick" macht – Gott sei Dank.

7.2 Man kann erst aufstehen, wenn man gefallen ist

In diesem Zeitraum hinterfrage ich alles – nur nicht mich selbst. Die müssen doch sehen, dass wir nicht mehr können! Nun, im Nachhinein, glaube ich das sogar, aber wahrscheinlich waren sie ebenso überfordert. Dennoch ist es einfacher, zu erwarten, dass die anderen sich (ver-)ändern. Wir sind ja nicht schuld an dieser Situation. Später, erst viel später, wird es im Kopf klarer, dass ich selbst dafür verantwortlich bin, wie es mir geht und wie ich mich fühle. In dieser Phase war dies nicht mehr möglich. Alle Energie wurde in das Jonglieren und Sich-nicht-fallenlassen kanalisiert. Anstrengend und eine absolute Energieverschwendung. In diesem Prozess formen sich erste Gedanken, wie es besser sein könnte. Aber davon später mehr.

Dann kommt der Tag des Aufpralls. Die Wirtschaftskrise spitzt sich zu, wir sind gezwungen, Personal abzubauen. Nach einem Gespräch mit meinem Chef entscheide ich mich dafür, alles loszulassen. Ich bin einfach zu müde und, ehrlich gesagt, mag ich nicht mehr. Keine Lust mehr auf *Täglich grüßt das Murmeltier*. Meine Aufgaben führe ich noch zu Ende. Wir optimieren in einem globalen Team Prozesse, verschlanken Abläufe und lösen die Abteilung auf. Aufgaben verteilt, Abläufe automatisiert, der Auftrag ist somit erledigt.

Auf einmal geht alles ganz einfach, auch wenn es eine heftige Konsequenz hat. Ich verliere alles, was mir wichtig ist – scheinbar. Ich werde in den nächsten Monaten lernen, dass es gar nicht so sein wird. Im Gegenteil. Aber das gehört wohl zum Prozess. Der Mensch hat keinen Schalter und tendiert eher erst einmal dahin, das zu sehen, was er verliert und nicht wahrzunehmen, was er gewinnt. Zumal mir meine Arbeit, Inhalte, Kollegen und Mitarbeiter immer viel bedeutet haben. Mir waren Menschen, die sowohl private als auch berufliche Beziehungen einfach so verlassen können, ohne dass es ihnen etwas ausmacht, äußerst suspekt. Daran wird sich auch in der Zukunft nichts ändern.

7.3 Der Weg aus der scheinbaren Ausweglosigkeit

Nach dem offiziellen Fallen, verfalle ich den üblichen Zweifeln, Grübeleien und Symptomen, die mit solch einer Entscheidung einhergehen. Der Tag verläuft gefühlt wie in Zeitlupe und doch denke ich manchmal, dass die Woche an mir vorbeifliegt. War das die richtige Entscheidung? Wäre es nicht vielleicht bald anders geworden? Übliche Gedanken, wie ich lernen sollte. Ich steige aus, um zu erfahren, wer ich bin, was ich will, wohin ich gehöre. Es macht mich noch müder, und ein paar Wochen lang irre ich mental umher, was mich weiterhin schwächt und innerlich sehr anspannt. Ich könnte mich an die Wand lehnen und bis Weihnachten durchschlafen. Liege ich im Bett, bin ich aber hellwach. In dieser Zeit lese ich viele Bücher, analysiere Möglichkeiten und verwerfe sie wieder. Parallel dazu aktiviere ich einige meiner Ressourcen, strukturiere meine Gedanken– gelernt ist gelernt – und beginne mich langsam neu aus- und aufzurichten. Ich absolviere eine Business-Coach-Ausbildung und bin begeistert. Während der Ausbildung merke ich, wie gut es mir tut, in einer wertschätzenden, respektvollen Umgebung zu sein und wie sehr ich es vermisst habe!

Ich merke zudem, zu welchen Dingen Menschen fähig sind, wenn sie einen Lebenssinn finden und haben. Ich verspreche mir, künftig nur noch sinnstiftender Arbeit nachzugehen. Hohe Ziele, aber wahrscheinlich auch eine normale Reaktion. Ich habe, Gott sei Dank, gute Unterstützung. Dr. Steven Goldner, mein Coach, steht mir wie immer mit Rat und Tat zur Seite. Wir arbeiten seit Jahren miteinander und er ist wahrlich ein guter Sparringspartner in dieser Zeit. Ohne externe Unterstützung wäre das in diesem Tempo nicht möglich gewesen.

7.4 Milla

Meine emotionale Rettung heißt Milla Sauer, die zu diesem Zeitpunkt gerade ein paar entzückende Monate jung ist. Sie lebt mit ihren Eltern im zweiten Stock, ist die kleine Tochter von Freunden und in dieser für mich sehr schwierigen Zeit ein absolutes Geschenk und eine Rettung.

Ich bin es nicht gewohnt, nicht zu arbeiten. Ich mag das Arbeiten sehr, habe Spaß daran, Probleme zu lösen, ein Team um mich zu haben. Ich bin keine Solitärpflanze, aber habe mich doch stetig in dieser Phase meines Lebens sozial isoliert.

Milla interessiert das wenig. Sie erobert mich von der ersten Sekunde an im Sturm. Meine Wohnung ist zum Innenhof verglast. Ein toller Platz. Ich könnte locker einen Tagesplan mit den Anwesenheitszeiten der Bewohner führen. So sehe ich jedes Mal, wenn meine Freunde am Fenster vorbeikommen. Meine Katzen sitzen oft dort und je mehr Milla sich entwickelt, umso mehr reagiert sie auf die zwei Katzen. Eine schöne Beobachtung, immer wieder – und sie müssen immer an meiner Tür vorbei. Die Erdgeschosswohnung erweist sich strategisch als optimal liegende Wohnung.

Milla und ich haben uns gesucht und gefunden. In Gesprächen mit den Freunden vereinbaren wir einen Erdgeschoß-Kümmerer-Dienst auf Abruf. Nach dem Mittagsfläschchen und dem Windeln geht es raus. Ab in den Kinderwagen, egal bei welchem Wetter, raus in die Stadt und ins Grüne. Milla und ich erkunden Wiesbaden. Den Kurpark kennen wir in- und auswendig und auch jede Ente des Parks, und ich meine wirklich jede Ente. Zwei- bis dreimal die Woche gehe ich mit ihr für ein paar Stunden los und wenn ein Wochenende dazwischen ist, verspüre ich tatsächlich schon eine Art von Entzugserscheinungen. Aber: Ich spüre wieder etwas, kehre wieder ins Leben zurück und die Leere schwindet!

Es ist herrlich, so ein kleines Menschlein in seiner Entwicklung begleiten zu dürfen. Mir ist bewusst, dass es ein unbezahlbares Geschenk ist und ich bin unendlich dankbar für diese Zeit. Nicht nur, dass sie es in Sekunden schafft, mich emotional zu erreichen, sie gibt mir meine Struktur, mein Lachen und den Lebenssinn zurück. Ich lerne viel durch sie und weiß wieder, was mir wirklich wichtig ist im Leben. Zugehörigkeit, Wertschätzung, Leidenschaft, Freude, Respekt und nicht zuletzt: Liebe.

Ihre Welt hat eigene Gesetze, eigene Zeiten, entschleunigt, geerdet ohne Rücksicht auf Verluste. Geduld war keine Stärke der letzten Monate. Wenn Milla eine Stunde mit den Enten um die Wette quakt, dann ist das so. Wenn sie sauer ist, weil etwas nicht so schnell geht, dann ist das auch so. Der Name wurde ihr schließlich in die Wiege gelegt. Milla zeigt, was sie fühlt und was sie möchte. Wenn sie ihre Arme ausstreckt und hochgenommen werden möchte, mit meinen Katzen auf dem Teppich spielt und sich an ihnen glucksend erfreut, mit ihren Spielsachen spielt und wir *Rolli Raupe* rauf und runter hören, dann ist die Welt für einen Beziehungsmenschen wie mich in Ordnung und dann kann mich die Wirtschaftskrise aber sowas von.

Wenn ich an meine letzte Arbeit denke, wünsche ich mir, diese Gabe häufiger bei Erwachsenen erleben zu dürfen. Kein falscher Stolz oder persönliche Befindlichkeiten, keine Ängste, gewertet zu werden. Warum ist es so schwer zu sagen, dass wir nicht wissen, wohin die Wirtschaftskrise führen wird? Manager sind auch nur Menschen, wir haben keine Glaskugel auf dem Tisch. Stattdessen werden wir zu Tode trainiert, „professionell" mit Emotionen umzugehen. Dabei ist das so ziemlich die letzte menschliche Regung, die uns zur Verfügung steht und dieses Wegtrainieren aus meiner Sicht ist absolut kontraproduktiv.

Ich lerne das globale Wort für Stress: Maxi Cosi. Haha. Aber auch ganz einfache Dinge, zum Beispiel, dass man in Folie eingeschweißte Karamellkekse-zum-Milchkaffee nicht zwangsweise auspacken muss. Man kann sie auch geduldig immer wieder zwischen den kleinen Fingern zerquetschen. Und da so kleine Zwerge erst mal alles in den Mund schieben, kann die Keksmasse auch ganz locker durch ein Miniloch gesaugt werden und so zur absoluten Verzückung und Glückseligkeit führen. Das Leben ist letztendlich simpel. Es wäre eine super Übung für scheinbar ausweglose Situationen in Wichtiges-Management-Meetings. Milla for President!

Bin ich mit Milla zusammen, denke ich keine Minute an Arbeit. Allein der Augenblick zählt und der neue Blickwinkel, den sie mir ermöglicht. Ich lebe einfach nur und das ist schlichtweg wundervoll. Ich finde in meine Mitte zurück und werde täglich ausgeglichener. Menschwerdung 2.0 made by Milla.

7.5 Rückgewinn einer Struktur

Zeit für Reflexion und Tabula rasa. Wie konnte es so weit kommen? Was ist eigentlich passiert?

Ich nehme mir einen Zettel und schreibe schonungslos auf. Keine Zeit und Lust für Ausreden und Mauscheleien. Eigentlich geht das doch seit Jahren so. Tempo, Tempo, Tempo. Stetiger beruflicher Aufstieg mit immer neuen Aufgabenstellungen, eine Basis gibt es nicht mehr, wir sind jetzt global und virtuell. Lernen, Abrufen, Machen. Ich erkenne – leider – immer wiederkehrende Denk- und Handlungsmuster. Der Fairness halber muss ich sagen, dass es auch Spaß gemacht hat und ich durchaus belastbar bin, aber eben nicht konstant über Jahre hinweg mit ansteigendem Druck. Irgendwann ist der Akku leer. Unser Telefon legen wir wie selbstverständlich jeden Abend in die Ladestation, nur mit uns gehen wir anders um. Gerade so viel aufladen, dass der nächste Tag gemeistert werden kann. Ich bin für mindestens fünfzig Prozent der Auswirkungen auf mich selbst verantwortlich, ich habe es ja zugelassen. Ich beschreibe viel Papier, streiche wieder, Finger tiefer in die Wunde, verfeinern und analysieren. Das Fazit ist ein Wunschzettel und Themenfahrplan für die Zukunft. Entwicklungsfelder mit Zieldatum. Jetzt geht es an die Umsetzung.

Ich durchlaufe zwei analytische Verfahren: zum einen die Lifeperformer® LSI-Analyse, die mir hilft, ein Bild von meiner gefühlten Situation zu machen und die Grundlage meines eigenen Coachings ist. Zum anderen ein psychometrisches Verfahren von profilingvalues®. Letzteres zeigt mir die Talentlandkarte meiner Eigenschaften, Fähigkeiten und Wirkungsbereiche. Es zeigt mir auch, was ich immer schon gefühlt habe, aber schwer formulieren konnte. Erst jetzt begreife ich – im wörtlichen Sinne – was in meiner Arbeit einen Wert für mich hat und was mir wichtig ist – und das sind keine Zahlen. Ich bin ein Mensch-Mensch, kein Zahlen-Mensch. Dieses Zulassen einer scheinbaren Schwäche wirkt durch den Analysebericht befreiend und ich ertappe mich dabei, dass ich rückblickend manchmal mit dem Kopf schüttele. Was man nicht alles macht, um beruflich weiterzukommen, bzw. was man denkt, machen zu müssen. Ich war demnach beruflich auch in Bereichen tätig, die ich zwar interessant und spannend fand, die aber nicht mein komplettes Potenzial ausschöpften. Eine wichtige Erkenntnis auch hinsichtlich des Burnouts, denn ich konnte ja immer spüren, was mich trägt bzw. weiterbringt und was nicht. Ein super Ergebnis! Aber meine beruflichen Stationen haben mich auch gefördert, mir vieles ermöglicht, mich wachsen und Erfahrung sammeln lassen. So viel Fairness muss sein – und letztendlich sind diese Erfahrungswerte ebenfalls von großer Bedeutung.

Fazit: Alles, was mir gut tut, darf und soll bleiben. Alles, was mir nicht gut tut, kommt weg. Einige Bereiche werde ich die kommenden Wochen beobachten und situativ neu bewerten und entscheiden.

Das Schreiben hat mir geholfen, die für mich wichtigsten Lebensbereiche zu erkennen. Geschriebenes Wort, schwarz auf weiß, hilft immer und bekommt so eine andere Sichtbarkeit und Bedeutung. Als Ergebnis der Erkenntnisse stehen meine persönliche Entwicklung, mein soziales Umfeld, die Beziehung zum Partner, Freunde und Familie, Fitness, Ernährung, Schlaf und berufliche Ausrichtung auf der Liste. Ist ja jetzt ganz einfach. Schön wär's.

7.6 Persönliche Entwicklung

„Was will ich zukünftig tun?", ist die zentrale Frage. Will ich wieder in eine Anstellung oder nehme ich das alles als Chance wahr, etwas Neues zu machen? Meine Entscheidung ist schnell gefällt.

Ich will als Business Coach arbeiten, am liebsten freiberuflich. Ich möchte nicht mehr in ein starres System, brauche Platz um mich. Möchte nicht mehr den Fokus auf das Zahlenjonglieren legen müssen, ich möchte mit Menschen arbeiten. Ich habe in den letzten Wochen viel über mich gelernt.

Wenn ich um mich schaue, sehe ich viele Menschen, die an einem ähnlichen Scheideweg stehen oder auf selbigen zulaufen, sowohl im Kollegen- als auch im Freundeskreis. Ich will das nie wieder. Aus diesen bewussten Entscheidungen FÜR etwas, lässt sich etwas machen, und genau das setze ich mit Hilfe meines Coachs um. Ich beschäftige mich intensiv mit meiner Zukunft. Businessplan erstellen, alles auf Herz und Nieren prüfen und loslegen. Ich verspüre Energieschübe, von denen ich nicht mehr zu träumen wagte. Unglaublich, vor ein paar Wochen dachte ich noch, ich käme nicht mehr auf die Beine. Es gab gefühlt keine Perspektive und Ausrichtung für mich. Ich habe so viel Energie benötigt, um etwas Negatives zu ertragen, jetzt wird diese Energie frei für etwas Positives und ich sprudele vor Ideen und Tatendrang. Schön langsam, nicht von einem Extrem ins andere springen. Schritt für Schritt – in einem gesunden Tempo. Manchmal halte ich mich sogar daran. Gar nicht so einfach, meine alten Denk- und Handlungsmuster abzulegen.

Gerate ich wieder in mein gewohntes Denk- und Handlungsmuster, reduziere ich sofort die Geschwindigkeit. Schaue mehr hin. Was führt mich zu meinem Ziel und was hindert mich daran? Warum komme ich immer wieder am gleichen Punkt an, wofür steht das eigentlich? Was passiert, wenn alles so bleibt, wie es gerade ist? Spätestens bei dieser Fragestellung rebelliert alles in mir. Nein. Das will ich auf keinen Fall. Es ist keine Schande, eine falsche Entscheidung zu treffen. Schlimm ist es, eine einmal getroffene falsche Entscheidung nicht zu revidieren. Es ist mein Leben, niemand weiß besser, was gut für mich ist, schon gar nicht nach dieser Erfahrung.

7.7 Soziales Umfeld

Meine Freunde waren und sind mein Anker. Wenn man aus einer Patchworkfamilie kommt, dann sind Freunde noch wichtiger als normalerweise. Ich bin schon immer ein geselliger und kommunikativer Mensch gewesen und das soll auch so bleiben. Das letzte Jahr hat jedoch sehr viel Kraft gekostet und ich habe mich zurückgezogen, auch, um einige nicht zu überfordern. Zurückgeblieben ist der innere Kreis, die Konstante, der Anker. Zu erkennen, dass der Lauf der Dinge manchmal nicht aufzuhalten ist, dass sich Wege manchmal trennen, fällt mir schwer und macht mich auch traurig. Ich stelle aber fest, dass auch einige der ehemaligen Freunde mit meiner Situation scheinbar nicht umgehen können und auch ausreichend mit dem eigenen Leben und Alltag beschäftigt sind. Es gibt keine Konflikte, Aha-Momente oder ähnliches, es gibt nur Entwicklungen in unterschiedliche Richtungen, ob wir das wollen oder nicht. Es hat sich gezeigt, auf wen ich mich verlassen kann, auch wenn es mir mal schlecht geht. Dafür bin ich dankbar.

Die Wahrnehmung meines Umfeldes ist ohnehin so, dass mich nichts aus der Bahn werfen kann und mir so etwas einfach nicht passiert. Woher diese Wahrnehmung auch stammt, ich weiß für mich genau, dass es mit mir nichts zu tun hat. Das war schon immer so. Als Kind einer Alleinerziehenden, im ehemaligen Jugoslawien geboren und mit zehn Jahren nach Deutschland gekommen, ohne ein Wort Deutsch zu sprechen. Es gab keinen Raum für Schwächen oder Fehler. Sehr vieles, was ich gar nicht wollte, wurde auf mich projiziert, aber letztendlich kenne ich nichts anderes. Überleben und sich dem System anpassen, sich integrieren. Das waren stete Wegbegleiter, seitdem ich denken kann. Ich wurde immer über meine erbrachte Leistung bewertet. Das sind sicherlich Eigenschaften, die sich bis in die Gegenwart zogen und auch künftig präsent sein werden. Die Wahrnehmung, dass ich immer wieder aufstehe, oder besser gesagt, erst gar nicht falle, aktiv nach Lösungen suche, sehr viel Kraft und Dynamik habe, ist aus der Fremdbetrachtung heraus sicherlich nachvollziehbar. Das stimmt auch, aber auch ich habe nur eine Batterie, die mal aufgeladen werden muss. Burnout sei Dank, lade ich sie nun regelmäßig auf.

Ich habe bewusst aufgeräumt. Einige Bekannte habe ich lange nicht mehr gesehen und auch nicht mehr gehört. Wenn ich mich melde, haben wir Kontakt, ansonsten nicht oder nur ganz wenig. Wir sind so weit voneinander entfernt, dass ich mental nicht mehr andocken kann. Ich schreibe wieder Listen. Es bleiben drei Gruppen übrig. Freunde, Bekannte, Familie. In diesen drei Gruppen gibt es Untergruppen: bleibt, bekommt noch eine Chance, verabschieden.

In der Liste der Freunde stehen acht Namen. Dadurch fühle ich mich unendlich reich und sehr berührt. Diejenigen, die ich gerade noch so bei mir sehe, rufe ich an. Einige Gespräche sind gut, andere befremden mich und machen die Entscheidung leichter. Den anderen schreibe ich, um mich mitzuteilen. Bewusst, in Ruhe, mit der Hand und persönlich geschrieben – keine schnelle Email. Einige melden sich zurück und sind betroffen, einige antworten nicht – sie landen direkt in der Verabschieden-Liste. Ein paar haben gerade eigene Themen und wir einigen uns darauf, dass wir uns wertschätzen, aber andere Dinge Priorität haben. Sollten sich unsere Wege wieder kreuzen, freuen wir uns, wenn nicht, wünschen wir uns alles Liebe und Gute und lassen uns los. Ich dachte, es wäre viel schwerer. Manchmal bin ich traurig und gehe in dieser Zeit alte Gedankenbücher durch. Notizen der Vergangenheit und eines Lebens, Fotoalben mit allen Unfassbarkeiten der letzten Jahre. Einiges ist so weit weg, dass es mir nur noch ein Schmunzeln abringt. Bei anderen Dingen hoffe ich, sie werden nie in andere Hände geraten. Alleine die modischen Absurditäten der 80er und 90er Jahre machen mich auf Jahre erpressbar. Grundsätzlich eine wertvolle Reise in die Vergangenheit. Bei einigen Personen suche ich wieder den Kontakt, denn auch ich hatte mich von einigen zurückgezogen. Wir nähern uns wieder an, langsam und Schritt für Schritt. Gar nicht so einfach, wie wir dachten. Es ist so viel passiert in den Jahren. Einerseits ist man sich sehr vertraut, andererseits haben wir unterschiedliche Entwicklungen genommen und manches kann man sich so gar nicht vorstellen, da es nicht ins „alte" Bild passt.

Die Familie war schon immer ein schwieriges und intensives Thema. Verstreut und im eigenen Leben verhaftet, mit den eigenen Sorgen bestückt. Die Auswirkungen des Balkankriegs in meiner ehemaligen Heimat, die Kriegsgefangenschaft meines Onkels, die Sorgen, Nöte und Perspektivlosigkeit meiner dort lebenden Angehörigen, die Krebserkrankung meiner Mutter und deren Auswirkungen. Viele Themen, die Mitklingen und Mitschwingen, aber ganz wenige Dinge können wir dabei kontrollieren. Das Leben ist nicht immer planbar. Familie bleibt immer – egal wie sie gelebt wird und egal, wie schwer es ist.

7.8 Beziehung

Meine Beziehung und für mich große Liebe scheitert in dieser Zeit. Eine Zeitlang war diese Verbindung der wichtigste Anker, gab mir Kraft, Geborgenheit, Identität, Perspektive, ein mentales Zuhause – und vor allem Liebe. Lange war ich glücklich und ausgefüllt. Fühlte mich verstanden und zugehörig. Es ist unglaublich ernüchternd und erdend zu erleben, dass Liebe nicht immer reicht. Zwei Menschen, Fernbeziehung, beide unter beruflichem Dauerstress, kein gemeinsamer Alltag, unterschiedliche Ziele und emotionale Nähe, kein Raum und keine Zeit für gemeinsame Entwicklung. Unendlich traurig, bedauerlich und einfach nur furchtbar, den Menschen loslassen zu müssen, der mir so viel bedeutet. Das wirft mich wieder einige Schritte und auf den Boden der Tatsachen zurück und ich werde emotional noch sehr lange brauchen, um das gedachte Loslassen auch emotional zu schaffen. Jeder weitere Kontakt eine neue Wunde, die versorgt werden muss.

Einen klaren Schnitt schaffe ich nicht. Ein sehr schwieriger Prozess. Es wird Jahre dauern, mich wirklich damit abzufinden. Leichtfüßig gelingt es nicht, aufgrund der widrigen räumlichen, emotionalen und zeitlichen Umstände. Es wurden Spuren hinterlassen, die ich vermisse und merke, wie tief sie wirken. Heute noch. Aber was nicht ist, ist nicht. Eines der bittersten Erkenntnisse.

7.9 Fitness

Dank Milla bin ich mindestens drei Mal die Woche für mehrere Stunden an der frischen Luft unterwegs. So ein Kinderwagen ist ein gutes Fitnessgerät. Mein normaler Gang ist schon schnell und dann noch einen Kinderwagen zu schieben, ist eine super Ergänzung. Ich habe es tatsächlich mit einem Schrittmesser zusammengetragen: Dank Milla laufe ich wöchentlich so in etwa 20 bis 25 km. Wenn ich nach Hause komme, bin ich erst einmal platt. Wenn man jahrelang zwischen 9 und 10 h im Büro meist sitzend verbrachte, dann ist so ein Wechsel gar nicht so trivial. Ich kaufe mir ein Fahrrad, Fitnessstudios sind nicht meins. Eine Horrorvorstellung, auf irgendeinem Gerät herumzuturnen und keinen Zentimeter vom Fleck zu kommen. Ich bin kein Hamster und am Rad gedreht habe ich die letzten Monate wahrlich genug. Autogenes Training empfiehlt mir eine Bekannte. Ich versuche ja immer alles, bevor ich mich final entscheide. Hier geht es schnell, nach fünfzehn Minuten gehe ich wieder. Ich weiß nicht, was mich aggressiver macht: Die Teilnehmer oder die Dame, die mir die ganze Zeit in einer fast pastoralen Stimme gebetsmühlen-artig Ratschläge vorbetet, wie ich mich ihrer Meinung nach fühle und sie ja mit „solchen wie mir" super erfahren sei. Bevor ich innerlich explodiere, verabschiede ich mich wieder, auch wenn mir viele ungläubig hinterherschauen. Man muss nicht alles ertragen. Ich weiß mehr denn je, was ich nicht mehr will. Ich gehe lieber mit Milla los, fahre mit dem Rad am Rhein entlang oder laufe durch die Weinberge des Rheingaus.

7.10 Ernährung

Ich habe mich irgendwann durch Zeitmangel dahingehend konditioniert, nur eine Mahlzeit am Tag zu mir zu nehmen. Kulturell komme ich aus einem Land, in dem Frühstück kaum existiert. Mein Frühstück besteht meist aus zwei doppelten Espressi, wenn ich Lust habe, einem Trinkjoghurt oder einem Glas kalter Fruchtmolke. Fertig. Meine Hauptmahlzeit habe ich jahrelang, auch durch Arbeitszeiten bedingt, insbesondere durch die elf Jahre Dreier-Schichtdienst, in die Mittagsstunden gelegt. Mein Körper hat sich daran gewöhnt und geht mit dieser Minimalzufuhr dementsprechend um. Ab ins Depot. Ich habe nach den elf Jahren Schichtdienst weitere Jahre gebraucht, einen normalen Tagesrhythmus zu finden und bin immer noch nicht wirklich angekommen.

Eine Bekannte erzählt mir von Metabolic Balance. Ich bin keine Freundin von Denkverboten und starren Systemen. Langfristig bedarf es einer hohen Disziplin, und ich kenne mich gut, das ist nichts für mich, da ich auch gerne mal gegen starre Regeln rebelliere. Außerdem, wenn der liebe Gott eine schokoladenfreie Welt hätte haben wollen, warum hat er für die Zutaten gesorgt und warum „quadratisch, praktisch, gut" zugelassen? Böse, wirklich böse.

Dennoch beschäftige ich mich intensiv damit und es macht ja auch alles Sinn. Mein Arzt begleitet mich und wir beginnen das Programm. Ich soll mich auf eine längere Zeit einstellen, der vorhandene Biorhythmus sei nicht so einfach nach Wunsch zu regulieren. Er lacht immer und erklärt mir, dass ein Motor ja auch seinen Treibstoff braucht und ich wahrscheinlich mein Auto immer auftanke. Schlaumeier.

Blut abnehmen und untersuchen lassen. Danach erhalte ich von meiner Betreuerin eine Positiv-Liste, Nahrungsmittel, die sich förderlich auf meinen Stoffwechsel auswirken sollen. Oh Mann, ich bin ja sooo glücklich. Schnell den Ironie-Knopf wieder aus. Wow! Gefühlt bleibt erst mal gar nichts übrig. Ungefähr neunzig Prozent meiner Lieblingsobstsorten sind nicht auf der Liste. Ich lebe ja fast nur davon, das wird schwierig, es sei denn, ich versuche mental, Zitrone und ähnliche Früchte in Aprikosen und Beeren zu verwandeln. Einige Gemüsesorten verschwinden ebenso. Kohlenhydrate- und Fleischverzicht bzw. Verlagerungen empfinde ich als nicht schlimm. Ich kann wunderbar ohne Nudeln leben, Kartoffeln vermisse ich manchmal, Reis darf ich ja. Solange Fisch auf der Speisenkarte bleiben kann, ist alles gut. Was nach absolutem Verlust aussieht und sich auch so anfühlt, wird in der Reflexion sinnvoll. Sowohl Obst- als auch Gemüsesorten, die nicht mehr auf der Liste stehen, vermisse ich oft aus der Gewohnheit, aber wenn ich reflektiere, erinnere ich mich daran, dass es mir nach dem Verzehr manchmal nicht gut ging.

Ich bin Selbstversorgung schon von den Großeltern und Eltern gewohnt, Obstbäume und Gemüsegärten, wohin das Auge schaut, und daher empfinde ich die Einschränkung in einigen Bereichen als einschneidend und fragwürdig. Wir haben jahrzehntelang so gelebt und manches kenne ich nicht anders. Aber ich versuche es, ich kann ja zu jeder Zeit aufhören.

Zwei Wochen keine Fette. Ich verfluche anfangs oft den Tag, an dem ich mich dafür entschieden habe. Eine Küchenwaage ist mein neuer Freund. Achtzig Gramm hiervon, hundert Gramm davon. Das sind achtzig Gramm!? Anfangs dachte ich, ich würde verhungern – nicht wirklich. Im Gegenteil. Ich erfahre etwas, was ich seit Jahren nicht mehr kannte. Ich weiß jetzt wieder, was Hunger ist! Ich darf zwischen den Mahlzeiten nichts essen und wenn annähernd fünf Stunden herum sind, könnte ich gefühlt ein halbes Pferd mit Pommes essen. Schade aber auch, beides steht nicht auf der Positiv-Liste. Im Supermarkt laufe ich herum und lese Inhaltsangaben. Ich kann ja kaum etwas essen! Überall versteckte Inhaltsstoffe, Zucker, Stärke und was sonst noch so drin ist.

Bewusstes Einkaufen, bewusstes Zubereiten, bewusstes Essen. Ich kann jetzt ein 1A-Fischfilet ohne Fett und nur mit Zitronensaft kross braten! Ab und zu dürfen Kohlehydrate in Form von Reis, Nudeln oder Kartoffeln mit auf den Tisch. Drei Mahlzeiten am Tag, keine später als 19 Uhr habe ich mir vorgenommen und halte mich daran. Nach der ersten Woche gewöhne ich mich langsam daran und es geht mir gut! Nein, es geht mir sehr gut! Ich fühle mich fit. Gelüste auf Süßigkeiten verschwinden fast komplett. Nur an die Kaffeereduktion kann ich mich schwer gewöhnen, das fehlt mir sehr und ist für so eine Kaffeetante wie mich ganz schön heftig.

Ich stehe früh auf, um den Rhythmus darstellen zu können, was zur Folge hat, dass mein Tag eine Struktur bekommt. Ich reguliere immer mehr meinen Biorhythmus und es wirkt sich sehr positiv aus. Vor allem auf meinen Schlaf.

7.11 Schlaf

Schlaf, vor allem das Einschlafen, war immer das Schwierige. Bis ich einschlafen konnte, vergingen manchmal Stunden. Abendrituale, zum Beispiel immer noch im Bett ein Kapitel eines Buchs oder Magazins zu lesen, waren fest etabliert. Meist las ich eine

Stunde, egal wann ich zu Bett ging, erst dann wurden die Augen und der Geist wirklich müde.

Ich lerne eine Kinesiologin kennen, die mir von ihrer Arbeit und deren Wirkung erzählt. Für mich hört sich das alles nach Hokuspokus an, aber in der Not versucht man ja viel. Wir treffen uns und ich habe meine erste *Balance*, keine Behandlung, eine Balance. Davon geht die Kinesiologie aus, dass etwas in der *Imbalance* ist und wieder ins Gleichgewicht kommen soll. Tja, wenn's schee macht.

Dann passieren ganz merkwürdige Dinge: Ich muss trinken, ganz viel Wasser trinken. Dann wird kurz an den Haaren gezogen, Muskeltest, wieder trinken. Ich bekomme viele merkwürdige Fragen gestellt. Dann auf die Liege, ich bin so müde und erschöpft. Aha, wir streichen an den Energiebahnen entlang. Na dann, nur zu, denke ich mir. Glauben kann ich noch nicht wirklich daran und ich fühle mich irgendwie komisch. Ich werde immer müder, obwohl ich innerlich unruhig bin. Was ist das alles? Muskeltest, Meridiane, Energiebahnen? Immer wieder an den Energiepunkten entlang.

Dann werde ich davon wach, dass mich die Kinesiologin weckt. Ich bin einfach eingeschlafen. Unfassbar. Ich bin so unglaublich müde und habe das Gefühl, der Weg ins Hotel ist unendlich lang. Es ist am helllichten Tag gegen 17 Uhr. Ich lege mich hin, da ich meine Augen nicht mehr offen halten kann. Als ich wieder wach werde und auf die Uhr schaue, zeigt sie sieben Uhr. Ich habe Hunger, dusche schnell und gehe danach ins Hotelrestaurant. Es duftet nach Brot und Brötchen. Merkwürdiges Abendessen. Nach ein paar Minuten wird mir klar, dass es das Frühstücksbüffet ist und ich durchgeschlafen habe! Ich kann es kaum glauben und bin einfach nur sprachlos. Was auch immer die Kinesiologin gemacht hat, weiß ich nicht, aber ehrlich gesagt, ist es mir egal. Ich könnte heulen vor Freude und spüre auch in den Augen, dass ich gleich weinen muss. Gefeiert habe ich es mit einem ausgiebigen Frühstück. Die anderen denken bestimmt, am Nachbartisch sitzt eine Irre. Alleine, grinst, summt ein Lied und freut sich, worüber auch immer, irgendwie doof. Seitdem schlafe ich jede Nacht durch, und das für mindestens sieben Stunden am Stück. Ich bin jeden Abend richtig schwer und schlaftrunken. Herrlich!

Das neue Ernährungsprogramm verstärkt den Rhythmus noch und ich bin jeden Morgen einfach nur dankbar. Menschen, die nicht wissen, was es bedeutet, nicht schlafen zu können, werden das hier nicht verstehen. Seien Sie froh, es ist die Hölle. Schlafentzug ist ja nicht umsonst eine Foltermethode. Die Rituale brauche ich nicht mehr. Wenn ich Glück habe, schaffe ich ein paar Seiten eines Buchs, von Kapiteln kann keine Rede mehr sein. Einmal schrecke ich auf, weil mir mein Buch aufs Gesicht fällt. Ich streiche dieses Ritual.

7.12 Fazit

Annähernd drei Jahre später geht es mir gut, es geht mir sogar sehr gut. Einen Burnout möchte ich nie wieder erleben, denke aber auch, dass das nie wieder vorkommen wird. Ich habe meine Lektion gelernt.

Letztendlich habe ich circa sechs Monate benötigt, um wieder vergleichbar in die Handlung zurückzufinden. Mir geht es also schon seit Längerem wieder sehr gut.

Rückblickend empfinde ich mein Burnout als absolutes Geschenk. Warum das so ist, fällt mir manchmal schwer zu beschreiben und ich treffe oft auf ungläubige Reaktionen. Es hört sich trivial an und wahrscheinlich ist es auch so. Ähnlich wie bei der Kinesiologie habe ich das Gefühl, wieder im Gleichgewicht zu sein. Ich bin überzeugt davon, hätte mich dieses Phänomen nicht ereilt, hätte ich wahrscheinlich nie diesen Pfad verlassen und würde immer noch in diesem für mich ungesunden System stecken. Ich hätte wahrscheinlich meine Positionen und Rollen im Management weiter ausgeübt. Vielleicht hätte ich nach Auftragsende den Arbeitgeber gewechselt, aber wahrscheinlich nach Alternativen mit gleichen Inhaltsfeldern gesucht. Sehr wahrscheinlich hätte ich den Ursachen meiner Erschöpfung lediglich eine neue Postleitzahl gegeben. Insofern bin ich dem Burnout sehr dankbar, dass es mir diese Nachrichten und Stolperfallen schickte. Eine einfache E-Mail scheint nicht ausreichend gewesen zu sein.

Es war ein langer, harter und manchmal steiniger Weg. Die schlimmste Erkenntnis von allen ist, dass einem niemand helfen kann. Man muss den Weg alleine gehen, das Tal durchlaufen, Schritt für Schritt. Das eigene System begreifen, verstehen bis es „Klick" macht. Aus eigener und Kundenerfahrung kann ich sagen, dass es ab dann sichtbar und spürbar vorwärts geht. Dennoch möchte ich meinen Burnout nicht missen. Er hat mich wieder zu mir geführt. Man muss selbst entscheiden, wer man sein möchte, wie man leben und arbeiten möchte. Eigenverantwortung ist nicht delegierbar.

7.13 Meine heutige Tätigkeit

Nach meinem Burnout war ich drei Jahre als freiberufliche Unternehmensberaterin und als Business Coach tätig. Während dieser Zeit habe ich mich in den von mir durchlaufenen Analysetools sowohl ausbilden, als auch zertifizieren lassen und bin offizielle Partnerin dieser beiden Unternehmen. Als Partnerin der Lifeperformer AG leite ich das Wiesbadener Institut. Neben Burnoutprävention habe ich mich auf Business Coaching im Bereich Karriereberatung, Talententfaltung und Outplacement spezialisiert. Letztere Kombination ist besonders spannend.

Ich liebe meine Arbeit. Nichts ist so erfüllend, wie einen angeschlagenen Menschen dabei zu begleiten, dass er sich aus eigener Kraft wieder aufrichten kann. Ihm zu helfen, sein Talent und Potential zu erkennen, davon zu lernen und Maßnahmen abzuleiten. Altes loslassen, damit Neues entstehen kann.

Anfangs dachte ich, es sei nicht gut, meinen Klienten von meinem Burnout zu erzählen. Ich wollte nicht den Eindruck erwecken, es würden Parallelen gezogen werden oder die Klienten müssten sich für den gleichen Aus-Weg entscheiden. Schon gar nicht sollten sie sich unter Druck gesetzt fühlen, es ebenfalls in sechs Monaten schaffen zu müssen. Darum geht es nicht. Ganz und gar nicht. Ich habe aber gelernt, dass mich mitzuteilen außerordentlich hilfreich ist. Sehr viele Menschen habe ich unterdessen gesprochen, andere direkt als Business Coach beraten und unter Einsatz der beiden Werkzeuge unterstützend begleitet.

Mit meinen Klienten bin ich sehr transparent, teile meine Erfahrungen auf Wunsch und wenn es nötig und angebracht ist. Ansonsten hat jeder seinen Raum und seine Zeit. Primär habe ich gelernt, dass jeder Burnout individuell ist. Jeder Mensch hat seine eigene Zeit, sein Tempo und seine individuellen Ursachen. Und Treiber. Darauf konzentriere ich mich in meiner Arbeit.

Zu meinen Beratungsschwerpunkten gehören Personal- und Organisationsentwicklung, Führung, Coaching, Betriebliches Gesundheitsmanagement, Gesundheitsförderung, sowie Stressmanagement und Burnoutprävention.

Meine Kunden in der Burnoutprävention erinnern mich oft an mich selbst. Bei einigen kann ich den Verlauf erkennen, andere stehen noch am Anfang. Einige sind kurz vor dem Zusammenbruch und bekommen es nicht mehr mit. Das kenne ich aus eigener Erfahrung ja sehr gut. Wieder andere versuchen zu jonglieren und suchen nach alternativen mentalen Krücken. Versuchen, immer noch alles möglich zu machen.

Ich kenne die Erklärungen und Ablenkungen aus eigener Erfahrung gut, insofern habe ich vollstes Verständnis für meine

Kunden. Es ist ein sehr schwieriger Prozess. Scheinbar keine Alternative oder eine neue Perspektive zu haben, ist in der heutigen Arbeitswelt auch durchaus für viele Arbeitgeber ein willkommenes Druckmittel. Es gibt Bereiche, in denen man sich nur wundern kann, wie das System überhaupt noch funktioniert, zum Beispiel in den Pflegeberufen.

Gott sei Dank steigt die Zahl der Unternehmen, die begriffen haben, dass Druck keine adäquate Antwort auf das individuelle Erschöpfungssyndrom ist. Selbst die Politik geht in diese Richtung und einige Prominente haben sicherlich dazu beigetragen, dass die Wahrnehmung auf dieses Phänomen eine andere ist.

Die Generation X, sprich: meine, ist noch mental in diesem Leistungs-Denk-System verhaftet, begreift jedoch, dass sie die nächsten 20 Jahre so nicht überleben wird, geschweige denn, dass sie so leben will.

Ich hoffe, dass meine Geschichte Ihnen helfen konnte, eigene Gedanken zu erlauben. Vielleicht erkennen Sie Parallelen oder ähnliche Auffälligkeiten? Ich hoffe auch, dass es Ihnen ein wenig Mut macht und Sie ein wenig Kraft tanken konnten. Schritt für Schritt ist alles möglich. Wer soll Sie denn aufhalten? Schlimmer als im Burnout zu stecken, geht nicht. Sie haben es in der Hand.

Schicken Sie Ihre Angst zum Kelleraufräumen, oder denken Sie sich etwas anderes aus. Wir alle haben keine Glaskugel auf dem Küchentisch, was vor uns liegt und die Zukunft bringen wird, wissen wir nicht. Aber wir wissen, was wir heute haben. Wenn uns das nicht gut tut, warum soll es so bleiben? Sie können nicht scheitern, nur lernen. Wenn es nicht passt, dann wird wieder von vorn angefangen.

Um nun noch einmal zu Milla zurückzukehren: Sie hat den Turm unbeirrt so lange aufgebaut, bis er von allein stand. Sie hat immer etwas Neues ausprobiert. Wir sollten viel öfter von kleinen Kindern lernen, bei denen gibt es kein Nein. Und bei Milla schon gar nicht. Daher liebe ich sie.

Alles hat einen Sinn und seine Zeit und man hat immer eine Wahl. Entscheiden Sie sich für sich selbst. Alles andere ist sekundär. Das wichtigste Gut ist Ihre Gesundheit, alles andere hängt maßgeblich davon ab.

Achten Sie gut auf sich! Ich wünsche Ihnen von Herzen alles Gute.

Emina Mazak, geboren 1945, ledig, seit 2009 als Beraterin und Coach und seit 2012 als Senior-Beraterin der Haufe Akademie tätig. Sie fand durch Coaching ihre Stabilität wieder, absolvierte professionelle Ausbildungen, u.a. in der Burnout-Prävention. Heute unterstützt sie mit bodenständiger Praxisnähe, Wertschätzung und Achtsamkeit Einzelne und Unternehmen, sich vor der Erschöpfungsfalle zu bewahren.

8

Gefangen im goldenen Käfig

Annette Westphalen-Ollech

Fragen mich meine Kunden heute „Wie sind Sie auf den Beruf der Stressmanagement-Trainerin gekommen?", so antworte ich „Ich war schon immer Expertin für Stress – nur jahrzehntelang auf der falschen Seite. Als ich schließlich am Boden lag, habe ich begriffen, dass es nicht so weit hätte kommen müssen."

Ich habe funktioniert, jahrzehntelang. Und ich habe darüber einen wichtigen Punkt komplett übersehen: Wer bin ich? Nicht, dass ich mich aus dem Auge verloren hätte, irgendwo unterwegs verloren. Nein, so wirklich und richtig hatte ich mich ja noch nie betrachtet, mich noch nie intensiv mit mir auseinandergesetzt. Was man nie gefunden hat, kann man nicht verlieren. Insoweit drohte mir also keine Gefahr. Ich war auch viel zu sehr damit beschäftigt, den Ansprüchen meines Umfeldes zu entsprechen. Oder zumindest dem, was ich dafür hielt. Hinterfragt habe ich diese vermeintlichen Erwartungen nämlich nie.

Nicht, dass ich nicht gemerkt hätte, dass ich weit vom Ideal meines Lebens entfernt war. In all den selbstauferlegten Programmen gab es lichte Momente der Erkenntnis. Doch ich hatte nie den Mut, weiter zu denken. Habe mir nicht gestattet, Alternativen zu überlegen. Zu groß war die Angst vor Zurückweisung, die Angst davor, nicht mehr geliebt zu werden, die Angst davor, die vermeintlichen, so mühsam aufrecht erhaltenen Reste der trügerischen Harmonie zu gefährden – und damit das Gerüst meines Lebens zu Fall zu bringen. Und so brachte mein Leben mich zu Fall. Damit ich endlich die Zeit hatte, mich damit zu befassen. Ich saß also eines Tages im Lehnsessel in meinem Wohnzimmer, unfähig aufzustehen und griff zum Telefon. Ich rief meinen geliebten Vater an und bat ihn zu kommen. „Bitte, bring mich ins Krankenhaus, ich kann nicht mehr. Wenn ich jetzt aufstehe, dann liege ich der Länge nach da und komme nicht wieder hoch." Was war passiert? Wann und wo war der Anfang meine Abwärtsspirale?

8.1 Papas Liebling

Heute weiß ich, die Wurzel meines Funktionierens lag in meiner Kindheit. Wie viele kleine Mädchen war ich ein totales Papa-Kind. Mein Vater war mein Held und mein König. Umso mehr traf es mich, als er eines Tages eröffnete: „Ich ziehe aus. Mami und ich haben uns nicht mehr lieb. Ich liebe jetzt eine andere Frau." Für mich brach eine Welt zusammen. Wie konnte mein über alles geliebter Papa eine andere Frau wichtiger finden als seine Familie? Wichtiger als mich? War ich es nicht wert, dass er bei mir blieb? Hatte ich etwas falsch gemacht? War ich nicht gut genug gewesen, worin auch immer?

Das damalige Scheidungsrecht sah vor, die Kinder zu befragen, bei welchem Elternteil sie leben wollten. Und so saß ich denn im Alter von acht Jahren mit meinem Bruder gemeinsam vor dem Scheidungsrichter und hörte die Frage „Bei wem möchtest du leben?" wie durch einen Nebel. Ich war völlig überfordert. Ein „Ich möchte zu Papa" hätte für mich bedeutet, fortan mit der Frau zusammen zu leben, die in meinen Augen meine kleine Welt zerstört hatte. Wie sollte ich diese Frau mögen? Es hätte auch bedeutet, meiner Mutter in den Rücken zu fallen. Aber es hätte auch bedeutet, meinem Vater täglich nahe zu sein. „Ich weiß es nicht", hörte ich mich sagen – und sah im gleichen Augenblick das Erlöschen einer Hoffnung, die Enttäuschung in den Augen meines Vaters. Dieser Blick sollte mich noch jahrzehntelang verfolgen.

So kam es, dass ich als kleines Mädchen alles tat, um diese eine – seine – Enttäuschung wettzumachen und wieder Glanz in seine Augen zu zaubern. Ich war fleißig und versuchte allen Erwartungen gerecht zu werden. Als Hochsensible – wie ich heute weiß – konnte und kann ich die Stimmungen meiner Mitmenschen, die ungeschriebenen Zeilen, das, was in der Luft liegt, wahrnehmen. Und diese vielzähligen Informationen münzte ich sogleich in Anforderungen und To-Dos für mich um, um alles daran zu setzen, ihnen zu entsprechen. Diese unheilvolle Erfolgsformel habe ich im Laufe meines Heranwachsens immer weiter ausgebaut. Habe meine eigenen Wünsche und Bedürfnisse immer weniger berücksichtigt. Galt es doch für mich, die Harmonie zu erhalten. Eine trügerische, wackelige Harmonie – doch das wusste ich lange Zeit nicht. Diese damals ausgebildete Harmoniesucht bestimmte lange Zeit sämtliche Bereiche meines Lebens. Mit der Zeit konnte keiner mehr hinter meine Mauer blicken. Zu perfekt war die Fassade inzwischen.

Anstatt nach dem Abitur meinen Wunsch zu realisieren und Journalismus zu studieren, schlug ich den mir vorbestimmten Weg ein und studierte zur Freude meines Vaters Betriebswirtschaft, um später mit meinem Bruder gemeinsam das familieneigene Unternehmen zu übernehmen. Meine Begeisterung für diesen Beruf hielt sich in Grenzen, waren doch Kreativität und Kommunikation eher meine Steckenpferde. So quälte ich mich durch das theorielastige Grundstudium mit seinen für mich spröden, viel zu theoretischen und analytisch-trockenen, größtenteils zahlengeprägten Inhalten. Danach sah ich ein Licht am Ende des Tunnels und fand für mich ein Arrangement, mit dem ich leben konnte: Ich wählte die Studienschwerpunkte Marketing und Personalwirtschaft. Dort entdeckte ich für mich interessantere Bereiche, die mit Menschen und Kreativität zu tun hatten und machte schließlich erfolgreich mein Diplom. Meine Wandlung vom Gefühlsmenschen zum verstandesgelenkten Kopfmenschen nahm indessen weiter Fahrt auf. Und mit ihr der Druck, allem gerecht zu werden.

Die Rebellion gegen dieses mir selbst auferlegte Programm lebte ich im privaten Sektor aus: Ich lernte einen Mann kennen und lieben, der so gar nicht dem Bild des perfekten Schwiegersohnes glich. Für mich jedoch war er ein ungeheuer wichtiger Fels in der Brandung – und über 25 Jahre älter als ich. Er der Jahrgang meines Vaters, ich der Jahrgang seiner Tochter. Wir haben uns wohl gesucht und gefunden, um uns gegenseitig Hilfe zu leisten. Für meine und seine Familie war diese Verbindung sicher gewöhnungsbedürftig.

Der „Zufall" wollte es, dass die Vertriebssekretärin des väterlichen Unternehmens schwanger wurde, während ich nach dem Studium auf Stellensuche war. Also übernahm ich den Posten. Der Kontakt mit den Kunden gefiel mir. Die Zusammenarbeit mit meinem Vater verlangte mir jedoch einiges ab. Zum einen war ich innerhalb der Belegschaft die Außenseiterin, zum anderen geriet ich unter zunehmend selbstgemachten Druck: Denn nun musste ich auch noch beruflich die Erwartungen meines Vaters erfüllen. Die Verschnaufpausen meines Ichs schrumpften in sich zusammen. Als Neuling in diesem Beruf ohne nennenswerte praktische Erfahrungen hatte ich sowieso zu kämpfen. Nun kam noch hinzu, dass mein Vater als autoritärer Chef mein direkter Vorgesetzter war. War eine Rüge fällig, fiel sie sicher nicht heftiger aus als anderen Untergebenen gegenüber, doch für mich war sie schwer zu ertragen. Ich wollte alles richtig machen, wollte perfekt sein. Suchte den Fehler nur bei mir. Die inneren Antreiber waren jetzt vollends aktiviert – und fortan meine stetigen Begleiter. Ohne, dass es mir selbst auffiel, geriet ich langsam aber sicher in die Stressfalle.

Ich heiratete nach drei Jahren Beziehung meinen so viel älteren Partner, und das Glück für mich schien ohne nähere Betrachtung perfekt. Meine Bemühungen um allseitige Harmonie fruchteten, meine Familie hatte meinen Mann akzeptiert. Die beruflichen Fronten zwischen Tochter und Vater waren geklärt. Soweit, so gut. Ich stieg zur Vertriebsleitung und schließlich zur Marketingleitung auf. Ich konnte mich nun den kreativeren Bereichen der Pressearbeit und der Werbung widmen, denn der direkte Kontakt mit den Kunden wurde weniger.

8.2 Familienglück

Das Unglück nahm wieder an Fahrt auf, als ich schwanger wurde. Ein absolutes Wunschkind, medizinisch hart erkämpft. Mein Ich litt unbemerkte Höllenqualen als ich zwei Monate nach der

Geburt meines Sohnes wieder arbeiten ging. Vormittags kümmerte sich mein Mann ums Kind, nachmittags ich. Und so hatte ich einen erfüllten Alltag: Wenig Schlaf dank weinendem Baby – morgens die Nacht abbrechen und aufstehen – Milch abpumpen – ab ins Büro, um dort stetig die selbst geforderten mindestens 120 % zu erbringen – mittags zum Stillen heim – nachmittags auf Handy stets erreichbar für die Belegschaft – abends eine Sonderschicht im Home-Office – nächtliches Stillen.

Bewundernde Bemerkungen meiner Freundinnen beim Babytreff der Volkshochschule (das Kind soll ja auch frühzeitig gefördert werden) „Wow, wie du das alles schaffst" tat ich ab. War doch alles bestens. Auch als ich nach sechs Monaten mit Gallenkoliken im Krankenhaus landete, sah ich keinen Zusammenhang. Die Ärzte waren verblüfft: Eine Frau Anfang dreißig, schlank und rank – mit einem hübschen Reigen an Gallensteinen. Nun, während ich in der Klinik meine Gallenblase opferte, wurde mein Sohn zu Hause zwangsweise abgestillt. War ich bislang als Mutter zumindest für die Ernährung meines kleinen Babys wichtig, so war ich damit in meinen Augen für ihn völlig abkömmlich. Das tat weh und zugleich wuchs damit mein allseitiges schlechtes Gewissen in ungeahnte Höhen. War ich bei der Arbeit, fühlte ich mich als Rabenmutter, war ich zu Hause, fühlte ich mich gegenüber Betrieb, Vater und Bruder als verantwortungslose Führungskraft. Von der Rolle der Hausfrau und Partnerin ganz zu schweigen. Doch in gewohnter Manier bügelte ich diesen Schmerz schnell weg, gab ihm keinen Raum. Ich war schon ziemlich gut im Funktionieren.

Erste größere Dämpfer erfuhr ich während der Schwangerschaft mit meinem zweiten Sohn drei Jahre später. Die Kinderfrau für die Betreuung des Säuglings stand in den Startlöchern, ich war inzwischen Mitglied der Geschäftsführung und stand meinen „Mann". Mein Vater wiederum stand in den Startlöchern für seinen Ruhestand. Ich hatte inzwischen meine Arbeitszeit wieder auf etwa 35 h in der Woche erweitert, was in meinen Augen jedoch für die ungeliebte Rolle einer Führungskraft inakzeptabel wenig war. So war es denn aus heutiger Sicht kein Wunder: Mein Körper schickte mir weitere Warnsignale in Form einer teilweisen Placentaablösung in den ersten Monaten der Schwangerschaft, bei der ich beinahe mein Kind verlor. So musste ich Mann und Sohn – und Arbeit – für einige Tage zurücklassen und mich ins Krankenhaus begeben. Mein Pflichtgefühl zwang mich zeitig wieder zur Arbeit, und nach kurzer Zeit war ich wieder vollends im alten Fahrwasser. In der 30. Schwangerschaftswoche ereilte mich ein Schwindel, der mich wiederum in die Klinik zwang. Körperlich waren keine Ursachen auszumachen und so wurde ich wütend. Wieso pfuschte mir mein Körper ständig dazwischen, stahl mir wertvolle Zeit, indem er mich von der Arbeit und meiner Familie abhielt? Konnte der nicht einfach nur funktionieren wie es sich gehörte?

Als mein Baby schließlich auf der Welt war, eröffnete mir mein Vater: „Ich bleibe noch ein halbes Jahr in der Firma, dann gehe ich in den Ruhestand. So hast du jetzt Zeit, dich mit deinem Bruder gemeinsam darauf vorzubereiten." Ich erinnere mich an die Besprechung mit meinem Bruder und meinem Vater über die künftige Aufgabenverteilung. Mein Bruder übernahm den technischen Bereich und ich den kaufmännischen. „Du musst deine Priorität endlich auf die Firma legen", hieß es. Salz auf meine Wunden. Panik kam in mir auf. „Aus diesem Karussell kommst du nicht mehr raus!", tönte es in meinem Kopf. Ich rannte heulend aus dem Raum.

8.3 Karrierefrau

Und so kam es zu einem weiteren Meilenstein in der Geschichte meines Zusammenbruchs: Mein Mann und ich tauschten vollends die Rollen. Er mimte völlig gegen die Werte und Erziehung seiner Generation den Hausmann und ich schickte mich selbst eine Stufe weiter auf den Weg der Karrierefrau. Es kam wie es kommen musste. Mein Mann war mit seiner Rolle auch altersbedingt nervlich überfordert und fühlte sich auf dem Abstellgleis, ich war in meiner Rolle von der Verantwortung für rund 70 Mitarbeiter und deren Familien schier erdrückt. Die Ehe fing an zu kriseln, die Kinder waren ständig krank, die Arbeitszeit in der Firma für mich nahm zu. Der Teufelskreis war perfekt. Und ich machte davor immer noch brav die Augen zu und mühte mich ab, meinen Rollen meinem Verständnis entsprechend gerecht zu werden. Der Arzt schlug eine Eltern-Kind-Kur vor und hatte zugleich das große Fragezeichen, ob Mutter oder Vater zuerst gehen sollte, ohne dass der jeweils andere in der Zwischenzeit zu Hause mit allen Aufgaben in die Knie ging. Somit ging keiner von uns. Mein Mann flüchtete sich immer mehr in die Welt des Fernsehens und ich verschanzte mich zunehmend hinter meinen beruflichen Aufgaben und erzählte immer weniger davon. Wir funktionierten einfach.

Die erste Diagnose Burnout erhielt ich schließlich, als das Unternehmen einige Jahre später in die Krise rutschte. Trotz umfassendem Controllingsystem, das ich mit all seinen Zahlen und Analysen betreute, war es uns nicht gelungen, die entscheidenden Baustellen zu schließen. Eingeleitete Umstrukturierungen nach Wegfall eines Hauptumsatzträgers griffen nicht wie geplant und die angehende globale Wirtschaftskrise tat ihr übriges. Erste Finanzspritzen aus der Familienkasse flossen ins Unternehmen. Ich verschloss mich immer mehr, grübelte im Stillen über Alternativen meiner ungeliebten Familienernährerrolle. Je größer die Krise im Unternehmen wurde, umso weniger erzählte ich daheim. Ich wollte die Nerven meines Mannes schonen und mich auch vor Anschuldigungen des Versagens bewahren. Erste Gespräche um eine mögliche Trennung flammten auf. Das wiederum holte alle Szenen meiner eigenen Kindheit an die Oberfläche und ich schwor mir: „Das tust du deinen Kindern nicht an. Du hältst durch und kittest diese Ehe!" Als mich ein kooperierender Dienstleister während dieser Zeit im Unternehmen ganz harmlos fragte „Frau Ollech, was haben Sie denn eigentlich für Hobbys?", rannte ich heulend auf die Toilette und mich überkam eine erste Ahnung, dass ich an meinem Leben kontinuierlich vorbeischrammte.

Um das Unternehmen wieder rentabel zu machen, waren umfassende Sanierungsmaßnahmen und damit auch Kürzungen im Personalbereich notwendig. Die Auswahl derer, die nach sozialen Kriterien nun zu kündigen waren, lag in meinem Bereich. Ich kam mir vor wie ein Henker, der die Schafotte vorbereitet. Diese Rolle hatte ich sicher nie gewollt. Die Harmoniesucht in meinem Kopf lief Amok. Doch es gab kein Weglaufen, obwohl mein Körper mir eindeutige Signale sandte. Also ging ich mehrmals in der Woche zwischen Tür und Angel zur Akupunktur, schüttete mich mit Rescue-Tropfen zu und hielt mich ans Funktionieren.

Mein Bruder und ich suchten vorsorglich Rat bei einem Insolvenzanwalt. Dieses Schwert schwebte fortan sowohl betrieblich als auch privat über uns. Und so führten mein Bruder und ich endlose Gespräche mit dem Betriebsrat, hielten mit meinem Vater Familienrat, wägten Alternativen und Möglichkeiten ab. Da wir keine Bank fanden, welche kurzfristig einen Kredit gewährt hätte, kratzten wir familiäres Barvermögen zusammen, um die Firma finanziell zu stützen. Wir kündigten unsere Kinderfrau und fingen an, kleinere Brötchen zu backen. In meinen Augen hatte ich total versagt. Es half nichts, einige Wochen vor Weihnachten mussten wir zahlreiche Kündigungsgespräche führen. Mussten loyalen, einsatzfreudigen Mitarbeitern eröffnen, dass sie im neuen Jahr ohne Arbeit sind. Ich habe mich tapfer gehalten, bis mein Vertriebsleiter, mit dem ich eng zusammengearbeitet hatte, nicht wie alle anderen weinte. Er stand gefasst auf, klopfte mir auf die Schulter und meinte „Frau Ollech, das ist hart – auch für sie. Und sie schaffen das." Vor den Augen des Betriebsrates bröckelte meine Fassade und die Tränen flossen. Innerlich versank ich im Boden.

Die Kürzungen hatten bedingt, dass ich nun gemeinsam mit einer externen Fachkraft die ungeliebte Buchhaltung übernommen hatte. Die kreativen Bereiche waren aus meinem aktiven Arbeitsfeld verschwunden. So verbrachte ich den Hauptteil meiner Zeit mit Belegen, Fristen und Zahlen. Und schrumpfte innerlich immer mehr. Nun begann mir wirklich alles über den Kopf zu wachsen und selbst ich fühlte meine Reserven schrumpfen.

So hart diese Entlassungswelle und die damit verbundenen Einschnitte waren, so fruchtlos war sie leider auch. Nur wenige Monate später ereilte die Weltwirtschaftskrise nun völlig unser Unternehmen. An einem Freitag saßen mein Bruder und ich wieder einmal über den zu zahlenden Rechnungen und prüften die zu erwartenden Zahlungseingänge, wägten ab, was zu zahlen möglich war. Am Montag kam die Ernüchterung: Kein Zahlungseingang trotz fälliger Kundenrechnungen. Somit konnten wir die Sozialversicherungsbeiträge, für die wir privat haftbar waren, für die kommenden Löhne und Gehälter nicht zahlen. Es war soweit, wir waren zahlungsunfähig. Und das, obwohl wir dank massiver privater Einlagen keine Schulden im Unternehmen hatten. Wir mussten Insolvenz anmelden, das war die einzige Chance für das Unternehmen und damit auch für die Belegschaft. Mein Bruder fuhr also tapfer zum Gericht und ich erledigte letzte Buchungen. Schon am Nachmittag war der vorläufige Insolvenzverwalter im Haus. Eine Flut von Aufgaben prasselte auf mich ein. Ich wühlte mich auf der Suche nach Dokumenten tränenreich durch die gesamte Firmen- und damit auch Familiengeschichte. Kopierte tagelang Belege nach Anweisung des Insolvenzverwalters und kam mir vor wie zum Praktikanten degradiert. Ich war in der ungewohnten Rolle des Befehlsempfängers und hatte das Gefühl, auf unterster Stufe zu stehen. Von vielen Kundenterminen her kannte ich die Verwunderung meiner Gesprächspartner, dass ich nicht die Sekretärin war, die nur den Kaffee brachte, sondern die erwartete Geschäftsführung. Doch diese damals vermeintliche Inkompetenzvermutung meines Umfeldes traf mich nun tagtäglich.

8.4 Rettungsanker

Mein Bruder und ich vergruben uns in Zahlen. Rechneten Businesspläne verschiedenster Art, um dem Insolvenzverwalter Perspektiven für das Unternehmen aufzuzeigen. Dessen Augenmerk lag zunächst auf dem verwertbaren Vermögen. Er fror also zu allererst die betriebliche Rente meines Vaters ein. In meinen Augen war nun mein geliebter Vater dank meiner Unfähigkeiten ohne Einkünfte. Ich war in völliger Panik. Es kostete von Tag zu Tag mehr Kraft, die Fassade aufrechtzuerhalten und der Belegschaft Zuversicht zu signalisieren.

Völlig ausgelaugt kam ich spät nachts nach Hause. Dort erwartete mich ein Ehemann, der mit seiner Rolle als Erzieher und Hausmann völlig überfordert war und die Krise gänzlich anders bewältigte als ich. Er übernahm nun die Inhalte des Fernsehens völlig in seine Realität, wurde zunehmend misstrauischer und eine Eifersuchtsszene jagte die nächste. Wir gingen zur Eheberatung, doch die Trennung war mittlerweile regelmäßiges Gesprächsthema. Immer wieder bestand ich darauf, es der Kinder willen weiter zu versuchen. Meine Kräfte schwanden jedoch langsam dahin. Ein ums andere Mal weinte ich mich unbemerkt in den Schlaf. Ich war regelmäßiger Gast bei meinem Arzt, der dringend zur Pause riet. „Mit Burnout ist nicht zu spaßen", hörte ich. Ja, nur wann und wie sollte ich jetzt eine Pause machen? Meine Stellung im Unternehmen und damit die Versorgung meiner kleinen Familie hingen am seidenen Faden. Der Insolvenzverwalter hatte die Bezüge der Geschäftsleitung auf die Hälfte herabgesetzt. Er machte auch deutlich, dass er die Position von heute auf morgen ganz streichen könnte, sofern wir in seinen Augen nicht kooperierten.

Es dauerte lange Wochen bis dieser vorläufige Insolvenzverwalter die tatsächliche Lage des Unternehmens erkannte und unsere Insolvenzmeldung nachvollziehen konnte. Zunächst favorisierte er den Verkauf der Firma, hätte er doch der üblichen Abwicklung entsprochen. Und so war es ausgerechnet meine Aufgabe, die erforderlichen Informationen für das Exposé zusammenzutragen. In mir rebellierte alles. Mein Körper sandte mir eine Verspannung, Kolik, Atemnot und Migräne nach der anderen, ich schrammte nur knapp am Hörsturz vorbei. Doch Krankheit durfte ich mir jetzt nicht leisten, musste ich doch meinem Bruder zur Seite stehen und für den Insolvenzverwalter präsent sein.

Nach Eröffnung des Insolvenzverfahrens kamen Berge an Verwaltungsaufgaben auf mich zu. Ich war jetzt völlig in der Rolle der Bürohilfskraft gefangen. Spielte Papagei zwischen Behörden und Insolvenzverwalter. Bereitete am Ende wieder die Informationen für eine weitere Kündigungswelle vor. Führte meinen Terminkalender und überwachte den des Insolvenzverwalters, dessen Büro die Betreuung einer Firma mit laufendem Betrieb in unserer Größe nicht gewohnt war. Meine Hinweise auf Missstände und Fristversäumnisse, die ich erkannte, wurden ärgerlich abgewiesen. Ich drehte mich im Kreis, war in mir zerrissen. Zum einen wollte ich das Ende dieses Albtraumes, zum anderen wollte ich für meine Belegschaft die Rettung der Arbeitsplätze und nicht zuletzt auch für meine Familie ein gesichertes Einkommen.

Als der Insolvenzverwalter schließlich Monate später verkündete, „Wir sanieren und stellen einen Insolvenzplan zur Fortführung des Unternehmens auf", weinte ich zweierlei Tränen: Zum einen zerplatzte meine Hoffnung, aus diesem Karussell der verhassten Rolle der Führungskraft, dem mich auslaugenden Arbeitshinhalten auszusteigen, zum anderen freute ich mich für meine Mitarbeiter und sah das Werk meiner Vorfahren gerettet. Diese Zerrissenheit brachte mich an den Rand des Wahnsinns.

Meine große Stütze in dieser Zeit war meine Mutter. Sie verstand meine Seelenqual, wenngleich auch sie keinen Rat auf irgendeine Lösung hatte. Sie und meine Kinder bewahrten mich davor, morgens auf dem Weg zur verhassten Arbeit mein Auto gegen einen Baum zu lenken. Stattdessen fuhr ich ein ums andere Mal an der Firma vorbei und sammelte auf einem Rastplatz erst einmal meine Nerven. Ich musste weiter funktionieren – und für meine Kinder da sein. Denn mein Mann und ich hatten zwischenzeitlich doch beschlossen, uns zu trennen. Es dauerte fast drei Monate bis er schließlich auszog. Diese Zeit war für uns alle eine harte Belastungsprobe und die Stimmung zu Hause war eisig und aggressiv. Ich war mit meinem Bruder übereingekommen, nur noch halbtags im Büro zu arbeiten und den Rest von zu Hause aus zu erledigen. Den Insolvenzverwalter informierten wir aus Angst vor meiner sonst folgenden Kündigung nicht. So saß ich bei den Besprechungsterminen mit dessen Team stets auf Kohlen, schielte zur Uhr und schützte Kundentermine außer Haus vor. Die Angst vor Entdeckung wurde mein weiterer ständiger Begleiter.

8.5 Leere Hülle

Von meinem Körper entfernte ich mich immer weiter. Er diente mir als Hülle und stellte mir seine Funktionen zur Verfügung. Doch er streikte zusehends – und ich wurde immer kraftloser. Als das Insolvenzverfahren sich dem Ende neigte, der Insolvenzplan nach langen Monaten endlich aufgestellt war und ein großer Kredit bei der Bank gegen erhebliche private Sicherheiten genehmigt war, wartete ich auf Entspannung. Sie kam nicht. Im Gegenteil, ich hatte weiterhin alle Hände voll zu tun, nicht durchzudrehen: Meine Kinder waren aus Schock über die Trennung der Eltern verstört und aggressiv, erkrankten einer nach dem anderen an

Lungenentzündung und ich war damit beschäftigt, ihnen in irgendeiner Weise Stütze zu sein und die Betreuung zu organisieren.

Im betrieblichen Bereich waren die Behörden mit der Abwicklung eines Insolvenzplanverfahrens nicht vertraut und auch der Insolvenzverwalter konnte nicht alle Fragen ad hoc beantworten. Ich saß weiter mittendrin und versuchte allen gerecht zu werden. Genau zwei Wochen nachdem der Insolvenzplan von Gläubigern und Gericht verabschiedet worden war und das Unternehmen uns somit wieder ganz und gar selbst gehörte, ging mein Körper in die Knie. Mittlerweile hatte ich über die letzten Monate 12 Kilo abgenommen und wog bei 175 cm Körpergröße nur noch 53 kg. Dann lag schließlich ich mit Lungenentzündung zu Hause. Keine Medikamente schlugen an. Mein Arzt war unschlüssig, mich ins Krankenhaus einzuweisen. Ich wollte nicht. Also packte ich noch die Sachen meiner Kinder fürs Papawochenende und versprach, mich zu schonen und sofort zu melden, sollte es mir noch schlechter gehen. Schon am nächsten Tag trugen mich meine Beine nicht mehr und ich griff zum Telefon, um meinen Vater herzubitten. Dieses Gefühl der Ohnmacht versetzte mich in nackte Angst. Ich war meinem Körper total ausgeliefert.

8.6 Schluss mit funktionieren

Für meinen Vater war mein Anblick ein Schock. Ich bestand darauf, keinen Krankenwagen zu rufen und so schleppte er mich in die Notaufnahme. Dort wurde ich sofort mit Infusion und Sauerstoff versorgt. Die Mediziner bestätigten, was ich längst fühlte: Keinerlei Reserven mehr. Ich hatte sie alle aufgebraucht, kontinuierlich, blind und taub für meinen Körper und meine Bedürfnisse. In mir rebellierte alles. Wie konnte ich im Krankenhaus liegen, während meine Kinder am nächsten Tag nach Hause kamen, zur Schule mussten, ich in die Arbeit! Meine Familie riss die Fäden an sich. Organisierte die Verteilung meiner Kinder auf Onkel und Opa, brachte meinen vernachlässigten Haushalt wieder in Schwung. Als ich nach gut einer Woche aus der Klinik wieder nach Hause entlassen werden sollte, kochte in mir Panik hoch. Ich sollte mich noch schonen – und ich fühlte nur allzu gut, dass das auch nötig war. Mir stand der Schweiß auf der Stirn. Wie sollte das gehen? Meine Kinder hatten in wenigen Tagen Schulferien, im Betrieb wollte der Insolvenzplan umgesetzt werden, ein Berg von Arbeit wartete.

Bezeichnenderweise war es mein Vater, der gegenüber den Ärzten den Ruf nach einer Kur laut werden ließ. Und so konsultierte mich gegen meinen anfänglichen Widerstand der Leiter der psychiatrischen Abteilung der Klinik. „Mittlere bis schwere Anpassungsstörung" stand schließlich als Diagnose auf meinen Papieren. Das saß. Wie um Himmels willen hätte ich mich denn noch besser an all die auf mich einprasselnden Anforderungen der letzten Jahre einstellen sollen? Wieder schrumpfte ich innerlich, kam mir noch mehr als Versagerin vor.

Aus dieser Position heraus hatte ich nun die Aufgabe, mit der Krankenkasse die Kur abzuklären und einen geeigneten Platz zu finden. Auch wenn meine Knie noch zittrig waren und ich das Gefühl hatte, schon ein kleiner Windhauch würde mich zu Fall bringen, meine inneren Antreiber waren deswegen noch lange nicht mundtot. Sie riefen weiterhin danach, allem schnell und perfekt gerecht zu werden. Und so dachte ich daran, in den zwei Wochen, welche die Kinder in den Ferien beim Vater verbrachten, zur Kur zu gehen. Natürlich ging die Abstimmung bei weitem nicht reibungslos. Zwar hatte ich ziemlich schnell die Zusage eines Klinikums für einen Platz, doch die Krankenkasse blockte die Akuteinweisung meines Arztes ab und wollte zunächst weitere ambulante Maßnahmen ausschöpfen. Einige Tage und viele hysterische Anfälle später, hatte ich nach unentwegtem Dialog mit meinem Arzt und verschiedenen Abteilungen der Krankenkasse das Okay für einen vierwöchigen Kuraufenthalt. Innerlich lief ich Amok, war doch die Betreuung meiner Kinder in dieser

Zeit nicht organisiert. Doch auch hier kam mir meine Familie zuvor. Rührend kümmerten sie sich reihum zusammen mit dem Vater um meine Söhne.

Heute weiß ich diese Hilfe sehr zu schätzen, damals kam ich mir absolut entmündigt vor. Ich hatte in meinen Augen keinerlei Mitsprache. Dieses Gefühl verstärkte sich noch, also mein Vater mich zur Kur brachte und er der Einzige war, der mit mir Kontakt hielt. Mein Bruder und meine Mutter hatten beschlossen, es sei besser für mich, komplett in Ruhe gelassen zu werden. Richtig und falsch – ich vermisste den Austausch und fühlte mich zugleich bei den Nachfragen meines Vaters wieder unter Erfolgsdruck.

8.7 Schlüssel

Mein großes Glück war es, in einem ganzheitlich orientierten Kneipp-Kursanatorium in Bad Wörishofen gelandet zu sein. Die Nähe zu meiner Heimat vermittelte mir zumindest ein Stück Geborgenheit – hätte ich in meinen Augen doch jederzeit innerhalb einer Stunde zu Hause sein können. Doch viel wichtiger war, dass alle verordneten Anwendungen und Therapien genau auf das ausgerichtet waren, was mir so sehr abhandengekommen war: Die Einheit von Körper, Geist und Seele.

Verfluchte ich die ersten Tage noch die frühmorgendlichen Kneippanwendungen mit Kaltabreibung, Güssen & Co, so merkte ich doch nach und nach deren wohltuende Wirkung auf mein gesamtes System. Unterstützt mit Akupunktur, energetischer Körperarbeit und Bewegungsübungen fand ich täglich ein Stück mehr zu meinem Körpergefühl zurück. Auch die Gesprächstherapie war sehr körperorientiert, was mich ungeheuer forderte. War ich es doch ganz und gar nicht gewohnt, ja, hatte es mir sogar untersagt, meinen Körper meine Gefühle ausdrücken zu lassen. Und nun sollte ich genau das tun. Sollte körperlich darstellen, wie es in mir drinnen aussah. Doch es war befreiend

– und unglaublich schwer. Mir half die Malerei. Ich hatte meine verstaubten Aquarellstifte mit ins Kurgepäck gepackt und konnte nun hierüber meinen Gefühlen Ausdruck verleihen.

Der Therapeut stellte schließlich eine für meine Zukunft entscheidende Frage: „Was würden Sie gerne in Ihrem Leben ändern?" Ich wusste es sofort, doch ich traute es mich noch nicht einmal aufzuschreiben, geschweige denn auszusprechen. Es dauerte eine ganze Zeit, bis ich es zu Papier brachte: „Aus dem Unternehmen aussteigen." Da stand es nun. Es schrie mich an – und es war der Schlüssel zu meinem Leben, einem Leben, so wie es mir entsprach. Raus aus dem selbst übergestreiften Korsett der Fremdbestimmung. Rein in ein selbstbestimmtes, achtsames Leben. Und es war so unvorstellbar, dass ich an die Umsetzung gar nicht zu denken wagte. „Was wäre wenn?", fragte der Therapeut weiter, und ich fühlte eine uralte Belastung noch schwerer werden. „Dann wüsste ich nicht, wie ich mich und meine Kinder ernähren soll", hörte ich meine Antwort. „Denken Sie in Alternativen", bekam ich zur Aufgabe und fand mich schnell wieder in einem neuen Gedankenkarussell. Als ich auf Geheiß des Therapeuten Briefe an meinen Vater, meinen Bruder und meine Mutter schrieb, flossen endlich all die Tränen der Vergangenheit.

Der Therapeut meinte, die Briefe seien gut und spiegelten meine Gefühle ohne Anschuldigungen, so dass ich sie versenden sollte. Da reifte schließlich mein Entschluss, es zu wagen: Ich würde das Unternehmen verlassen, würde mit meinen Kindern ein neues Leben anfangen. In stundenlangen Spaziergängen durch traumhafte Landschaft – ja, ich nahm sie wieder wahr – entdeckte ich meine Liebe zur Natur und zur Fotografie. Und ich startete im Geiste schon mein Projekt „Neues Leben" – heute zieren die Fotos von damals meine Webseite.

Als mich nach drei Wochen Kur mein Vater mit meinen Kindern für einen Nachmittag besuchte, brannten zwei Seelen in meiner Brust: Ich freute mich sie wiederzusehen – und kam mir vor wie die größte Verräterin, die heimlich ihre verbotenen Pläne schmiedet. Bei Abschluss meines Sanatoriumaufenthaltes fühlte ich mich stark genug, „es" durchzuziehen. Ich ließ mich von einer lieben Freundin nach Hause fahren. Ich vereinbarte den ersten von vielen folgenden Terminen mit meiner Therapeutin, die ich in der Kur kennen und schätzen gelernt hatte und die ganz „zufällig" ihre Praxis wenige Kilometer von meinem Wohnort hat. Ich begrüßte meine Kinder, packte die Koffer, warf die besagten Briefe in den Postkasten und fuhr eine Woche unerreichbar mit meinen Kindern in Urlaub. Als wir wiederkamen, herrschte in meiner Familie helle Aufregung. Meine Mutter bewunderte meinen Mut, mein Bruder blickte besorgt und nachdenklich und mein Vater war wie vor den Kopf gestoßen. Es dauerte Wochen und Monate bis wir, nach streckenweise nur über Anwälte ausgetragenem Dialog, eine für alle Beteiligten annehmbare Lösung fanden: Ich stand meinem Bruder noch ein halbes Jahr unterstützend zur Seite, die Unternehmensanteile wurden sukzessive übertragen. Diese Zeit verlangte mir insbesondere emotional noch einiges ab. Mehr als einmal wollte ich den Kopf in den Sand stecken, fühlte mich am Ende meiner Kraft.

Der Abschied von der Belegschaft war mit einigen Tränen begleitet – und doch ungeheuer befreiend. Ich begann mich in Stressmanagement, energetischer Körperarbeit, Coaching und schließlich auch der Psychotherapie weiterzubilden: Ich wollte künftig Menschen helfen, der Stressfalle zu entkommen und so meine eigenen Erfahrungen nutzbringend einsetzen. Anfangs saß mir die Angst vor einem Rückfall beinahe übermächtig im Nacken. Die noch regelmäßigen Termine in meinem alten Unternehmen raubten mir erhebliche Kraft. Ich brauchte jeweils gehörige Energie zur Regeneration, kochte doch mit jedem Termin in der alten Wirkungsstätte meine ganze Geschichte wieder in mir hoch. Bis ich schließlich mit meinem Bruder übereinkam, die Zusammenarbeit in dieser Form zu beenden. Ab da kam ich innerlich endlich zur Ruhe und ging mit der „Muntermacherei" – meinem eigenen kleinen Unternehmen – an den Start.

8.8 Willkommen

Das Leben ist ein beständiges Lernen – oh ja. Noch heute besuche ich immer wieder Seminare zur Persönlichkeitsentwicklung, und nach einem Seminar zum Thema Beziehungen konnte ich meinem Vater im Frühjahr diesen Jahres endlich sagen, was ich seit langen Jahren nicht über die Lippen gebracht hatte: „Ich hab dich lieb" – welch ein Glücksgefühl für uns beide! Heute ist er zusammen mit meiner Mutter und dem neuen (Ehe-)Mann an meiner Seite, mein größter Unterstützer, wenn es darum geht, meine Kinder zu betreuen, während ich Seminare und Kurse gebe.

Ja, ich habe gelernt, um Hilfe zu bitten, wenn ich sie brauche. Ich habe gelernt Nein zu sagen, wenn mir etwas zu viel wird oder nicht zu meinen eigenen Zielen passt. Ich habe gelernt, auf mich selbst zu achten. Dafür bin ich unendlich dankbar – und mein neuer Mann sicher auch. Hat er doch das Glück, mich so kennen zu dürfen, wie ich wirklich bin.

Jüngst tauchte während eines Tests, den ich innerhalb einer Fortbildung absolvierte, die Frage auf: „Was war die schönste Zeit Ihres Lebens?" Tränen rollten mir über die Wange als ich die Antwort niederschrieb: Mein Kuraufenthalt. Ja richtig, das war die schönste Zeit meines Lebens – und zugleich die schrecklichste. Hat sie mich doch mit jemandem konfrontiert, dem ich bis dahin geflissentlich und ziemlich erfolgreich aus dem Weg gegangen war: Mir selbst. Und der Weg zu mir, zu meinen Wünschen, meinen Stärken und meinen Schwächen war gepflastert von vielen kleinen und großen Steinen. War mit einigen Wirrungen, vielen unübersichtlichen Weggabelungen und viel Dickicht versehen. Ich bin ihn gegangen. Schritt für Schritt. Zunächst ächzend und stöhnend voller Widerstand. Oft ungeduldig und am Rande der Resignation. Aber ich war in Bewegung. Endlich. Ich war in Bewegung in Richtung meines Zieles, meines Ichs. Das war anstrengend und befreiend zugleich. Und ich fand erste Puzzlestücke.

Hatte noch keinen Schimmer, wozu sie dienen sollten, was das große Ganze dahinter darstellen sollte. Doch ich hatte Vertrauen und so betrachtete ich die Teile und bewahrte sie in mir auf.

Heute freue ich mich jeden Tag über die Puzzlestücke – kleine und große – die ich aufsammle. Ich heiße sie willkommen und füge sie dem großen Puzzle meines Lebens hinzu. Und wie umwerfend, wie beflügelnd ist es, nach und nach mit einem Mal das Motiv zu erkennen. Zu sehen, wo die Reise hingeht. Auch mal eine Zielkorrektur vorzunehmen, ganz einfach so nach Bauchgefühl, ohne Rechtfertigung, ohne schlechtes Gewissen. Nur in Abstimmung mit mir selbst. Herrlich! Ich habe meine Bestimmung gefunden. Und auch, wenn ich hin und wieder noch in Stress gerate, so arbeite ich mit Spaß und Freude. Und es beflügelt mich, anstatt mich wie früher auszulaugen.

Ich glaube nicht mehr an Zufälle. Definitiv nicht. Alles was mir widerfahren ist, habe ich im Grunde meines Herzens selbst kreiert. Wissentlich oder nicht, ich kann weder mir noch anderen die Schuld an meinem Werdegang geben. Ich habe ihn selbst geschaffen. Es ist gut so. Ich habe mich ausgesöhnt. Habe mir selbst verziehen, so schlecht auf mich Acht gegeben zu haben. Und ich habe eine Abmachung mit mir selbst getroffen: Ich höre auf meinen Bauch, meine Intuition und passe auf mich auf. Ich höre auf die Signale meines besten Freundes: meines Körpers. Denn der wichtigste Mensch in meinem Leben bin und bleibe ich!

Blicke ich heute auf diese turbulenten Zeiten zurück – auch beim Schreiben dieser Zeilen flossen einige Tränen – so bin ich voller Erstaunen über meine Leistungsfähigkeit und voller Dankbarkeit. Denn ich weiß, ohne die Irrungen und Wirrungen stände ich heute nicht da, wo ich jetzt bin. Und ich wäre nicht so stark. Heute bin ich ein Stehaufmännchen. Und das Schöne daran ist: Ich weiß es. Wenn mir heute Dinge widerfahren, die mir wehtun oder mich schwächen, dann gönne ich mir für einen begrenzten Zeitraum die Opferrolle. Suhle mich in Selbstmitleid und lasse die Tränen fließen. Das befreit. Danach schüttle ich mich durch und begebe mich auf die Suche nach der Kehrseite der erhaltenen Medaille – und siehe da: Es findet sich immer auch ein positiver Aspekt, mal schneller, mal langsamer – mal kleiner, mal größer. Vorhanden ist er immer. Das beruhigt und schenkt mir Vertrauen in die Fügungen und Wendungen meines Lebens – und in mich.

Doch als das Schönste empfinde ich, wenn meine Geschichte, meine Erfahrung und mein Können anderen hilft, ihren Weg zu erkennen, ihre Kraft wiederzufinden und ihr Potential zu leben. Dann durchströmt mich pure Freude.

Meine herzlichsten Wünsche für Sie – Sie haben das Beste in Ihrem Leben verdient! Passen Sie auf sich auf!

Annette Westphalen-Ollech, 44 Jahre, wieder verheiratet, 2 Kinder, seit 2011 Stressmanagement-Trainerin und Coach. Als Betriebswirtin war sie lange Jahre Geschäftsführerin und lebte den Spagat zwischen Familie und Beruf. Sie überstand Scheidung und Insolvenzphase, sanierte das Unternehmen erfolgreich. Dann brach sie zusammen. Nach dieser Burnouterfahrung sattelte sie um und hilft heute in ihrer Muntermacherei Unternehmern und Berufstätigen, sich vor der Erschöpfungsfalle zu bewahren.

9
Und plötzlich geht nichts mehr!

André M. Richter

Kennst du dieses Gefühl? Einerseits immer mehr zu arbeiten, immer mehr tun zu müssen und andererseits diese Unzufriedenheit, diese Ängste und Sorgen? Die ständige Frage nach dem „Wofür das alles?" Und dabei festzustellen, dass deine Kräfte immer weniger werden? Wie kann man diesen Zustand beschreiben? Ich kann nicht mehr genau sagen, ab wann er für mich kritisch geworden war. Es kam einfach immer mehr Belastendes und Negatives zusammen.

Oft verläuft es nach einer bestimmten Linie: Du schluckst, nimmst es hin und machst weiter wie bisher. Dann kommt wieder etwas dazu. So geht es immer weiter – bis du eines Tages nicht mehr kannst! Mit wem kannst du überhaupt über „so etwas" reden? Die Familie willst du nicht belasten, Freunde wollen davon nichts hören oder sie verstehen dich einfach nicht. Wenn du mit anderen Menschen darüber sprichst, dann machst du dich nur angreifbar – also bleibst du allein mit deinen Problemen!

Zu meinen größten Sorgen zählten schon immer Existenzangst, Angst vor dem sozialen Absturz, die Angst zu versagen. Folgeerscheinungen waren zuerst zunehmende Verbissenheit, Wochenendarbeit, stark abnehmende soziale Kontakte, ein übertriebener Planungszwang und später dann körperliche Folgen in Form von Magenkrämpfen, Übelkeit, Hustenanfällen und Atemnot, starken Schwindelgefühlen, extremen Kreuzschmerzen, teilweise Taubheit in den Beinen, Augenflackern, Panikattacken, Emotionslosigkeit, Depressionen … die Liste ließe sich beliebig fortsetzen!

Aufgrund dieser Sorgen wurde meine Berufswahl deshalb auch strikt von dem Denken geprägt: auf welchem Gebiet finde ich vermutlich immer Arbeit – Beruf und Spaß waren damit von Anfang an zwei verschiedene Dinge für mich. Anfangs hatte das noch funktioniert. Irgendwann aber wurde aus Routine Langeweile, Frust und Unzufriedenheit. Alles lief zwar immer hektischer, aber nicht besser! Immer die gleiche Tretmühle! Schon beim Weckerklingeln hatte ich das Gefühl, nicht mehr aufstehen zu wollen.

Wozu das Ganze? Die Arbeit war sinnlos, niemand brauchte mich wirklich, niemand vermisste mich! So fühlte es sich jedenfalls für mich an. Im Homeoffice, Arbeiten von zu Hause aus, gab es keine Kollegen und mit einem Computer konnte man nicht sprechen. Wertschätzung war ein Fremdwort, Lob gab es nicht! Wenn gute Arbeit geleistet wurde, dann hörte man nichts. Falls man doch etwas zu hören bekam, dann war es Ärger!

Rückblickend betrachtet habe ich mich fast zwanzig Jahre lang in meinem Beruf nicht mehr wohlgefühlt. Mal war da totale Resignation, mal ein verzweifeltes „sich Aufbäumen", dann wieder völlige Erschöpfung. Ein nicht enden wollender Kreislauf. Eingesperrt in den Zwängen des Alltags – Urteil lebenslänglich!

Jahrelang habe ich Dinge gemacht, die nicht meinen eigenen Vorstellungen entsprachen. Zuerst habe ich es nicht bemerkt, dann wollte ich es nicht wahrhaben. Plötzlich war das Leben fremdbestimmt und der größte Teil davon bereits vorbei. Ich fragte mich oft: Kann ich jetzt noch etwas ändern? Lohnt es sich überhaupt noch? Doch es fehlte an Zeit, um über alles nachzudenken und es mangelte an der nötigen Ruhe und an den Nerven!

Wenn dann, wie bei mir, verschiedene Faktoren zusammentreffen – Existenzsorgen, berufliche Fehlentscheidungen, Krankheitsfälle in der Familie, eine private Trennung – dann kommt irgendwann der große Knall. Der endgültige Auslöser kann minimal sein – er bringt einfach das Fass zum Überlaufen – so war es jedenfalls bei mir.

Zur Ruhe kommen war fast unmöglich. Mal ging es zwar gar nicht anders, weil der Körper sich wehrte und streikte, dann gab es wieder Phasen völliger Ungeduld und Hyperaktivität. Vielleicht sollte ich den richtigen Weg wirklich nur finden, wenn ich mir Ruhe gönnte und mich nicht unter Druck setzte. Aber gerade wenn ich die Ruhe am meisten brauchte, fand ich sie nicht! Ein Tag glich einer Katastrophe, ohne bestimmten Auslöser. Tags drauf „funktionierte" ich wieder. Wie das weitergehen sollte, war mir ein Rätsel!

Geduld hatte ich längst keine mehr. Mit mir nicht und auch nicht mit meinen Mitmenschen. Die Reizbarkeit nahm leider ungewollt zu. Irgendwann wurde ich immer unausstehlicher und konnte mich letztlich selbst nicht mehr leiden.

9.1 Der Zusammenbruch

Und plötzlich ging nichts mehr! Ein Gefühl von Ausgeliefertsein, Angst und totaler Erschöpfung! Eines Morgens war alles anders! Alles war egal geworden! Haushalt, Post, Freunde, Hobbys waren ohne jede Bedeutung. Es hätte das Haus abbrennen können – wahrscheinlich wäre ich trotzdem liegen geblieben. Rückblickend betrachtet, war es schockierend – ich verlor die Kontrolle über mein eigenes Leben und es war so, als ob ich neben mir stehen würde. Ich hatte keine Ahnung, wie es weitergehen sollte – und das Schlimme daran: es berührte mich kaum! Ich war nur erstaunt über das, was mit dem Menschen da neben mir geschah, und fragte mich: Was wird wohl aus ihm werden – jetzt, wo er nicht mehr funktioniert? Ich stand einfach neben mir …

Betroffen sind häufig Menschen zwischen 30 und 50, die eigentlich voll auf der Höhe sind. In dieser Lebensphase treffen oft verschiedene Faktoren zusammen, die kaum miteinander vereinbar sind. Beziehung, Kinder, Beruf, Haus, Hypotheken – alles benötigt seine Zeit, die aber immer knapper wird. Irgendwann ist es ein Teufelskreis, der übel ausgehen kann. Herzinfarkt, Schlaganfall oder eben Burnout!

Das Schlimmste ist nicht die Überbeanspruchung, sondern das Gefühl laufender Kränkung. Fehlende Erfolgserlebnisse, Übergangenwerden bei Beförderungen, Konkurrenzkampf, Neid, Zynismus – wenn du mehr als der Durchschnitt erreichen willst, dann stehst du alleine da. Alles nagt an dir und wird ständig mehr. So wie sich der Körper gegen schlechte Ernährung wehrt, reagiert schließlich das Gehirn auf die andauernde Überbelastung und zieht den Stecker.

Plötzlich ist der Akku leer – oder total kaputt! Zum eigenen Schutz wird alles nur noch wie durch einen Tunnel betrachtet. Du läufst auf Notstrom und siehst nur noch das Nötigste, aber nichts Schönes mehr. Endlose, schlaflose Nächte mit exakter Planung für die nächsten Tage … und am nächsten Morgen bist du gerädert, völlig apathisch und wie gelähmt. Wo soll nur die nötige Energie herkommen? Die Luft ist raus, Termine werden zunehmend egal. dir fehlt plötzlich die Einschätzung dessen, was gut für dich ist und was nicht. Du fühlst dich ausgeliefert und völlig hilflos. Nichts geht mehr, rien ne va plus!

Warum kannst du nicht einfach weniger perfektionistisch veranlagt sein? Warum kannst du nicht mal etwas an andere abgeben? Warum dieser Zwang, alles selbst machen zu müssen?

Meine selbst gesetzten Ziele waren wohl zu hoch. Ich wollte immer mehr als das Erreichte, war nie mit mir zufrieden und habe wahnsinnig viel Zeit in Dinge investiert, die mir nicht mal Freude gemacht haben. Irgendwann war es dann zu viel. Aber davon Abstand zu nehmen hätte bedeutet, eigene Fehler und eigenes Versagen zuzugeben!

Vom Gefühl her wäre ich ohne zu zögern von einem Hochhaus gesprungen, wenn ich nur eine kleine Chance gehabt hätte, dann ohne die ständigen Sorgen und Schmerzen leben zu können! Warnsignale gab es genug, und das über mehrere Jahre. Leider werden sie meistens geflissentlich übersehen. Doch irgendwann ging es einfach nicht mehr. Plötzlich war ich zu nichts mehr fähig. Es hätte ein Zug auf mich zu rollen können, aber ich hätte nicht mehr zur Seite springen können. Da war einfach nur völlige Erschöpfung und Lethargie.

Kennst du das Gefühl, dass dir jede Handlung sinnlos erscheint? Egal ob du etwas tust oder nicht? Und egal was du tust? Kein Hahn kräht danach, wie es dir geht. Niemand braucht dich. Wie schön wäre es, sich einfach fallen zu lassen… nur wie geht

das? Was war das für ein Gefühl, richtig abschalten zu können…
damals?

9.2 „Entschleunigung" statt Technik

Die Faktoren, die uns überfordern, sind vielfältig. So trägt auch
der Zwang der ständigen Erreichbarkeit zur Überlastung bei.
Hier ein Meeting, da ein Anruf, laufend neue Mails, die eigentliche Arbeit, die unter Zeitdruck erledigt werden muss, überall
müssen schnell Entscheidungen getroffen werden – irgendwann
entlastet uns die Technik nicht mehr, sondern sorgt nur für noch
mehr Chaos. „Die Geister, die ich rief, die werde ich nicht mehr
los!" oder: „Die EDV nimmt uns viel von der Arbeit ab, die wir
ohne sie nicht hätten!"

Auch die Freizeit wird laufend unterbrochen, viele Menschen
erleben kaum noch Phasen echter Erholung. Eine Flucht scheint
kaum möglich, jeder ist verankert in sein selbst geschaffenes Le-
bensarbeitsmodell. Aufgrund der vielen Verpflichtungen ist ein
„Sabbatical" für die meisten Betroffenen unmöglich geworden.
Jeder hetzt immer mehr, um so viel wie möglich zu erreichen, bevor man durch einen Jüngeren „ersetzt" wird wie eine Maschine,
die bereits abgeschrieben ist. Plötzlich ist es, als wären einem ein
oder zwei Jahrzehnte des eigenen Lebens gestohlen worden!

Wenn du darüber nachdenkst, dann weißt du genau, dass seit
Jahren etwas falsch läuft. Du weißt, dass du etwas ändern musst.
Aber es gibt immer genug Ausreden. Du denkst nicht darüber
nach, du versuchst es zu verdrängen. In der Zwischenzeit wird die
eigene Batterie immer leerer.

Es ist wohl eine Art Berufskrankheit, an alles systematisch und
analytisch herangehen zu wollen. Rationale Analyse half mir im
Job und bei anderen, aber nicht bei mir selbst! Ich konnte in
meinem eigenen Leben keine Betriebsanalyse durchführen und

bewerten. Bei Unternehmen war ich gut. Bei anderen Menschen auch. Nur bei mir selbst hatte ich keine Ahnung, wie ich vorgehen sollte.

Auf eine innere Stimme hören? Oder ihr überhaupt vertrauen? Wie soll das gehen? Haben wir das Gefühl für uns verloren oder war es nie wirklich da?

Ein ständiges Auf und Ab der Gefühle. Vom Grund her völlig unverständliche Schwankungen zwischen Euphorie und Lethargie, guter und schlechter Laune, Arbeitswut und völliger Erschöpfung.

Du drehst dich im Kreis und weißt nicht, welche Richtung die richtige ist. Nichts macht mehr Freude. Wenn du mal raus gehst, kannst du dich über nichts mehr freuen. Du genießt nicht mehr die Sonne, den Wind und die Wolken. Du fühlst dich nur noch wie ein alter Baum, der demnächst zusammenbricht, weil zu viel Schnee auf ihm liegt.

Deine eigenen Gedanken sind extrem widersprüchlich und durcheinander. Es gibt keinen Ausstieg und keine Lösung. Es ist wie ein Karussell, das sich immer schneller dreht und irgendwann entgleist. Du siehst das Unglück kommen, kannst dich aber nicht dagegen wehren. Alle Ratschläge kommen dir unrealistisch und nicht durchführbar vor.

Alle deine Entscheidungen waren so vernünftig, so logisch – aber was hat es gebracht? Wenn du auf deine Gefühle gehört hast, dann war deine Entscheidung auch häufig falsch. Kannst du noch sicher beurteilen, was richtig und gut für dich ist?

Burnoutgefährdet sind insbesondere Menschen, die immer für alle da sind und keine Bitte ablehnen können. Ihr Selbstwertgefühl basiert auf ihrem perfekten Funktionieren und auf Anerkennung. Wenn das auf Dauer ausbleibt, ist der Zusammenbruch vorprogrammiert.

9.3 Zurück zur Normalität

Betroffene müssen damit beginnen, sich im Alltag andere Formen der Bestätigung zu suchen. Sport, Hobbys, Freizeit, der Umgang mit anderen Menschen – Kontakte sind nun lebenswichtig, es darf keine Zeit mehr für Lethargie und Selbstzweifel sein. Frühere Denkmuster müssen verändert werden, da sonst auch Hobbys nur noch mit krankhaftem Ehrgeiz betrieben werden.

Je selbstbestimmter ein Mensch handeln kann, je mehr er Herr über sein eigenes Leben ist, desto geringer ist sein Risiko zu erkranken. Umgekehrt formuliert: Je mehr das Leben fremdbestimmt und ohne Ausgleich ist, desto schlimmer sind die gesundheitlichen Folgen. Burnout ist Resignation, ist Verzweiflung der Seele und kann nur vermieden werden, indem der Betroffene rechtzeitig gegensteuert!

Wenn du immer das tust, was du bisher getan hast, wie kannst du dann andere Ergebnisse erwarten? Also tue dir selbst den Gefallen und frage dich kritisch:

- Welche Ziele und Wünsche hattest du früher einmal?
- Wie haben sich deine Ziele über die Jahre verändert?
- Was hast du davon auch umgesetzt?
- Wie fühlt es sich für dich an, wenn du dir vorstellst, deine jetzige Tätigkeit auch in zehn Jahren noch auszuüben?

Wahrscheinlich wirst du verblüfft über das Ergebnis sein. Nach ein paar einfachen Fragen wird dir schlagartig bewusst, dass du mit deiner Vielarbeit und deinem Perfektionismus selbst verhindert hast, dein Leben und das was du tust, kritisch zu hinterfragen. Du hast dir sozusagen selbst im Weg gestanden – und das vermutlich über viele Jahre!

Es macht aber keinen Sinn, Vergangenem nachzutrauern – denn mit dieser Erkenntnis kannst du ab heute dein neues Leben beginnen!

9.4 Endlich lebenswert leben!

Was sind deine innigsten Wünsche? Wofür brennst du? Möchtest du deine Ziele und Wünsche diesmal auch erreichen? Möchtest du tief in deinem Inneren glücklich und zufrieden sein? Dann leg los! Vergiss alles, was hinter dir liegt!

Ohne das, was du erlebt hast, wärst du nicht der Mensch, der du heute bist. Und du kannst stolz auf dich sein, denn du hast nicht aufgegeben! Aldous Huxley sagte einmal: „Erfahrung ist nicht das, was einem zustößt. Erfahrung ist, was du aus dem machst, was dir zustößt." Jetzt tue das, was dir wichtig ist – und habe Spaß dabei!

Ein altbekanntes Statement lautet: „Love it, leave it or change it!" – Das klingt banal, trifft aber den Kern. Entweder ich liebe das, was ich tue, ich wende mich davon ab oder ich ändere es – die Situation selbst oder meine innere Einstellung dazu. Eine andere Möglichkeit gibt es nicht! Es hilft niemandem, sich selbst aufzuopfern! Es gibt zu viele Menschen, die nur noch vor sich hinleben und keine Freude mehr empfinden. Dieser Zustand ist völlig untragbar! Ändere deine eigene Einstellung zur Arbeit und du wirst gesund werden und bleiben!

Sich selbst in den Vordergrund zu stellen ist nichts Negatives! Es ist das eigene Leben, das über Jahre hinweg vernachlässigt wurde. Nun ist eigene Wertschätzung angesagt!

Es gibt durchaus Dinge, die mich wirklich berühren. Zum Beispiel Musik. Insbesondere Saxophon. Welche Musik, welches Instrument fasziniert dich? Beschäftige dich damit! Lerne das Instrument zu spielen! Wenn es dir zu schwer ist, dann höre dir die Musik an! Genieße es und schalte ab!

Was wolltest du schon immer mal tun, hast es bisher aber stets vor dir her geschoben? Mach es endlich! Jetzt ist es soweit! Bleib dran! Komme nicht mit der Ausrede, dass du momentan kein

Geld dafür hast! Die meisten Dinge kannst du auch leihen und musst sie nicht gleich kaufen!

Ich habe Unmengen Literatur gelesen, um mich zu ändern, Seminare besucht, DVDs angesehen, CDs gehört – mach nicht gleich wieder ein Projekt daraus! Suche dir ein paar Dinge, die dich ansprechen und beschäftige dich nur damit! Die Menge macht es nicht! Weniger ist hier eindeutig mehr!

Was du wirklich brauchst, ist Zeit! Du kannst hier keine Vorgaben machen! Es dauert einfach so lange wie es dauert! Und für einen Neuanfang ist niemand zu alt!

Eine Gesprächstherapie oder ein Coaching können dir spürbar helfen. Du musst aber die für dich passende Person finden, der du auch vertraust. Fehlt das Vertrauen oder hast du nicht den richtigen „Draht" zu der betreffenden Person, dann musst du weitersuchen. Mir hat der Austausch mit anderen Betroffenen in verschiedenen Foren sehr geholfen. Dort bist du teilweise anonym und stehst nicht alleine da mit deinen Sorgen. Wie du vorgehst, musst du für dich selbst entscheiden. Ich habe gemerkt, dass es umso eher wieder vorwärtsgeht wenn ich mich nicht mehr hängen lasse und selbst aktiv werde. Das ist aus meiner Sicht das Hauptproblem: In der Zeit, in der es dir so richtig dreckig geht, die Power zu finden, um auf Dauer ins TUN zu kommen!!!

Was ist alles wichtig? Es gibt viele Dinge, auf die du achten solltest! Du musst lernen, manche Dinge mehr auf dich zukommen zu lassen! Es hilft ungemein, wenn du dich weniger um Dinge kümmerst, die du sowieso nicht ändern kannst! Wenn du das begreifst und konsequent danach handelst, dann wird der Druck weniger!

Ich habe den Kontakt zu vielen Menschen abgebrochen, die mir nicht wichtig waren und die mich nur Zeit gekostet haben. Manche Menschen können es nicht fassen, dass man plötzlich nicht mehr wie selbstverständlich alles Mögliche für sie tut und umgekehrt von ihnen nichts erhält. Es tut gut, die verblüfften Gesichter zu sehen! Es ist wie die Befreiung von einer riesigen Last!

Viele „Freunde" haben während dieser schweren Zeit den Kontakt zu mir abgebrochen. Aber es gibt noch genügend Menschen in meinem Umfeld – Menschen, die wertvoll sind und die mir wichtig sind! Für die bin ich immer da – sie aber auch für mich! Auf ein „Danke!" kommt es dabei nicht an. Aber auf gegenseitige Wertschätzung, Achtung, Respekt und ein gutes und ehrliches Miteinander! Das Umfeld verändert sich schnell – und das Leben wird entspannter! Manchmal schauen wir ewig auf eine Tür, die sich geschlossen hat und bemerken dabei nicht, dass sich längst andere Türen geöffnet haben.

Statussymbole sind mir längst nicht mehr so wichtig wie früher. Vollständig geheilt bin ich noch nicht davon. Aber die Prioritäten haben sich verschoben. Natürlich möchte ich, dass meine Mitmenschen eine gute Meinung von mir haben. Aber vieles ist mir egal geworden. Wenn ich künftig mein Geld nicht mehr als Broker, sondern lieber als Surflehrer verdienen will, dann mache ich das einfach!

Allerdings: Ziele sollte man sich schon setzen – aber sie müssen realisierbar sein! Ohne Ziele wäre das Leben nichts! Aber Ziele bedeuten nicht immer, Millionen auf der Bank zu haben. Je krampfhafter und verbissener ich versuche, ein irreales Ziel zu erreichen, umso mehr stehe ich mir selbst im Weg. Also gilt jetzt: mehr persönliche Zufriedenheit anstreben und auch mehr loslassen!

In dem Film *What About Bob?* mit Bill Murray wird ein Buch angesprochen, das *Babyschritte* heißt. Das passt genau auf die Situation! Erst einmal kleine Schritte machen – das ist ein gangbarer Weg! Setze dir kleine Ziele! Es baut dich auf, wenn du sie erreichst – und dann erst beschäftigst du dich mit dem nächsten Ziel! Setze dich nicht zu sehr unter Druck! Es ist unheimlich wichtig, dass du dir erreichbare Ziele setzt. Und wenn du sie erreicht hast, dann belohne dich dafür!

Ein Statement des Mentaltrainers Ralf Bihlmaier hat mich sehr beeinflusst:

Wussten Sie, dass der Mensch etwa 60.000 Gedanken täglich hat? Nur 3 % davon sind positive und konstruktive Gedanken, 22 % sind negative und destruktive und ca. 75 % der Gedanken sind unnütz und sinnlos. Weniger als 1 % ist bewusst, mehr als 99 % ist unbewusstes Denken aus Denkmustern heraus… Wussten Sie, dass nur etwa 2 % der Menschen im deutschsprachigen Raum in der Lage sind, alleine tiefgreifende Entscheidungen zu treffen? Alle anderen haben das Programm Angst oder das Programm Zweifel.

Also: Durchbrich deine Blockaden! Wenn du die Ängste und Zweifel in deinem Leben streichst, dann kannst du deine Ideen und Wünsche auch umsetzen. Egal was daraus entsteht – wichtig ist, dass du den Mut dazu hast!

9.5 Du ziehst nicht an was du willst – du ziehst an was du bist!

Ich bin davon überzeugt, dass die eigene Ausstrahlung und die eigenen Gedanken dafür zuständig sind, welche Personen man kennenlernt. Es ist auch bekannt, dass das Umfeld das eigene Leben beeinflusst. Bist du mit optimistischen, lebensbejahenden Menschen zusammen, so hat das positive Auswirkungen auf dich. Dies gilt im Prinzip für alle Bereiche.

Es ist erstaunlich, wie viele alte Muster man unbemerkt über Jahrzehnte mit sich trägt. Für mich war es viel schwerer diese zu erkennen, als sie abzulegen.

Ich habe mein eigenes Leben, meine Einstellung und mein Verhalten anderen gegenüber radikal geändert, weil ich das Gefühl hatte, so wie bisher nicht weiter existieren zu können. Auch die Frage nach einem einfacheren Leben stellte sich mir – mit mehr Platz und Ruhe um mich herum, wo ich den Sinn meiner Arbeit erkennen kann.

Meine Lebensziele haben sich seit meinem Zusammenbruch teilweise stark verändert. Das Hauptziel ist „persönliche Zufriedenheit", darunter läuft bei mir Gesundheit, eine sinnvolle und erfüllende Tätigkeit, finanzielle Sicherheit (statt Reichtum), dort zu leben, wo es mir gefällt, echte Freunde, eine liebevolle Beziehung, Hobbys und die Zeit dafür.

Ich versuche, meine Gedanken zu kontrollieren. Ich versuche auch, negative Gedanken nicht mehr aufkommen zu lassen – nicht zwanghaft mit dem Gedanken „Alles wird gut!" im Hinterkopf, sondern ich versuche vielmehr, mit „Babyschritten" meinem Ziel näher zu kommen und zweifle nicht an meinem Weg. Ich suche einfach nach Lösungen für mich, die ich innerlich akzeptieren kann.

Ich habe begonnen, positiv zu denken. Dabei ist das Thema „Loslassen" unendlich wichtig für mich. Einfach durchzuführen ist es nicht; ich muss sehr aufpassen, um nicht wieder in den alten Trott zu verfallen. Als Mensch, für den berufsbedingt nur Logik existiert, musste ich stets selbst die volle Kontrolle haben. Aber ich kann nicht länger alles selbst steuern und alle Fäden in der Hand halten. Das geht auf die Dauer über meine Kräfte!

Auf den eigenen Körper zu hören, bedeutet sorgsam mit sich umzugehen. In jeder Phase seines Lebens. Die meisten von uns haben das irgendwann verlernt.

Kein Tag muss so verlaufen wie der Tag davor. Auch wenn der gestrige Tag nicht so toll war, spricht doch nichts dagegen, den heutigen Tag zu deinem besten Tag zu machen. Also, gib jedem neuen Tag in deinem Leben eine Chance!

9.6 Deine persönliche Checkliste

Zum Abschluss findest du hier jede Menge Denkanstöße, die mir wichtig sind und die mir geholfen haben. Sie werden auch dich voranbringen. Am besten gehst du die Liste regelmäßig durch, denn nach ein paar Wochen verfällt man leicht wieder in den alten Trott. Ich wünsche dir von Herzen viel Erfolg beim Umsetzen:

- Suche dir passende Literatur zur Selbstmotivation
- Nutze passende Foren und tausche dich mit Betroffenen aus
- Plane viel Zeit ein – dieser Prozess läuft nicht nach Terminplan
- Beschränke dich auf die Menschen, die dir gut tun!
- Setze dich selbst an die erste Stelle
- Akzeptiere dich so, wie du bist, und ohne Vorbehalt
- Selbstwertschätzung bedeutet, dich selbst zu schätzen
- Beende die Selbstanalysen und löse negative Gedankenmuster auf
- Reduziere alles auf das Wesentliche
- Verzichte auf Perfektionismus und Planungszwang – Nutze das Pareto-Prinzip (80 % der Ergebnisse werden in 20 % der Gesamtzeit eines Projektes erreicht)
- Leg einfach los und komm ins TUN
- Reduziere die Technik, sei weniger erreichbar, „Entschleunigung"
- Akzeptiere die Dinge, die du nicht ändern kannst
- Ändere deine eigene Einstellung („Love it, leave it or change it!")
- Betrachte ein Problem nicht länger als Problem – suche lieber nach einer Lösung
- Schaffe einen Ausgleich zwischen Beruf und Privatleben (Hobbys, Musik etc.!)
- Mache verbindliche Termine mit dir selbst – und halte sie auch ein
- Erfülle dir eigene Wünsche – jetzt
- Tue die Dinge, die du schon immer ausprobieren wolltest (als Belohnung für erreichte Ziele oder auch „nur so"!)
- Erfreue dich auch an den Kleinigkeiten des Lebens
- Setze dir realistische (Tages-)Ziele, die du auch erreichen kannst

- Führe ein „Erfolgstagebuch" (Was hast du jeden Tag GUT gemacht?)
- Streiche den Gedanken „Ich muss", denke nichts Negatives
- Bei Selbstzweifeln sage laut „STOP" und denke an etwas völlig anderes
- Sag ganz entschieden mal „Nein!"
- Übernimm nie wieder eine „Samariterrolle"
- Habe aufgrund deiner Entscheidungen nie ein schlechtes Gewissen
- Höre auf deine innere Stimme
- „Entspannung" ist ein natürlicher Zustand, der dir auch zusteht
- Wenn du entspannt bist, kannst du nicht negativ denken
- „Überwache" deinen eigenen Zustand kritisch – nicht nur jetzt, sondern immer

Denke immer daran, dass du die Möglichkeit hast, alle Dinge von zwei Seiten sehen zu können! Du kannst die gleiche Situation aus verschiedenen Blickwinkeln betrachten. Und deine eigene Betrachtungsweise ist entscheidend für das, was daraus entsteht!

Letztlich gibt es noch verschiedene Eigenschaften, die maßgebend für deinen persönlichen Erfolg sind. Wenn du daran denkst und danach handelst, wird es dein Leben zusätzlich vereinfachen und bereichern.

- Selbstvertrauen – Habe Vertrauen in dich und deine Fähigkeiten
- Courage – Sei mutig und tu alles was du willst mit ganzer Kraft
- Leichtigkeit – Sei nicht zu streng mit dir selbst, sei entspannt
- Leidenschaft – Tu alles was du machst mit Liebe und Leidenschaft
- Spaß – Integriere den Spaß in die tägliche Arbeit und dein Leben ändert sich

- Geduld – Habe Geduld mit dir selbst
- Zufriedenheit – Betrachte nicht alles als selbstverständlich

Ein weiser Satz des Dalai Lama lautet: „Unsere wahre Aufgabe ist es, glücklich zu sein!" – Der größte Feind deines Erfolgs bist du selbst! Also steh dir nicht länger selbst im Weg, sondern schau nach vorne und achte auf dich! Richtig ist alles, was dir gut tut! Du schaffst das!

André M. Richter, Jahrgang 1961, ledig, seit 1998 freiberuflich als Unternehmensberater und Coach tätig. Nach mehr als zwei Jahrzehnten Berufstätigkeit und einigen privaten Schicksalsschlägen war eines Tages schlagartig der Akku leer. Nachdem ganz viele Dinge nicht halfen, blieb nur der Weg zur Selbsthilfe. Daraus entwickelte sich schließlich das neue Betätigungsfeld Burnout-Prävention und Motivations-Coaching.

10

Die Wende in meinem Leben

Markus Sänger

Bereits vor der Wende in der DDR und der Wende in meinem Leben, war mein Leben geprägt von Ausreißerdenken. Nicht, was ihr jetzt denkt. Ich habe nie daran gedacht, die DDR illegal zu verlassen. Und doch. Ich erinnere mich gut an einen Grillabend bei den ehemaligen Schwiegereltern, als plötzlich darüber diskutiert wurde, wer sich für welches Auto angemeldet hatte (um es dann kurz vor der Rente zu bekommen). Irgendwann war ich dann an der Reihe. Nun saß ich da, in kurzen Hosen, T-Shirt, Jesuslatschen und längeren Haaren. Dieses eine Mal hätte ich glatt gelogen, nur um diesem Spießertum eins auszuwischen. Aber zum Glück hatte ich keine Autoanmeldung. Fuhr immer noch mit Fahrrad und Moped durch die Gegend, ohne mich zu schämen.

Dies war wohl der erste Schritt auf meinem Weg zur Wende in meinem Leben. Nicht viel später kam sie dann auch schon. Ganz einfach über Nacht war plötzlich die Mauer weg. Naja, was heißt schon weg, aber sie hatte Riesenlöcher. Noch einen Tag vorher hätten sie mich glatt erschossen, wäre ich bei der Arbeit im Grenzgebiet in Potsdam-Babelsberg nur einen Meter vom Weg abgewichen. Verrückte Welt! Und kein Stein, kein Gedanke war mehr da, wo er hingehört! Vom glücklichen Hausmeister an der Filmhochschule, der jeden Tag mit dem Fahrrad vom Internat zur Bratpfanne, dem Studentenklub, hin und herfuhr und seine Arbeit verrichtete, fühlte ich mich plötzlich zwischen zwei Welten katapultiert. Meine Ideen und Gefühle gingen völlig neue Wege. Und ich bin ehrlich, auch ich wurde mit der D-Mark gekauft. Neue Wünsche und Dinge, die andere für dich haben, waren plötzlich da. Was ist da schon der Trabant, den ich mir für meine wenig gesparten Ostmark mal günstig auf einem Gebrauchtwagenmarkt gekauft hatte? Jetzt gab es alle Autos, die man sich vorher kaum zu wünschen gewagt hatte, und das ganz ohne Anmeldung und zehn Jahre warten. Kann ich das mit meinem Hausmeistergehalt überhaupt erreichen? Wo man noch gar nicht weiß, ob das Gehalt am Monatsende überhaupt noch kommt?

Gut, dass Berlin so nah ist. Also, ab durch ein großes Loch und mal reinschnuppern in den Kapitalismus. Dieser trat dann auch sogleich in Form eines Chefs auf den Plan – so hatte ich mir Kapitalisten immer vorgestellt. Nur immer die Mitarbeiter schön klein halten und zur Schnecke machen. Aber, sein Haus war auch nur finanziert und das Auto geleast. Man muss eben nur genug Schulden haben, dann ist man wer. Schon gleich was gelernt! Uff, zum Glück wurde ich gefeuert und fand meinen neuen Lebensinhalt beim Ausfahren von Paketen. Auch hier gab es Ausbeutung pur, aber schon von etwas weiter oben, den Auftraggebern, die ihre Subunternehmer für sich fahren lassen. Haben sie doch recht, Risiko gab es im Osten auch keins. Und so kam es, wie es kommen musste, es fanden sich noch Dümmere, die für noch weniger Geld noch mehr Pakete ausfuhren!

Dann meine erste Berührung mit einer Firmenpleite und (noch immer) ausstehenden Gehältern. Das erste Mal in meinem Leben – wie heißt das? – arbeitslos! Auf die Erfahrung Arbeitsamt konnte und wollte ich jedoch verzichten. Und so nahm ich mein Leben und die nächste neue Errungenschaft, die Bild-Zeitung, in die Hand. Wenn ich heute so zurückdenke, ich glaube ich habe kaum ein Stellenangebot ausgelassen und so einiges probiert. Als Werber für einen Automobilklub meine ersten Verkaufserfahrungen gesammelt und so ganz nebenbei gelernt, wie man es nicht macht. Ich war der Wachmann, der für 6,50 Mark die Stunde lernte, wie man sich abduckt und wartet, bis der Einbrecher weg ist. Aber ich war eindeutig überqualifiziert, ich kann lesen und hab eine eigene Meinung. Und so las ich auch den Aushang, auf dem man nach einem Verkäufer für Kopiergeräte suchte. Zwei Wochen später saß ich schon in einem Opel Kombi und fuhr die ersten Kopiergeräte verkaufen.

Rückblickend habe ich mich nie geschämt, Verkäufer oder Vertreter zu sein. Auch jetzt liebe ich es, mit Menschen zu sprechen, sie zu beraten und meine Zeit frei einteilen zu können. Ein angestellter Selbstständiger mit eigenen Zielen. Jedoch birgt gerade die Verkaufswelt viele Fallen für die eigene Persönlichkeit. So erinnere ich mich an eine Bewerbung bei einem großen Kopiergerätehersteller. Dabei legte man weniger Wert auf die Bewerbungsmappe oder das persönliche Gespräch, als auf einen Persönlichkeitstest. Diesen bekam ich nach Hause geschickt und durfte ihn am Computer ausfüllen. Klar, dass ich dabei durchfallen würde. Die Fragen führten mich in eine bestimmte Richtung und wenn ich gewollt, also gelogen hätte, hätte ich die Stelle bekommen. So jedoch wurde ich abgelehnt (ich danke Gott dafür) weil ich nicht manipulierbar gewesen war. Wieder dieses „Ausreißerdenken"!

Inzwischen weiß ich genau, ich will mich nicht verbiegen! Natürlich und vorprogrammiert sind dabei die Ecken, an denen man nicht vorbeikommt, ohne dann doch auch anzuecken. Der Firmeninhaber aus Offenbach zum Beispiel, der immer streng in Umsatzzahlen dachte und mich mit seiner Dominanz zur Verzweiflung, zu meinen Halsschmerzen und schließlich zu meiner Selbstständigkeit brachte. – Wow, was für ein Leben. Genau mein Leben, mein eigener Chef! Viele Ideen brachten mich voran auf dem Weg als Verkaufs- und Persönlichkeitstrainer. Sogar meine Halsschmerzen und der Stress waren wie weggeblasen. Schade nur, dass alle Ausgaben selten Aufschub gewähren. Hätte ich mich doch auf Zypern selbstständig gemacht. Dort lässt einen sogar das Finanzamt drei Jahre in Ruhe. So jedoch war es ein weiterer Baustein an Lebensweisheit für mein Lebenshaus: Insolvenz!

Mein Pluspunkt, immer ging ich offen mit meinen Gläubigern um und habe mit ihnen kommuniziert. So brauchte es nur noch etwas Rat von einem Insolvenzberater, einer kirchlichen Hilfseinrichtung und mein Mut – und meine Hoffnung für die Zukunft waren wieder da. Offenheit, Ehrlichkeit und mein Wille, mein Leben selbst zu bestimmen, waren dabei ganz klar meine Ressourcen! Immer wieder lerne ich Menschen kennen, die die Methode „Kopf in den Sand" perfektioniert haben. Briefe und

Unterlagen liegen ungeöffnet oder unbeantwortet tief unten im Schubfach. Endlich klingelt irgendwann der Gerichtsvollzieher (den ich nie kennenlernte) oder die Bank kündigt den Kredit. Fälligkeit, sofort! Paff!

Meine Art, mit meinem „Makel" offen umzugehen, lenkte mich in einen völlig neuen Berufsweg: Andere Menschen zu Versicherungen und Finanzen zu beraten, war nun mein Weg. Nie wollte ich diesen Weg als Versicherungsvertreter beschreiten. Aber jetzt war es die Herausforderung und der Wille, auch hier offen und ehrlich zu arbeiten und Vertrauen zu gewinnen und zu rechtfertigen. Es funktionierte auch dank eines wunderbaren Lehrmeisters. Er lehrte mich jedoch auch unbewusst durch seinen frühen Tod die Achtsamkeit. Und doch waren wohl mein Wille, mein Leben immer selbst zu bestimmen und immer perfekt zu sein, der Auslöser, die Ursache für eine neue, völlig andere Krise in meinem Leben. Irgendwann, ich kann heute gar nicht mehr genau sagen, wann es sich das erste Mal drehte, fand ich mich in dem Hamsterrad wieder, immer mehr zu wollen. Mehr Umsatz, mehr Einkommen, mehr Dinge, die man (nicht) benötigt. Die Dinge, die dann wieder mehr Geld kosten, um sie zu erhalten. Das Rad drehte sich unaufhörlich. Meine Halsschmerzen und Magenkrämpfe ignorierte ich oder bekämpfte sie mit Mittelchen. Am besten half immer wieder Adrenalin. Beschäftigt sein, irgendwie. Ich muss doch noch was tun, irgendwie mehr schaffen. Selbst der Schlaf in der Nacht erschien mir dann mehr als überflüssig.

Was war noch zu tun? Was liegt morgen an? Was hat mich heute geärgert? Gelebt habe ich im Gestern und Morgen. Der Fuchs, der nicht mehr in Sicht war und der Fuchs, der irgendwann vielleicht in Sicht kommt, sie hielten mich ständig in Obachtstellung und in Angst, etwas falsch zu machen oder nicht genug gut genug zu sein. Kleine Alltagsprobleme fingen an, mich aggressiv reagieren zu lassen. Schlief ich doch mal nachts, setzte mein Atem aus. Schlafapnoe, so die Diagnose. Gut, dass die Ärzte doch noch was finden und eine Diagnose parat haben. Aber woher kommt die Apnoe und was tue ich dagegen? Schweigen. Eine Atemmaske sei das Allheilmittel. Schon wieder greift mein „Ausreißerdenken". Noch immer bin ich froh, dass mein Hausarzt ein Homöopath war und die beste aller Arzneien für mich hatte: Zeit zum Reden!

Und doch passierte es: ich bekam an einem zweiten Weihnachtsfeiertag morgens eine heftige Atemnot. War dies noch einmal eine Wende in meinem Leben? Das kann gut sein. Erst einmal bescherte es mir ein neues Gefühl: Todesangst! Bei jedem „Frosch" im Hals, bei jedem Verschlucken bekam ich Panik. Genug damit! Wenn ich schon an meinem Leben hänge, dann bitte sollte es auch wieder sinnvoll sein. Dein Leben!

Immer öfter hatte sich inzwischen die Frage aufgedrängt, wofür das Geld und all die Dinge, wenn kein Sinn mehr da ist. Der Sinn des Lebens! Viel zitiert und beschworen. Nur ist die Frage: Wessen Sinn rennen wir hinterher? Unserem eigenen, ganz persönlichen? Oder dem Sinn vom Partner, der Bank, dem Chef, der Werbung oder den Politikern?

Ich war wirklich müde! Und das nicht nur, weil ich oft nachts schlecht schlief.

Gut, nach der Operation, zu der ich mich entschieden hatte, hab ich keine Atemaussetzer mehr – und doch hatte sich ein Gefühl der Leere eingestellt. Alle Tests im Internet bestätigten: Burnout! Ja schön, aber morgen muss es weiter gehen! Und es ging weiter, bis ich nicht mehr wusste, warum ich morgens losgefahren war. Ich stand auf der Landstraße und fragte mich: „Wo wolltest du noch mal hin und warum!?" Zum Glück kannte ich noch die Adresse meiner neuen Ärztin, die das richtige Mittel für mich hatte: eine Woche Auszeit ohne Handy und Computer! Die Woche verbrachte ich dann in einer Blockhütte am Rhein, allein, nur mit einem Buch. Dort hatte ich das Gefühl, aus einer langen Phase zu erwachen und wieder ich selbst zu werden! Komisch war für mich auch: meine Geschäftswelt brach nicht zusammen ohne mich! Nirgends fehlten meine sechzig bis siebzig Arbeitsstunden! Nicht alle Kundenfragen und Wünsche wurden 120-prozentig perfekt bearbeitet und doch war keiner abgesprungen oder hatte gekündigt. WOW!

Zeit für eine wichtige Frage: Was war passiert in meinem Leben? Mir ging es besser als je zuvor (was ich auch schon wieder hinterfragen könnte: ist das mein Sinn?). Die Schulden waren Vergangenheit, denn inzwischen waren sechs Jahre vergangen … und dennoch. Waren es bisher meine Ziele und Wünsche? Oder waren es die der Partnerin, des Chefs, der Bank, der Werbung, der Politiker?

Und noch immer lähmte mich nur allzu oft die Angst, wieder morgens mit Atemnot aufzuwachen. Wie nun stoppt man so ein Hamsterrad? Auf Anraten meiner Ärztin: mit Chemie! Bisher immer ein Tabu für mich, sah ich selbst auch nur noch diesen Ausweg: in Form von Antidepressiva. Heute bin ich froh über diesen Schritt, auch wenn ich noch ab und zu die Nebenwirkungen beim Absetzen der Tabletten spüre. Bei mir sind dies oft Alpträume und damit verbunden ein Aufschrecken mitten in der Nacht und nicht mehr einschlafen können. Halfen mir die Antidepressiva doch, ein ganzes Stück gelassener zu werden und von 120 % auf 80 % runterzufahren. Und sie halfen mir, meine Angst zu vergessen.

Neuer Mut machte sich breit und die Lust, wieder mein Leben in meine Hände zu nehmen. Ein nächster Schritt: der neue Antrag auf Rehabilitation zum Erhalt der Arbeitskraft. Bereits im Jahr 2006 hatte ich nach der Diagnose Schlafapnoe in Eigeninitiative solch einen Antrag gestellt und im Jahr darauf drei Wochen Kur auf Borkum genehmigt bekommen. Wunderbare drei Wochen im Sommer mit Ruhe, Wind und Nordseefeeling. Leider wurden alle Therapien auf den Körper ausgerichtet. Die Seele und die Psyche kamen zu kurz. Eine Therapeutin auf rund 300 Patienten war eben eindeutig zu wenig. Und so nahm ich meine wahren Ursachen wieder schön mit nach Hause. Sie warteten einfach auf ihre Zeit. Die ließ auch nicht lange auf sich warten. In der Zeit der meisten Kundenanfragen und Termine bis Weihnachten waren sie wieder da: Atemaussetzer, Magenkrämpfe und Halsschmerzen. Und ohne es zu merken oder zu wollen, war ich wieder mittendrin im Hamsterrad mit meinem Perfektionismus und allen anderen Antreibern.

Mit einem neuen Antrag 2011 auf Reha hatte ich das Gefühl, lagen die Voraussetzungen meinerseits anders. Ich hatte begriffen, dass wilde und blinde Aktivität mit sechzig Stunden und mehr pro Woche auf Dauer nicht gesund sind und nicht gesund machen! Während ich also den Antrag ausfüllte, plante ich bereits konkrete Schritte, um wieder zu mir und ins Leben zurückzufinden. So plante ich feste Auszeiten ein, die ich (am Anfang noch wenig stringent) auch nicht durch einen Kundentermin austauschte oder verschob. Und dies behielt ich auch weiter bei, wurde dabei auch immer konsequenter. Denn ein Termin mit sich selbst ist genau so dringend und wichtig wie jede Besprechung, jeder Kundentermin, jedes Projekt, das noch fertigzustellen ist. Waren es am Anfang einfach kleine Auszeiten, suchte ich einen sinnvollen, vielleicht auch sportlichen Ausgleich. Da kam die Frage auf, was passt zu mir? Als eher Nichtsportler? Nordic Walking hatte ich bereits 2007 auf Borkum für mich entdeckt und ich schaffte es auch wieder, mich zweimal die Woche auf den Weg zu machen. Das Segeln fehlte mir sehr. Was kommt als Alternative in Frage? Etwas, wo ich spontan hingehen kann und es keinen neuen Druck, wie Training oder Wettbewerbe gibt? Mit diesen Gedanken im Kopf fiel mir ein Schnupperkurs der VHS zum Bogenschießen ins Auge, zu dem ich mich sogleich anmeldete. Die Truppe, der Umgang und vor allem, nicht an die 7/24-Regelung zu denken (7 Tage die Woche – 24 h), gefielen mir sehr. Ich schwor mir von Anfang an, keinen neuen Druck aufzubauen. Schneller, höher, weiter, so scheint mir, heißt es für die meisten Menschen auch privat auf Reisen oder beim Hobby oder Sport. Und so ist es wenig verwunderlich, wenn wenig bis keine Entspannung eintritt. Volle Power mit 7/24-Regelung!

Und siehe da, dank Antidepressiva, festen Auszeiten, Sport und rund 45 Arbeitsstunden waren noch immer alle zufrieden: Chef, Kunden und mein Banker!

Was mir jetzt noch zu meinem Glück fehlte? Ohne Tabletten zu sein und dauerhaft meinen Rhythmus von Arbeit, Anspannung und Entspannung zu finden. Wann weiß ich, dass ich nicht perfekt sein muss und wann auch weniger genügt? Nicht so einfach als „kreativer Chaot" mit einer perfekten Ader. Denn auch vom klassischen Zeitmanagement hatte ich mich verabschiedet. Warum sollen wir immer effektiver werden? Liegt es wirklich nur an mir selbst, wenn ich es einfach nicht mehr schaffe? Von mir inzwischen die Erkenntnis: NEIN! Wir brauchen, jeder für sich, unseren eigenen persönlichen Lebensrhythmus! Sei es als gewissenhafter, kreativer, zielgerichteter oder eben auch chaotischer Mensch.

Auf dem Weg zu dieser Erkenntnis fand ich es sehr spannend zu erkennen, dass selten etwas wirklich so dringend ist und selten, nein, gar nicht, die Welt untergeht, wenn man mal etwas liegen lässt. Im Gegenteil, oft erledigt sich so manches von selbst. Zum Glück und dank meiner Hausärztin, die mich auf die Idee brachte, hatte ich inzwischen einen meiner größten Stressoren fast vollständig beseitigt: den Papierkram. Nicht, dass es ihn nicht mehr gab, aber eben nicht mehr in Papierform, der ständig irgendwo gesucht werden musste. Inzwischen hatte ich alle Papiere fein säuberlich abgelegt in meinem iPad, immer dabei und mit einem Suchbegriff auch schnell gefunden. Hier machte es sich bereits bezahlt, das Umfeld in den „Gesundungsprozess" einzubinden. So hatte ich alle Kollegen gebeten, mir möglichst Unterlagen nur noch per Email oder Fax (die ich dann auch per Mail erhielt) zu schicken. Allerdings war zu diesem Zeitpunkt vor meiner Reha vielen noch nicht so klar, dass ich krank war. Für mich war und ist diese chronische Erschöpfung, dieser Burnout, ganz klar eine Krankheit! Nicht auf Anhieb zu sehen, aber doch ist sie da. Oder muss man erst warten, bis sich die Psyche eine Schwachstelle im Körper sucht, die man vielleicht auch nach außen hin sehen kann?

Die nächste Wende in meinem Leben stand vor der Tür. Die Reha wurde genehmigt. Es sollte nun vier Wochen nach Aukrug in die Psychosomatische Klinik gehen. „Aber notfalls bist du doch erreichbar?", fragte mein Chef. Könnt ihr meine Antwort schon erahnen? „Auf keinen Fall! Ich bin krankgeschrieben und darf gar nicht arbeiten!" Alle Anrufe aufs Handy, alle Emails wurden auf einen Kollegen umgeleitet. Ich bin ihm heute noch dankbar dafür. Hat er mir doch wirklich den Rücken frei gehalten. So konnte ich mich komplett aus dem Alltag, sowohl beruflich als auch privat, herausnehmen und einmal wirklich egoistisch sein! Mein Kopf gab mir noch einen guten Rat, bevor ich ihn öfter mal abschaltete: schreib ein Kurtagebuch!

Den Kopf abschalten und die Seele, das Unterbewusstsein, sprechen lassen! Ich denke oft zu viel nach. Was wäre wenn? Da waren sie wieder: Fuchs und Hase! Aber dazu später mehr.

Bevor es zur Reha ging, erst einmal noch ein kleiner Rückschlag: Nach doch wieder einigen Mehrstunden an Arbeit, suchte mein Körper wieder ein Ventil und fand es in meinem wohl schwachen Immunsystem. Es schien, als wären die Antibiotika-Behandlungen nach der OP wirklich nicht spurlos an meiner Darmflora vorbeigegangen.

So schleppte ich also eine wunderbare ausgewachsene Grippe mit in den Urlaub nach Zypern. War ja klar, der „Schutz", die Power durch die Stresshormone sanken und, schwupps, wurde ich krank. Also blieb mir nichts anderes übrig, als mich mit verschiedenen Teeinhalationen und mit viel Schlaf wieder aufzupäppeln. Zum Glück war nun alles so geplant, dass ich nach dem Urlaub nahezu nahtlos in die Reha gehen konnte. Zum Glück hatte ich mir als Übergang bis zur Reha noch für drei Tage ein Ferienhaus direkt am Strand auf Fehmarn gemietet und konnte mich so noch von meiner Grippe erholen und mich auf meine „egoistischen" Kurwochen einstimmen. Ich spürte bereits, die nächste Wende in meinem Leben näherte sich mit leisen Ostseewellen.

Immer wieder sind solche Januartage an der Ostsee für mich Tage des Krafttankens und des Innere-Ruhe-findens. Mit dieser inneren Ruhe und (auch gut geplant) nur kurzen Autofahrt von Fehmarn, fand ich mich wieder in der Stätte meines Neustarts. Psychosomatische Klinik Aukrug. Von A bis Z auf die Psyche eingestellt, spürte ich vom Pförtner bis zur Küchenhilfe immer wieder eine besondere Art der Hilfe.

Nun war es an mir, mich aktiv am meiner Wende zu beteiligen. Nein, diese selbst zu initiieren!

Original Eintrag aus meinem Kurtagebuch am ersten Abend:

> Resümee des Tages:
>   mal sehen, was passiert
>   aufpassen, dass was für mich passiert
>   selbst aktiv werden, dass etwas passiert

Und es passierte so viel! Ich entdeckte Fuchs und Hase, traf neue Freunde, führte tausend wunderbare Gespräche, konnte meine Antreiber identifizieren und kam wieder zu mir selbst!

Nun seid ihr doch bestimmt schon neugierig, was es mit Fuchs und Hase auf sich hat, oder?

In den Gesprächen mit meinem Therapeuten in der Klinik entwickelte sich dieses Bild. Der Hase sitzt friedlich grasend auf einer Wiese. Es ist weit und breit kein Fuchs in Sicht und so kann er glücklich sein Leben genießen. Plötzlich taucht ein Fuchs auf, der Hase flieht und reagiert damit auf dieses aktuelle Ereignis. Kaum jedoch ist der Fuchs außer Sichtweite, sitzt der Hase wieder friedlich grasend auf einer Wiese und genießt glücklich sein Leben! Hört sich gut an, oder?

Metaphorisch gesprochen: Was hat der Hase (also ich) aber bisher wirklich gemacht? Er saß nicht friedlich grasend auf der Wiese, sondern machte sich darüber Gedanken, ob und wann denn ein Fuchs (Aufgaben, Probleme, Unerwartetes) kommen könnte. Kam der Fuchs dann tatsächlich, war der Hase schon aus der Puste und entkam ihm kaum. War der Fuchs endlich außer Sichtweite, saß der Hase da, aber wieder nicht friedlich grasend. Er machte sich jetzt Gedanken darüber, wie schlimm es doch hätte werden können, wenn der Fuchs ihn bekommen hätte. Und was er machen soll, wenn der Fuchs wieder kommt! Merkt ihr was? Ist dieser Hase glücklich?

Dieses Bild hat sich jetzt bei mir so verinnerlicht, dass ich es immer wieder zur Hilfe nehme, wenn ich an einen Fuchs von gestern oder morgen denke! Wenn ich an Aufgaben oder Probleme denke, die Vergangenheit sind oder noch gar nicht akut anstehen! Ein großer Schritt in mein neues Leben!

Und mein Tagebuch füllte sich. Jeden Tag gab es in dieser Zeit für mich neue Ansätze und neue Gefühle. Mir war und ist bewusst, dass noch ein großer Weg vor mir liegt und der Alltag immer wieder versuchen wird, mich in alte Bahnen zu lenken. Wobei, es müssen ja auch nicht alle alten Bahnen schlecht sein! Gutes bewahren, eigene Stärken festigen und Antreiber identifizieren – das waren meine nächsten Schritte. Warum will (und muss) ich immer perfekt sein und es jedem recht machen? Was tun dabei meine Antreiber und die Polizei, das schlechte Gewissen? Schon hatte ich wieder etwas erkannt! Es gibt einen Grund dafür, warum ich mich mit offenen Augen und klaren Verstandes in dieses Hamsterrad begeben hatte: Ich wollte mich gut fühlen, mich selbst wertschätzen. Bin ich einmal nicht perfekt (und das vielleicht auch noch mit Absicht) und mache ich es nicht jedem Recht, sage ich auch mal Nein, sorgt meine innere Polizei für ein schlechtes Gewissen und ich fühle mich schlecht, fühle mich weniger wert. Mein Selbstwertgefühl, mein Selbstbewusstsein leidet. Klar, dass ich das vermeiden will und alles mache, um mich gut zu fühlen. Selbst, wenn ich dadurch renne und renne und trotzdem nicht von der Stelle komme und sich irgendwann dieses Gefühl der Leere einstellt.

Wann nun waren Antreiber und Polizei aktiv? Das zu erkennen und zu spüren ist der erste Schritt, um dann auch einmal ganz bewusst die Reaktion der Polizei, das schlechte Gewissen, auszusitzen. Wie kann die Polizei denn auch von heute auf morgen wissen, dass neue Gesetze gelten? Die Mühlen der Justiz mahlen bekanntlich langsam. Auch bei mir. Wichtige Fragen stellen sich seitdem aber automatisch: Was kann schlimmstenfalls passieren, wenn ich meinem Antreiben jetzt nicht nachgebe? Ist der Fuchs wirklich in Sicht?

Mit kleinen „Übungen" fing ich im Alltag an, auch mal ganz bewusst nur auf Füchse in Sichtweite zu reagieren oder Polizei, Polizei sein zu lassen. So erhielt ich ein Knöllchen wegen Falschparkens gleich mit Zahlschein. Mit dem kurzen Gedanken, so kann man Touristen auch vergraulen, erfreute ich mich an dem Flattern des Zettels hinter meinem Scheibenwischer, fuhr damit durch die Waschanlage und kratzte am Ende des Tages die Reste von der Scheibe. Was konnte schlimmstenfalls passieren? Dass sie mich noch einmal anschreiben und das Geld einfordern. Dann kam der Fuchs in Sicht, ich bezahlte, wollte erst noch das Tourismusbüro anschreiben, aber da war der Fuchs schon wieder weg und der Hase graste wieder friedlich und glücklich.

Ich begegne inzwischen vielen Hasen, die sich um nichtvorhandene oder vergangene Füchse Gedanken machen. Jetzt fällt es mir ganz bewusst auf. Aber jetzt kann ich mit meiner Kommunikation diesen Hasen zum friedlichen Grasen verhelfen. So auch in der Selbsthilfegruppe. Diese Form der Unterstützung zu finden, war nach der Reha mein nächstes Ziel. Ich wollte nicht wieder einen passenden Therapeuten suchen, sondern Hilfe finden und selbst anbieten. Denn auch dabei spüre ich immer wieder, wie es mir selbst gut tut. Und auch immer wieder wird mein Lieblingsspruch bestätigt: „Wie kann ich wissen, was ich denke, bevor ich höre, was ich sage!?" Leider fand ich in meinem näheren Umkreis keine passende Gruppe und so kam, was kommen musste: ich gründete mit Hilfe des paritätischen Selbsthilfebüros eine eigene Burnout-Selbsthilfegruppe. Eine neue Herausforderung, eine neue Aufgabe, neue soziale Kontakte und inzwischen auch Freunde kamen auf mich zu.

Noch immer fehlte mir die Kraft, mich wieder „normal" meinem Beruf zu widmen. Auch die Angst, wieder den Antreibern ins Hamsterrad zu folgen, war und ist immer noch präsent. Inzwischen nutze ich jede Möglichkeit, jeden neuen Weg, um nicht wieder den Weg zurück zu gehen. Sei es die telefonische Betreuung, ein Modellprojekt meiner Krankenversicherung, eine Therapie mit Thermocheck und Stress-, Stoffwechsel- und Regulationsanalyse, eine neue Tiefenpsychologische Therapie, ein Gespräch mit einem Seelsorger und viele neue interessante Kontakte und Möglichkeiten. Das alles dank meiner Initiative als „Leiter" der Selbsthilfegruppe. Viele Ideen bahnten sich ihren Weg aus der Gruppe und auch aus mir selbst. Dank eines persönlichen Ernährungsplans war ich inzwischen mein Sodbrennen, meine gelegentlichen Magenkrämpfe und acht Kilos los. Nun noch etwas Balance ins Privatleben und fertig ist das neue Leben. Oder?

Auf jeden Fall wurde es Zeit, dass ich als „Sänger" auch einmal singe. Und so ließ ich mich gern von einer Freundin aus unserer Gruppe zum Gospelchor mitnehmen. Wow! Was für ein neuer Weg für das Selbstwertgefühl. Auch hier wieder: es geht auch ohne Druck und künstlichen Stress und das „Schneller-höher-weiter"-Syndrom! Man kann tatsächlich einfach nur Spaß haben. Auch wenn ich das tatsächlich erst noch lernen musste, nein, sogar lernen wollte! Magenkrämpfe und unruhiger Schlaf waren dann schon wieder da! Warum? Ich wollte wieder perfekt sein und zum ersten Konzert alle acht Liedtexte auswendig können (müssen)! Nach nur zwei Proben! Aber siehe da, niemand erwartete das, alle waren da, um zu singen und Spaß zu haben. Und selbst die Zuhörer erwarteten keinen perfekten Chor! Soso, die alten Antreiber waren also noch immer in Lauerstellung! Ein Fuchs außerhalb der Sichtweite, aber trotzdem präsent!

Jedoch: der Weg scheint richtig, bietet er auch noch viele Verzweigungen und Ablenkungen, vielleicht auch ein paar Umwege. Doch ich werde ihm weiter folgen auf meinem Weg zur Lebenswende!

Ich möchte dich, lieber Leser, ermutigen: nimm dein Leben in die eigenen Hände! Kenne und stehe zu deinen Fehlern und Schwächen. Nutze deine Stärken – und sei auch mal anders, als andere denken. Das ist nicht wichtig. Suche dir Hilfe und Freunde. Es gibt davon mehr, als du denkst!

Markus Sänger studiert, wie er selbst sagt, nun seit 50 Jahren das Leben und sammelt dabei viele Erfahrungen, die sich 2007 in der Falle des Burnouts wiederfinden ließen. Privat seit inzwischen 22 Jahren in fester Partnerschaft (seit drei Jahren verheiratet) mit drei erwachsenen Kindern, erlebte er beruflich ein Wechselbad der Gefühle. Vom Industriemechaniker zum Betriebsrentenberater gab es viele Etappen, die auch durch Scheidung und Privatinsolvenz geprägt wurden. Nach einer zweiten Reha 2012 findet er den Weg aus der Burnoutspirale und gründet eine Selbsthilfegruppe, in der er anderen und sich selbst hilft, auf dem Weg aus der Spirale heraus zu bleiben.

11

Burnout – eine zweiseitige Grenzerfahrung meines Lebens

Stephan Stavridis

Burnout! Da war es, dieses fiese Modewort. Der Schwelbrand, der zu einem Flächenbrand geworden war. Ich brannte lichterloh und sah am Ende meiner glimmenden Asche zu.

Was war passiert? Ich war gerade mal 35 Jahre alt, hatte es vom Telefonakquisiteur zum Prokuristen und Geschäftsführer einer Tochtergesellschaft im Bereich Gesundheitswesen bei einer Kölner Vertriebsfirma für Medizinprodukte geschafft. – Eigentlich doch eine Bilderbuchkarriere, sollte man meinen. – Nach dem Studium hatte ich dort angefangen und das Unternehmen mit aufgebaut. Ich sah das Team wachsen, konnte die erreichten Erfolge mit anderen teilen und feiern und war im Rahmen meiner Vertriebstätigkeit viel in der Welt herumgekommen. Ich hatte mich permanent weitergebildet und einen gutbezahlten Job. Das war die eine Seite der Medaille.

Die andere Seite wies ein ernsteres Bild auf. Eins, auf dem die Kehrseite abgebildet war. Die erzählte vom Niedergang des einst Aufgebauten, von den finanziellen Schwierigkeiten des Unternehmens, vom Immer-mehr-machen-Müssen (und doch nie zu genügen) und sich festsetzenden Jobängsten.

Nach dem Börsengang wurde fleißig das hereingespülte Geld ausgegeben. Schließlich war es die Zeit der New Economy. Ich war zwei Jahre im Ausland und hatte in Italien ein Tochterunternehmen aufgebaut. An einem Donnerstag erhielt ich einen Anruf vom Vorstand. „Du musst zurückkommen, wir haben kein Geld mehr!" Obwohl mein Vertrag noch ein Jahr ging, kehrte ich nach Deutschland zurück und war danach mit dem Abwenden der drohenden Insolvenz beschäftigt.

Eine solche Schwebesituation über einen längeren Zeitraum ist eine Belastung für jeden. Umso mehr, wenn man die eigene Lebensarbeitsleistung den Bach runtergehen sieht. Wir hatten uns bemüht, mehr Aufträge zu holen, den Umsatz zu steigern, Kosten zu sparen, Entlassungswellen zu ertragen und die eigene Angst zu bekämpfen. Habe ich morgen noch einen Job oder kommt mir ein grauhaariger älterer Herr entgegen und sagt: „Guten Tag, mein Name ist Müller. Ich bin der Insolvenzverwalter."

Im klassischen Sinne hatte ich gebrannt – für die Sache, für die Kollegen, den Teamgeist und die erzielten Erfolge. Vielleicht auch für den Status, die Titel und das Gefühl, Teil eines großen Ganzen gewesen zu sein.

Doch das große Ganze bröckelte. Das Fundament war aus Sand, der von den Wellen des Change, des Wandels, umspült wurde. Langsam aber stetig nagten die Wellen an mir und gaben mir schmerzlich zu spüren, wie lange es dauert, Dinge aufzubauen und wie schnell der Oberbau auch wieder in sich zusammenstürzen kann.

Oh ja – ich habe dagegen angekämpft! Schließlich wollte ich mich nicht kampflos ergeben und anderen überlassen, was ich mit eigenen Händen miterschaffen hatte. Doch der dafür gezahlte Preis war hoch, rückblickend viel zu hoch.

Höher, weiter, schneller, besser. Aber am Ende kam die Firmenübernahme doch. Da haben auch die Extraanstrengungen und die kontinuierliche Verausgabung und der Ressourcenabbau nicht mehr gereicht. Ich streckte alle viere von mir!

Immer mehr machen zu müssen und doch nicht auszureichen, entwertet die Arbeit und infolgedessen auch den eigenen Wert, da wir uns im westlichen Kulturkreis ja zu einem hohen Anteil über die Arbeit definieren. Und da ich sehr eng mit dem Unternehmen verbunden war und es auch mit als mein „Kind" ansah, tat es mir in der Seele weh, es nicht mehr bis zum Erwachsenwerden begleiten zu können.

Wann es bei mir „Klick" gemacht hat und der „point of no return" überschritten wurde? Bekanntermaßen spricht man beim Burnout ja von einem schleichenden Prozess.

Eines Morgens an einem schönen Sommertag 2004 ging ich ins Büro, setzte mich an meinen schicken Schreibtisch und sah meine Kollegen an. Eine innere Stimme sagte mir: „Was hast du hier eigentlich verloren? Du kannst das nicht mehr machen!"

Der Satz aus meinem Über-Ich schlug ein wie eine Bombe. Aus dem „du" wurde ein „ich" und ich sagte zu mir selbst: „Ich kann nicht mehr!"

Bevor ich noch irgendwas kontrollieren konnte, hatte sich die bis dato für mich als Überflieger neue Erkenntnis festgesetzt. Meine Gefühle fuhren Achterbahn, ich ging zu meinen Kollegen und sagte nur: „Ich muss hier weg!"

Ich fuhr direkt zu meiner Hausärztin und schilderte ihr mein Leid, bevor ich nach Beruhigungsmitteln fragte, da es mich innerlich und äußerlich erzittern ließ. Die Beruhigungsmittel bekam ich und da ich ständig davon sprach, dass ich Hilfe brauchte, auch direkt eine Überweisung zu einer psychotherapeutischen Gemeinschaftspraxis sowie eine Arbeitsunfähigkeitsbescheinigung für einen Monat.

Wieder zu Hause zog ich alle Vorhänge zu und stöpselte das Telefon aus. Zur Ruhe kam ich trotzdem nicht. Irgendwann zeigten die Beruhigungsmittel Wirkung und ließen ein paar klare Gedanken zu. Du bist an deine körperliche und psychische Grenze gestoßen! Traurigkeit ergriff mich, wo ich doch auf Erfolg gepolt war und doch etwas aus mir geworden war. Nur, wer oder was war ich in dem Moment?

Die Depersonalisierung hatte mich erfasst – oder das, was von mir übrig geblieben war. Nachts konnte ich nur einige Stunden schlafen, wachte mitten in der Nacht auf und weinte bis zum nächsten Morgen.

Beweinte ich mein verlorenes Ich oder die Erkenntnis, das fast physisch spürbare Gefühl, dass etwas in mir kaputt gegangen war? Es fühlte sich an wie ein Glas, das in tausend Teile zerbrochen war. Und das war weitaus schmerzhafter als körperliche Schmerzen!

Stand irgendwo auf einem offiziellen Dokument die Diagnose Burnout? Nein, das tat sie nicht, wo sie doch selten als Erstdiagnose gestellt wird. Was die Diagnose der Psychotherapeutin für meine Krankenkasse war? Anpassungsstörung!

Ein Blick ins DSM-IV verriet mit, was es damit auf sich hatte. Eine Anpassungsstörung ist eine Reaktion auf einmalige oder fortbestehende, belastende Ereignisse. Und zwar eine, in der die Reaktionen auf der emotionalen Ebene ausschlagen. Symptome wie depressive Verstimmung, Angst, Sorge, Trauer wurden genannt. Sozialer Rückzug. Ein Gefühl der Leere und das Gedankenkreisen!

Jetzt wusste ich wenigstens, warum ich nachts weinte. Und warum ich niemanden sehen, alles um mich herum ausblenden wollte. Weil meine Gedanken Karussell fuhren und ich sie nicht abgestellt bekam!

Mir war egal, welchen Namen das Kind trug. Ob Burnout oder Anpassungsstörung, periodische Depression oder Belastungsstress.

Eigentlich wollte ich nur mein altes Ich wiederhaben, nur – wo war das zu finden? Langsam realisierte ich, dass ich wohl nicht mehr auf die andere Seite der Grenze zurückkonnte. Der Pass war abgelaufen.

Wie bitte? Bei einer Anpassungsstörung können die Symptome bis zu sechs Monate nach dem Rückgang der Belastung andauern?

Wenn ich nicht mehr ein noch aus wusste und alles seine Gültigkeit verloren hatte, eines konnte ich erahnen: Ich oder du oder wer auch immer. „Das" will keiner und das braucht kein Mensch. Den Schlamassel erträgt keiner auf Dauer. Da muss man schnellstmöglich wieder raus!

Langsam entwickelte ich eine Exit-Strategie. Und zwar eine, die mehrere Wahrnehmungskanäle umfasste. Als eher rationaler Mensch war mir die Verarbeitungsstrategie für den Kopf am nächsten, doch auch die hochgekommenen Emotionen zur Heilung nutzend, brauchte es eine zweite für das Herz. Und da auch die Intuition zur zukünftigen Vorbeugung nicht fehlen durfte, war der dritte Teil der Strategie für den Bauch reserviert.

11.1 Exit-Strategie Nr. 1 – die Strategie für den Kopf

Obwohl mir fast alles zu viel war, wollte ich intellektuell begreifen, was mit mir passiert und welche die Ursachen für das Erreichen meiner psychophysischen Grenzen waren. Das war die Frage nach dem „Warum ist es passiert"?

Ebenfalls kam mir mein hoher Grad an analytischem Verständnis zugute und die Möglichkeit, den Dingen im Rahmen einer Gesprächstherapie auf den Grund zu gehen. Zwar widerstrebte es mir innerlich, mich als „krank" zu bezeichnen, jedoch konnte ich mit dem Begriff „Störung" leben. Als solche empfand ich auch den Fehler im System. Und außerdem hatte ich ja erkannt, dass ich Hilfe brauchte, sie also doch auch in dieser Form annehmen sollte.

Meine Therapeutin war eine freundliche und sehr empathische Persönlichkeit, bei der ich mich aufgehoben fühlte und von der ich mir mehr als eine Diagnose versprach, vielmehr auch das Einbringen der Außenperspektive und wohlwollendes Verständnis.

Letztere erhielt ich, gepaart mit der Bekräftigung, dass es sich bei meiner damaligen Situation nicht um eine Einbahnstraße handelte und dass die Störung ihrer Meinung nach auf eine kräftige Kondition getroffen war.

Das machte es mir leichter, mich zu öffnen und mit ihr gemeinsam nach den Ursachen für den momentanen Flächenbrand zu forschen.

Im Laufe unserer dreimonatigen Arbeit hatte sich gezeigt, dass sich klassische Anzeichen für einen Burnout finden ließen, die ich erst in der Rückblende als solche erkannte, ohne sie vorher wahrnehmen zu können: Mein Ehrgeiz gepaart mit dem „Brennen" für eine Sache, also der hohe Identifikationsgrad mit dem Unternehmen und meiner Tätigkeit. Meine Erfahrung und zunehmende Qualifikation im Laufe der Jahre machte mich zum perfekten Troubleshooter und Feuerlöscher.

Knifflige Situationen zu lösen, war zwar eine intellektuelle Herausforderung, setzte aber zugleich einen hohen Einsatz voraus. Und da ich mich gerne Herausforderungen stellte, sagte ich wohl weniger oft NEIN, als es nötig gewesen wäre. Selbst schuld!?!

Von Schuld wollte ich nichts wissen, das erschien mir nicht als zielführend. Und doch, was waren die Auslöser für diese temporäre Misere, das neuronale Störfeuer, welches mir meine Kräfte geraubt hatte? Und vor allem: inwiefern waren die Auslöser intern in meiner Persönlichkeit oder meinem Charakterprofil und wie weit extern bedingt durch Strukturen und Rahmenbedingungen meiner Umwelt?

Neben dem bereits erwähnten Ehrgeiz und dem chronischen Jasagen kam noch mein persönlicher Antreiber hinzu – „sei perfekt!" Meine Eltern hatten mir ja schließlich vermittelt, dass doch bitteschön etwas aus mir zu werden habe. Egal was ich machte, ich sollte es gut machen! Da war das Externe zum inneren Glaubenssatz mutiert. Und dann war da ja noch das System, ob Management- System Kapitalismus- System oder Arbeitswelt- System, ganz nach Belieben. Die externen Strukturen und Rahmenbedingen halt, die dem modernen Menschen permanent und allgegenwärtig Flexibilität, Erreichbarkeit und Einsatz abfordern.

Mir war bewusst, dass es eine Teilschuld des Systems gab, oder zumindest Elemente im Außen, die Lunte gezündet hatten. Die Arbeit in der Therapie war keine Abrechnung mit dem System als solchem, aber mit Aspekten davon.

Insbesondere fiel mir in meiner beruflichen Situation Jahre vor dem Burnout auf, dass der Druck von allen Seiten zunahm, ob Umsatzdruck, Kostendruck, Zeitdruck, Erklärungsdruck … Druck, Druck, Druck! Während der Druck einerseits zunahm, nahm die Resistenz als psychische Widerstandkraft gegen die unterschwellige Dauerbelastung und den Stress kontinuierlich ab. Nicht zuletzt noch die professionelle Distanz, da man ja als Teil des Systems auch gleichzeitig Teil des Problems war. Nur sind Menschen keine trivialen Systeme!

Man drückt auf keinen Knopf und unten kommt das gewünschte Resultat heraus. Und selbst wenn, die Kapazität einer Maschine ist doch auch begrenzt? Warum werden dann dem System Mensch immer bessere Ergebnisse abverlangt, die bei der nächsten Produktion schon wieder veraltet, hinfällig und unzureichend sind?

Was meinem beruflichen Ethos und meinem Perfektionismus widersprach, war die Dauerüberforderung im Job – nicht nur zeitlich und energetisch und was die Umsatzzahlen anbelangte.

Sondern vor allem das Gefühl der Unzulänglichkeit. Egal, was oder wie viel ich machte – es war doch nie genug!

Wie geht noch mal der Spruch, den ich häufiger im Internet gelesen habe? Ach ja: „Heute (er)kennen wir von allem den Preis, aber nicht mehr den Wert!" Der Urheber ist mir nicht bekannt, aber ich hätte es damals sofort unterschrieben.

Als jemand, der einen hohen Qualitätsanspruch stellt (zuerst an sich selbst und dann an die anderen), war es mir überhaupt nicht mehr möglich, diesem Anspruch gerecht zu werden. Meine Bestrebungen, noch etwas zu retten, wurden nicht gewürdigt, nur bewertet – und am Ende war mein Selbstwertgefühl geschmälert und die (Selbst –)Überforderung vorprogrammiert.

11.2 Exit-Strategie Teil 2 – die Strategie für das Herz

Meinen unruhigen Geist hatte ich mit den Erkenntnissen während der Therapie gefüttert. Nur, was sollte ich mit den hochgekochten Emotionen tun? Wie der Stimme in mir antworten, die sich stets fragend an mich richtete: „Was ist eigentlich mit dir passiert? So kenne ich dich überhaupt nicht…!"

Auch wenn es schwer war, die Gefühle zu sortieren und zu kanalisieren, eins wurde mir bewusst – nutze die Chance, dass etwas in dir aufgebrochen ist. Lass es heraus. Öffne dich!

Das war leichter gesagt als getan. Wer perfekt sein möchte und es nicht gewohnt ist, Schwächen zuzulassen, geschweige denn zu zeigen, wird das nicht als Heilmittel der ersten Wahl ansehen.

Und doch, peu à peu, anfangs in homöopathischen Dosen und im Verlauf des Burnouts die Dosis steigernd, stellte ich fest, dass mich meine Mitmenschen nicht als einen Loser ansahen. Wahrscheinlich war das meine größte Angst dahinter, da Menschen in der modernen Arbeitswelt schnell als nicht belastbar und nicht zuverlässig gelten.

Doch was hatte ich zu verlieren, das Kind war ja eh' schon in den Brunnen gefallen. Und siehe da: das Risiko des Preisgebens meiner Schwäche und meines „Versagens" wurde von den Menschen als liebenswerte Stärke wahrgenommen und honoriert! Ich habe mit vielen mir nahestehenden Menschen während meiner Auszeit gesprochen und bekam als Feedback generellen Zuspruch und Aufmunterung, diesen Kurs der Externalisierung meiner nicht so perfekten Seiten fortzuführen. Das mache mich menschlich und sympathisch(er). Schließlich seien Familie und Freunde auch in Krisenzeiten ansprechbar und nicht nur für die Zeiten da, in denen alles im Lot ist.

Die vielen geführten Gespräche im geschützten Raum meiner Wohnung als Refugium waren von größerer Intensität und Qualität als vor dem Burnout. Ich erkannte, dass mein Mich-Öffnen damit belohnt wurde, dass ich Dinge und Seiten von meiner Familie und Freunden hörte, die ich davor nicht kannte. So erfuhr ich von meiner Mutter, dass sie vor der Hochzeit eigentlich einen anderen Mann als meinen Vater heiraten wollte. Oder dass ein langjähriger Freund vor Jahren einen Selbstmordversuch begangen hatte. Und von Depressionen und Ängsten meiner Bekannten.

Ich war erstaunt. Lief ich früher die ganze Zeit blind durch die Gegend? Warum hatten wir nie über solche Dinge gesprochen? Warum wusste ich nichts davon? Meine Neugier und Interesse an anderen Menschen war doch schon immer vorhanden. Woran lag es also? Die Antwort war schlicht, aber einleuchtend. „Weil du früher deine eigenen Schwächen und Schattenseiten nicht nach außen gekehrt hast! Wir dachten, es gebe in deinem Leben nur die eine Richtung, nach oben".

Langsam stellte sich das Gefühl ein, dass sie Recht hatten. Und die Erlaubnis, dass ich zu meinen Untiefen stehen durfte und diese mir Ecken und Kanten verliehen, wo davor meist alles glattgezogen war. Das war das größte Geschenk für mich in der Zeit! Die Schnittmenge zu anderen Menschen hatte sich vergrößert.

Ich hatte mich und meinen Ressourcenhaushalt einerseits verausgabt, anderseits habe ich von den Menschen um mich herum etwas eingenommen. Mehr Sympathie und Respekt. Ihr Verständnis und Mitgefühl haben es mir ermöglicht, ihre Hilfe anzunehmen. Dadurch machten sie mir den Preis, den ich für den Burnout gezahlt hatte, erträglicher.

Im Jahr vor meinem Burnout hatte ich eine berufsbegleitende Coachingausbildung angefangen. Und das war der Beginn meiner Reise zu mir selbst. Das war ja auch nur konsequent. Wer lernt, sich in andere Menschen hinein zu fühlen, sollte idealerweise bei sich selbst anfangen. Hilfe zur Selbsthilfe war ein mir geläufiges und ehrbares Prinzip, und es schien zu funktionieren. Bei den anderen zumindest.

Was war bei mir selbst? Müsste ich mir nicht selbst helfen können, wenn ich es bei anderen kann? Tja, hier hing ich mich wohl gedanklich auf.

Es war für mich gleichzeitig kurios und beruhigend, dass es wohl einfacher erschien, anderen Menschen zu helfen anstatt mir selbst. Dort, wo ich bei anderen Menschen die Außenperspektive mitbrachte und zu neuen Erkenntnissen verhalf, setzte auch bei mir ein Bewusstsein dafür ein, dass genau das wahrscheinlich meine Lernaufgabe dazu gewesen ist. Ich hatte gelernt, mir von anderen helfen zu lassen und, dass das Prinzip Hilfe zur Selbsthilfe in beide Richtungen funktionierte.

Gepaart mit der positiven Verstärkung meines Ausbilders im Coaching, ein Lehrmeister der alten Schule, dass diese Grenzerfahrung mich im Leben weiterbringen würde als andere, konnte ich langsam anfangen, Frieden mit mir zu machen. Danke dafür!

11.3 Exit–Strategie Teil 3 – die Strategie für den Bauch

Als eher verstandsorientierter Mensch lag mein Bauch ab und zu mal im Clinch mit meinem Kopf. Obwohl meine intuitiven Fähigkeiten meiner Meinung nach gut ausgeprägt waren, ließ ich mich oftmals vom Verstand überlisten, wenn er vermeintlich für mich gute Entscheidungen traf, wobei der Bauch dann das buchstäbliche Grummeln bekam.

Nun hatte ich mich im Verlauf des Burnouts rational mit dem Geschehen auseinandergesetzt und Muster erkannt, die zur Überschreitung der unsichtbaren Grenze geführt hatten. Ebenso hatten die Gefühlsausschläge dazu beigetragen, dass ich mich mehr gegenüber anderen öffnete, ihnen mein Herz öffnete und Einblick in ihre Herzen erhielt.

Trotzdem war das Grummeln gut wahrnehmbar. Es meldete sich mit lauter Stimme und artikulierte sich: „Du willst nicht, dass dir so etwas jemals wieder im Leben widerfährt. Also musst du herausfinden, wozu diese Erfahrung für dich (und andere) gut ist!"

Der Verstand war beruhigt, das Herz offen und die Intuition geschärft mit einem klaren Auftrag an mich – andere stehen dir bei und helfen dir. Jetzt trage dein Scherflein dazu bei, dann kannst du auch wieder für andere da sein. Und zwar stärker als zuvor. Du willst und du kannst das!

In den zwei Monaten, in denen ich zu Hause blieb und mich regenerierte bzw. im wahrsten Sinne des Wortes rekonstruierte, hatte ich der Intuition freien Lauf gelassen und dadurch Selbstheilungskräfte freigesetzt. Dabei haben mir die Macht der Bilder, der Rituale und der Akzeptanz geholfen.

Das Bild, das ich klar vor Augen hatte, war das Bild von einem Ich – Stephan, der in tausend Teile zersprungen war! So schmerzhaft das Bild einerseits war, so nützlich stellte es sich bei meiner Genesung bzw. Neo-Genesis heraus. So wie Kunst als Entstehungsprozess oft intuitiv vollzogen wird, so führte mein Bauch die Hand, die die imaginären Scherben meines Selbst vom Boden aufsammelte und langsam und liebevoll wieder zusammensetzte. Klar, etwas Kitt war nötig und es waren noch Risse zu erkennen. Aber aus dem Scherbenhaufen konnte wieder ein Ganzes mit einer Form und Kontur werden. Die Form war zwar eine andere geworden, aber die Konturen dafür geschärft. Auch die Risse würden mit der Zeit zuwachsen und von innen her mit neuen Lebenserfahrungen aufgefüllt werden.

Mein tägliches Ritual war ein kleiner Ausflug aus meinem Refugium. In der Mittagspause in ein Café, um etwas zu essen und im Anschluss ein paar Schritte im Park. Ja richtig – mein „Hausarzt Dr. Magenflau" verordnete mir täglich einmal leiblichen Genuss in Gesellschaft und grün für die Seele als Kontrapunkt zu den vielen Schattierungen von dunkel bis grau.

Anfangs beobachtete ich die fremden Leute, denen ich in meiner Mittagspause begegnete. Sie kamen mir vor wie Menschen im richtigen Leben, in dem ich einen Gastauftritt hatte. Auch wenn ich quasi außen vor war, so beruhigte es mich doch ungemein, dass die Erde sich weiter drehte und „die Menschen" ihr ganz normales Leben weiterführten, auch ohne mich.

Da eines meiner Grundprinzipien das der Neugier ist, sprach ich einige meiner Mittagspausen-Mitmenschen an und siehe da. Sie waren echt, teilten sich mir mit und zeigten sich sogar interessiert. Ich war aus meiner Parallelwelt in das Hier und Jetzt zurückgekehrt. Schließlich war ja Sommer, die Leute waren kontaktfreudig und die Natur war expansiv. Das Kontrastprogramm „grün statt grau" zeigte seine Wirkung: etwas von dem Lachen der Kinder im Park, dem Zwitschern der Vögel und der Wärme der Sonnenstrahlen übertrug sich auf mein Inneres und übertönte nach und nach das Magengrummeln.

Draußen musste ich nicht so viel denken, nur wahrnehmen, aufnehmen und wirken lassen. Von außen nach innen und wieder als wohliges Gefühl der Akzeptanz nach außen. Dabei die Erkenntnis: wenn andere Menschen dich mit deinen Schwächen so akzeptieren, wie du bist, dann sollte dir das auch möglich sein. Du bist okay so!

War ich wieder bei mir angekommen? Ein Spruch aus der Odyssee des Homer fiel mir ein. Der lautet ungefähr so: „Wenn du nicht einen Schritt außerhalb der Erde setzt, wirst du niemals Halt auf ihr finden!" Eine literarische Umschreibung für mein Empfinden, dass auch Umwege einen weiterführen können.

Und wenn dieser Umweg zur Folge hatte, dass mein Verstand mehr Raum für seine Mitstreiter Herz und Bauch zugestand, so hatte dies auch etwas Gutes an sich. Aus der Asche war ein Phönix entsprungen.

11.4   Lehren aus dem Exit – die Moral von der Geschichte?

Inzwischen sind acht Jahre seit meinem Burnout vergangen. Wie ging es weiter? Und vor allem – was habe ich danach (anders) gemacht?

Mit Sicherheit gehe ich mit meinen Ressourcen schonender um. Ich frage nach dem Sinn, statt einfach nur zu machen. Und ich höre auf die Signale meines Körpers. Gönne mir mehr Ruhepausen. Bewahre mir meine Inseln im Alltag. Lebe mehr von außen nach innen statt umgekehrt. Lasse andere Menschen mehr an meinem Leben teilhaben und mische mich mehr ein.

Nach meiner Rückkehr ins Berufsleben habe ich noch drei Jahre bei dem Unternehmen und seinen Nachfolgern weitergemacht. Bei der nächsten Übernahme wurde ich als Geschäftsführer entlassen.

Es folgte der (konsequente) Weg in die Selbstständigkeit – als Coach und mittlerweile als Trainer. Mit vielen Facetten der Arbeitswelt vertraut, setze ich nun meine Kräfte dazu ein, Menschen auf dem Weg zu ihren beruflichen Zielen zu begleiten und auch dabei, ihre Leistungsfähigkeit im Beruf zu erhalten. Dem Thema Vertrieb bin ich dabei treu geblieben.

11.5 Vertrieb als Wertevermittlung.

Ich habe so etwas wie einen pädagogischen Impetus entwickelt, andere Menschen nach Möglichkeit vor der mir widerfahrenen Grenzüberschreitung zu bewahren. Schließlich besteht unser Leben ja Gott sei Dank nicht nur aus Arbeit. Aber die Arbeit mit Menschen erfüllt mich und ich gebe ein Stück von der Zuwendung, die ich damals erfahren habe, täglich wieder zurück. Und wenn wir im Sinne der Quantenphysik alle Moleküle des großen Ganzen sind, dann soll das auch so sein!

Stephan Stavridis erlebte als Geschäftsführer einer Vertriebsgesellschaft den zunehmenden Druck von allen Seiten, bis er mit Mitte 30 in den Burnout rutschte. Dieses einschneidende Erlebnis und seine Freude an der Begegnung und Begleitung von Menschen sowie seine Vermittlungsfähigkeiten nahm er zum Anlass, um sich als Coach ausbilden zu lassen. Seitdem arbeitet er u. a. in der Burnoutprophylaxe und begleitet Menschen, die ihre Berufung suchen, da seiner Meinung nach noch zu viele Menschen im falschen Job sitzen und ein Großteil ihrer Ressourcen verpufft.

12

Sei stark, sei perfekt!

Sabine Widi-Tessler

Im Grunde begann alles in meiner damals so harmlos erscheinenden Welt im Sommer 2001.

Ich hatte einen Autounfall. Es war an diesem Tag furchtbar heiß, und die Autofahrer auf den Straßen glichen aufgrund der vorherrschenden Hitze diffusen Besuchern einer Spielautomatenhalle im Wiener Prater. Kaum ein Autofahrer war diszipliniert, kaum einer achtete auf den Verlauf des Straßenverkehrs.

Ich befand mich mit meinem Wagen gerade auf dem Weg in eine Geschäftssitzung. Und das ohne Klimaanlage! Die Hitze war für mich unerträglich! Alle Fenster waren geöffnet und ich war heilfroh, dass die Anfahrt nicht allzu lange dauern würde.

Als ich bei einer Kreuzung, die auf Rot geschaltet war, anhielt, kam plötzlich wie aus dem Nichts ein Wagen angeschossen, der mit Vollspeed in mein Auto krachte. Sekunden zuvor, den Verkehr beobachtend, dachte ich noch: „Oh mein Gott, der wird doch noch rechtzeitig bremsen." Der Gedanke war noch nicht einmal zu Ende geführt, da prallte ich schon mit voller Wucht in mein Lenkrad.

Schock!

Wie sich herausstellte, war es ein übereiliger Taxifahrer, der in meinen Wagen hineinkrachte. Aber er hatte keine Zeit, um den Unfall in einer „üblichen Art und Weise" aufnehmen zu können. Denn, wirklich unglaublich, der Verursacher wollte mit seinem Fahrgast noch den Bestimmungsort erreichen. Er gab mir nur seine Visitenkarte und meinte, er müsse zum Zielort des Kunden. Danach würde er wiederkommen.

Mein Auto sah von hinten aus wie eine Ziehharmonika. Nur der Reservereifen, der im Kofferraum montiert war, hatte wohl verhindert, dass, technisch gesehen, nicht mehr passierte. Schließlich fuhr der Taxifahrer einen Mercedes und ich einen Wagen, der im Verhältnis dazu nicht einmal die Hälfte an Gewicht hatte. Ich war völlig außer mir! Mich dort in diesem Zustand stehen zu lassen, empfand ich als totale Frechheit. Aber ich war unfähig, darauf entsprechend zu reagieren.

Perfekt geschult in Sachen Disziplin, kontaktierte ich daher per Handy in der Zwischenzeit meinen Dienstgeber, die Versicherung sowie die Polizei. Sichtbare Verletzungen hatte ich zu diesem Zeitpunkt nicht, doch da ich mich in einem Schockzustand befand, spürte ich auch nicht gleich eine Reaktion. Ich war es zeitlebens gewohnt, meine Beherrschung nicht zu verlieren, egal in welcher Situation! Dennoch, mein Nervenkostüm war am Zerreißen und ich zitterte am ganzen Körper.

Der Taxifahrer kam nach einer Weile tatsächlich zurück, und so konnten wir zumindest versicherungsrechtlich das Wichtigste erledigen.

Danach fuhr ich im Schritttempo nach Hause. Mir war in der Zwischenzeit schlecht geworden und meine Kopfschmerzen weiteten sich aus. Ich schilderte meinem Mann Ernst den Unfall. Er erkannte die Situation und fuhr mich ins nächstgelegene Spital. Nach einigen Untersuchungen wurde eine Gehirnerschütterung, Prellungen an den Armen und der Brustwirbelsäule, ein Peitschenschlagsyndrom, und einiges mehr diagnostiziert. Alles dauerte sehr lange, aber ich musste Gott sei Dank nicht im Krankenhaus bleiben. Aber gleich am nächsten Tag zur Kontrolle.

Am folgenden Tag wurde ich neuerlich und sehr intensiv durchgecheckt. Die Ärzte diagnostizierten weitere Schäden an meiner Wirbelsäule, die man am Vortag gar nicht festgestellt hatte. Sie waren zwar nicht unfallkausal, doch sie waren da.

Dabei gab es eine interessante Diagnose – ich hatte orthopädische Vorschäden! Bis dahin wusste ich nicht einmal, dass es mit meiner Wirbelsäule Probleme gab. Denn, außer einem gelegentlichen Kopfschmerz, hatte ich nie Beschwerden. Ich war seit Jahrzehnten in einem sitzenden Job tätig, daher schien das durchaus normal zu sein, auch mal Schmerzen zu haben. Wenn man täglich acht Stunden am PC arbeitet, entstehen immer wieder Verspannungen oder ähnliches. Ich war jedenfalls nach diesem Unfall die nächsten viereinhalb Monate zu Hause und konnte nicht zur Arbeit.

Lesen, am PC sitzen, Einkaufen gehen oder Autofahren waren schier unmöglich. Es folgten entsprechend langwierige und teilweise schmerzhafte Behandlungen beim Orthopäden und beim Physiotherapeuten.

Nach dem längeren Krankenstand ging ich dann wieder ins Büro. Einiges war in mir verändert und schien nicht mehr so wie früher zu sein. Mich plagten wiederkehrende Panikattacken beim Autofahren, ich konnte nicht mehr auf den Sesseln in unserem Büro sitzen, ohne ständig Rücken- und/oder Kopfschmerzen zu bekommen und auch das Arbeiten am PC selbst fiel mir sehr schwer, weil meine Konzentrationsfähigkeit bereits nach kurzer Zeit nachließ.

Meine Kollegen bemühten sich damals sehr um mich, doch ich kam mir wie eine Außerirdische vor. Dankenswerterweise erhielt ich von meiner Dienststelle nach einer Weile einen Spezialsessel, durch den ich zumindest die Hälfte des Tages schmerzfrei arbeiten konnte. Doch die Motivation im Job verschwand innerhalb kurzer Zeit immer mehr. Ich konnte es mir nicht erklären, doch irgendwann „ergab" ich mich diesen Zuständen. Schließlich hatte ich ja noch einige Jahre für die Pension abzudienen, also wozu nachdenken. Ich hatte bis dahin sehr gerne gearbeitet und viele Jahre auch eine Menge Spaß mit meinen Kollegen. Doch jetzt?! Was war passiert?

In der Zwischenzeit machte ich meine Arbeit nach bestem Wissen und Gewissen und wünschte mir täglich nichts sehnlicher, als dass jeder Tag im Büro rasch vorbeiging. Ich verlor mit der Zeit sämtliche Begeisterung für meine Tätigkeit. Doch nicht nur dort. Auch im privaten Umfeld zog ich mich zurück. Mein Mann verstand das nicht (verstand ich mich überhaupt noch selbst?) und versuchte daher in allen Richtungen, mich für Sport oder sonstige Aktivitäten zu begeistern. Tennisspielen machte mir zwar ursprünglich Freude, doch auch hier verlor ich nach einiger Zeit die Lust und das Interesse. Meine Halswirbelsäule war nach diesem Unfall nicht mehr zu gebrauchen und meine Hände schliefen während des Tennisspielens öfters ein. Zeitweise verrutschte die eine oder andere Bandscheibe im Lendenwirbelbereich sobald ich mich zu schnell beim Laufen bewegte. Nach einer Saison Tennis hatte ich von diesem Sport also mehr als genug!

Der Ehrgeiz, nicht versagen zu wollen, war zwar noch da, aber begeistern konnte mich Sport ab sofort nicht mehr. Das Einzige, das mir gut tat, waren meine Freunde um mich herum. Wir hatten Spaß und ich war nach einem jeweiligen Treffen relativ entspannt. Einige Dinge blieben zwar auf der Strecke, doch ich bemerkte es zunächst nicht.

Im Nachhinein betrachtet, litt ich durch den Autounfall an einem posttraumatischen Stresssyndrom, das allerdings damals niemand erkannte. Ich selbst schon gar nicht! Und daher wurde es auch nicht behandelt.

Aber: sollten nicht gerade auch Unfallmediziner dahingehend geschult sein?!

Nun, ich lasse das an dieser Stelle so stehen. Man kann sicher darüber diskutieren. Das Leben ging jedenfalls weiter. Ohne konkrete therapeutischen Maßnahmen!

12.1 2002–2005 – „Auf der untersten Sprosse der Erfolgsleiter ist die Unfallgefahr am geringsten" (Rupert Schützbach)

Ab 2002 hatte mein Schicksal nie enden wollende Herausforderungen für mich gefunden. Anstatt auf meiner Erfolgsleiter weiter zu kommen, entfernte ich mich immer mehr davon.

Eines Tages war ich mit meinem damaligen Schäferhund (stattliche 45 kg schwer, ich zarte 55 kg) unterwegs, als auf der anderen Straßenseite plötzlich eine Katze auftauchte. Mein Ynu hatte

Katzen zum „Fressen gern"! Daher war sein Jagdtrieb noch intensiver entwickelt, als es bei Hunden normalerweise vorkommt.

Ich hatte Panik! Denn einerseits war die Straßenüberquerung sehr lang und andererseits konnte ich die Hundeleine schon rein technisch nicht auslassen. Sie war mehrmals um mein Handgelenk gewickelt. Der Hund zog so stark an, dass ich mir durch seine plötzliche Vorwärtsbewegung dabei den rechten Ringfinger stark quetschte.

Mit viel Glück musste der Finger nicht amputiert werden, doch die notwendige Therapie dauerte monatelang. Ohne funktionierenden Finger, außerdem monatelang mit Schiene an der Hand, kann man nicht mit dem Auto fahren, keinen Job am PC und am Telefon ausüben. Ein neuer, längerer Krankenstand stand bevor!

Irgendwann fiel mir auf, dass ich plötzlich häufig Unfälle hatte. Doch meine Abwesenheiten in der Arbeit waren in allen Richtungen gerechtfertigt. Ich dachte nie darüber nach, dass dies anormal sein könnte und es irgendwann zu Konsequenzen führen würde. Schließlich war ich nicht zum Spaß krank zu Hause.

Wieder am Arbeitsplatz angelangt, ergab sich einige Monate später eine neue Situation. Ich stürzte während des Spazierengehens mit dem Hund und verletzte mich dabei an meiner Schulter. Dieser Hund hatte alle Schutzhundeausbildungen, doch bei freilaufenden Tieren vor seiner Schnauze waren diese unzureichend!

Dieses Mal war es ein Reh. Und auch hier ließ ich die Leine nicht los! Ich hatte offensichtlich noch nicht dazugelernt. Es muss ausgesehen haben, wie in einem Tom & Jerry-Film! Ynu zog mich meterweit über das Feld. Und obwohl ich fluchte und vor Schmerzen zuerst kaum atmen konnte, musste ich, nachdem wieder Ruhe bei Ynu eingekehrt war, noch nach Hause laufen.

Ich hatte ein Abendseminar organisiert und deswegen war auch keine Zeit, zum Arzt zu gehen. Den Workshop moderierte ich an dem Tag komplett bis zu Ende und überwand so die größten Schmerzen der ersten Stunden. Wie im Titel erwähnt: „Sei stark, sei perfekt!"

In der Früh musste ich feststellen, dass ich nun doch dringend ärztliche Hilfe benötigte. Ich fuhr mit meinem Mann ins nächstgelegene Unfallspital und wurde geröntgt. Das Schultergelenk schmerzte immens, den Arm konnte ich nicht mehr bewegen und beim Röntgen stellte man fest, dass sich im Inneren des Knochens ein riesiges Hämatom gebildet hatte. Durch diese Blutansammlung im Gelenk war aber nichts anderes zu erkennen.

Ausgestattet mit starken Schmerzmitteln für drei Wochen und einer Armschiene, ging ich daher weiter ins Büro. Mit Hämatomen und einer Prellung kann man doch durchaus arbeiten, dachte ich. Und während des Autofahrens nahm ich die Schiene herunter, damit mich die Polizei in Ruhe ließ.

Außerdem wollte ich weiter beschäftigt sein, weil doch ohne mich im Büro nichts ging! Darüber hinaus hatte ich ein immens schlechtes Gewissen, da ich relativ häufig und längere Zeit abwesend war. Und so konnte ich zumindest eine Weile „Heldin" spielen.

Nach fünf weiteren Wochen hatte sich die unerträgliche Schmerzsituation noch immer nicht gebessert und ich konnte mich kaum mehr bewegen. An Schlafen war ebenfalls nicht zu denken! Ich versuchte zwar, mit homöopathischen Behandlungen sowie Akupunktur eine Linderung zu erreichen, doch das half jeweils nur für Stunden. Ein Spezialist musste her! Der Sportchirurg, den ich daher aufsuchte, erkannte aufgrund eines neuerlichen Röntgenbildes, dass mein Schultergelenk gebrochen war. Außerdem war zusätzlich eine Bewegungssehne eingerissen. Hätte das Spital gleich intensiver untersucht, wäre mir der lange und schmerzvolle Weg erspart geblieben. Ich ärgerte mich über die Oberflächlichkeit des Krankenhauses, in dem ich Wochen zuvor war.

Dennoch erleichtert, dass ich eine „ernstzunehmende" Verletzung hatte und nicht als Hypochonder dastand, fuhr ich nach Hause. Mit dieser aktuellen Diagnose hatte ich jetzt zu leben!

Verständlicherweise gab es einen neuerlichen Krankenstand, ich musste wieder mehrere Monate Therapien hinter mich bringen, denn operieren konnte man das nach so langer Zeit nicht mehr.

Nach ungefähr einem halben Jahr nahm ich meinen Job wieder auf!

In der Firma lief alles bestens, und ich hatte es sogar geschafft, dass ich einige Monate ohne Unterbrechungen arbeiten konnte. Alle waren glücklich!

In der Zwischenzeit war es Winter geworden. Wir bekamen eines Abends Besuch aus dem Ausland. Ich wollte aus der angrenzenden Garage unseres Hauses das vorbereitete Dessert holen. Ärgerlich, denn das Motorrad meines Mannes stand mir dabei im Weg! Er hatte es vor die Tiefkühltruhe gestellt und genau dort musste ich hin. Als ich das Bike bewegte, immerhin hatte es circa 350 kg (und ich war sehr mutig, oder doch nicht?!), fiel es mit aller Wucht um. Ich konnte es nur mehr mit meinen Händen halten, aufstellen war völlig unmöglich. Doch sehr lange hielt ich das so nicht aus, daher rief ich nach meinen Mann, der mich aus meiner „ungünstigen Lage" befreien sollte. Das Dessert und meine Hand waren augenblicklich egal, Hauptsache, dem Bike war nichts geschehen!

Das Motorrad noch immer abgestützt, wartete ich aufgeregt, bis Ernst mich aus dieser Situation erlöste. Alles dauerte ziemlich lange und ich hatte furchtbare Schmerzen. Doch auch hier war wieder einmal keine Zeit für einen Arzt, da ja der Besuch schon im Wohnzimmer saß und noch dazu aus dem Ausland gekommen war! Und meine Gäste gehen immer vor.

Am nächsten Tag stand die Diagnose des Spitals fest: rechtes Handgelenk gebrochen. Sechs Wochen Gips, danach Therapie. Das nervte bereits immens! Doch ich dachte zu keinem einzigen Zeitpunkt daran, dass die Ursachen für all das bisher Erlebte ganz woanders liegen sollten. Und so blieb es noch eine ganze Weile!

Das einzig „Positive" in dieser Phase war, dass ich jeweils nach einigen Tagen Krankenstand, trotz sämtlicher Verletzungen und

Schmerzen, eine wesentliche Verbesserung im emotionalen Bereich bemerkte und ich mir daher meinen Gesamtzustand immer „schönreden" konnte.

Aus heutiger Sicht muss ich zugeben, dass ich diese Unfälle sogar irgendwann als „Highlight" empfand, weil sie mich von meinem belastenden Job trennten und mir Freiraum gaben. Alle weiteren Unannehmlichkeiten, die damit verbunden waren – sowohl hinsichtlich Haushalt als auch Freizeitgestaltung – nahm ich offensichtlich auf mich, nur um mich emotional „besser" zu fühlen. Ich vermutete dahinter nur eine jahrelange Pechsträhne. Was tatsächlich los war, bemerkte kein einziger Arzt und ich selbst schon überhaupt nicht! Nach meiner Rekonvaleszenz, entspannt und gestärkt, stürzte ich mich wieder voll und ganz in meinen Job!

12.2 2006–2007 – „Jenseits menschlicher Grenzen"

Ich arbeitete seit 1981 als Beraterin in einem der größten Non-Profit-Unternehmen Österreichs. Außer meiner Beratertätigkeit hatte ich parallel dazu auch die Funktion als Behindertenvertrauensperson übernommen (das bedeutet, dass man durch eigene Behinderung – bei mir resultierte mein Behindertenstatus aus einer schweren Erkrankung und deren Folgen in meiner Kindheit – in einem Unternehmen für weitere Behinderte wie ein Betriebsrat für diese Kollegen gewählt wird und entsprechend agiert).

Mein Dienstgeber hatte im Rahmen einer Umstrukturierung ein Servicecenter eingerichtet. Das hieß konkret, telefonische Beratungen durchzuführen und wenn möglich, parallel dazu einiges zu erledigen. Gleichzeitig waren sämtliche Anfragen, die per Mail in der Geschäftsstelle Wien einliefen, von mir zu bearbeiten. Für diesen Job waren professionelle Mitarbeiter gefragt. Und ich war Professionistin. Egal wie lange ich nicht im Dienst war, die fachliche Aktualität behielt ich immer. Die neue organisatorische Variante war daher insgesamt für mich in den Anfängen der eingerichteten Serviceline völlig in Ordnung! Im Gegenteil. Im Verhältnis zu den vorigen Jahren, in denen vieles nur in starren Strukturen ablief, waren viele Arbeitsschritte abwechslungsreich und anspruchsvoll geworden.

Zu Beginn dieser Serviceline bestand unser Team aus circa 15 Mitarbeitern, die am Telefon saßen. Es gab täglich zwischen 20.000 bis manchmal 60.000 Anrufer! Ich muss an dieser Stelle nicht erwähnen, wie hoch das Belastungsniveau war. Nebenbei sollte ich noch für ganz Wien sämtliche Mailanfragen beantworten. Mein damaliger Chef vertraute meinen Kompetenzen, und es war tatsächlich eine große Herausforderung für mich! Dennoch, Stress pur und das monatelang! Alle Kollegen hatten einen sehr guten Zusammenhalt und nur dadurch konnte es auch eine Weile so optimal funktionieren.

Zu unserem Glück änderte sich die Personalsituation zwar nach einiger Zeit, doch bis es soweit war, vergingen Monate. Man muss sich vorstellen, dass ein Mensch dabei täglich fast acht Stunden lang ununterbrochen nur telefoniert. Wohl mit kurzen Pausen, doch die waren kaum länger als man für eine Zigarette braucht. Die vorgeschriebenen Bildschirmpausen existierten damals noch nicht bzw. waren aufgrund der vorhandenen Personalstruktur nicht realistisch. Und es gab zu diesem Zeitpunkt auch keine technische Hilfe, die die Anrufer mit kurzer Atempause an uns vermittelten.

In einem rechtlichen Sozialbereich, in dem es ausschließlich um die Existenzsicherung des Klientel geht, ein absoluter Wahnsinn! Es galt, ständig vor dem PC zu sein, denn anders war es nicht möglich, diesen Job zu tun. Doch nach und nach galt es auch, die vom Dienstgeber vorgeschriebene Statistik zu erfüllen!

Eine Vorgabe davon war, dass die Mitarbeiter circa 25 Telefonate pro Stunde (200/Tag) zu erledigen hatten.

Das Schwierigste dabei war und ist eigentlich, dass man gleichzeitig den Emotionen der Menschen am Telefon ausgesetzt ist! Und wenn es um Geld geht, sind die meisten Kunden oder Parteien ungehalten und aggressiv. Um in diesem Bereich arbeiten zu können, muss man top versiert sein, eine sehr rasche Auffassungsgabe besitzen, sämtliche fachlichen Schnittstellen erkennen und problemlösungsorientiert arbeiten. Ach ja, und immer freundlich und verbindlich sein! Denn, der Kunde hat ja immer recht.

Parallel dazu ist man aber auch den gesamten organisatorischen Gegebenheiten eines Unternehmens ausgesetzt. In dieser Zeit war kaum jemand für uns da, der uns in dieser schwierigen Phase unterstützt hätte. Weder in Form von Coachings, noch Supervisionen, noch sonstwie.

Das Arbeiten gestaltete sich nach der ersten Anlaufzeit immer mehr wie in einer Fabrik. Hauptsache es funktionierte. Und das tat es auch!

Trotz der gesetzlich geregelten Fürsorgepflicht eines Dienstgebers, wurde diese nicht umgesetzt. Ab und zu tröstliche Worte von den Vorgesetzten, dass „an der Situation gearbeitet wurde", doch diese Aussagen klangen manchmal nur wie Hohn in den Ohren.

Es bestand damals auch kaum eine Möglichkeit, in irgendeiner Form Ausgleich herzustellen. Meine Kollegen waren so wie ich am Ende des Arbeitstages nur noch erleichtert, nach Hause gehen zu können. Da blieb keine Zeit oder das Bedürfnis, Ausgleich für den stressigen Job herzustellen. Es gab keinerlei Ressourcen mehr dafür! Jeder war froh, dass er aus der Firma kam.

Dennoch, tagsüber fühlte ich mich in der Zwischenzeit wie ein echter Telefonprofi auf Droge und hatte das Glück, meistens freundliche Menschen am Telefon zu haben. So war wenigstens ein geringer Ausgleich vorhanden. Und irgendwann begann ich sogar, meine Telefonate zu steigern. Wenn man 200 Calls am Tag machen kann, dann gehen doch auch 300, oder?! Aus heutiger Sicht war das nicht mehr normal. Und ein absoluter Irrsinn.

An einem Wochenende bekam ich akute, kolikartige Bauchschmerzen. Nur mein Hund war an diesem Tag in meiner Nähe. Ich versuchte von der neuerlich anstrengenden Arbeitswoche Abstand zu gewinnen und auszuspannen. Doch das war kaum möglich, da Ynu die meiste Zeit vor sich hinwimmerte und mich ständig auf etwas aufmerksam machen wollte. Es nervte!

Ich schrieb diese zeitweiligen Schmerzen meinem Stress im Büro zu, da ich sonst ja keine weiteren Symptome hatte. Dennoch rief ich vorsorglich meinen Arzt an und schilderte die Situation. Ich solle nicht abwarten, hieß es, sondern sofort in die Ordination kommen. Lange Rede, kurzer Sinn – mein Tier hatte mir das Leben gerettet! Ich war bereits in einem fortgeschrittenen Stadium (4. Monat) schwanger, doch es war eine Eileiterschwangerschaft. Daher musste ich notoperiert werden.

In dieser hektischen Zeit hatte ich nicht einmal bemerkt, dass ich schwanger war – durch den permanenten Stress fiel mir das nicht auf.

Es ging nur noch um Telefonieren, Telefonieren, Telefonieren!

Nach dem Eingriff war ich ziemlich depressiv und auch wieder einige Tage auf mich alleine gestellt, da mein Mann in ein Tenniscamp ins Ausland fuhr. Doch ich musste ohnehin mindestens für sechs Wochen zu Hause bleiben und hatte Zeit, mich von der Operation zu erholen.

Auch dieses Mal wurde mir keine therapeutische Maßnahme im Zusammenhang mit meinem seelischen Zustand angeboten. Ich wäre zwar beinahe gestorben und hatte mein Kind (es war die einzige und letzte Möglichkeit), das ich mir so lange gewünscht hatte, verloren. Aber das kümmerte eigentlich niemanden. Nur mein Operateur hörte mir bei den Kontrollen zu!

Ich fühlte mich alleinegelassen und verfiel in eine tiefe Trauerphase, die sehr, sehr lange dauerte. Mein Mann war ebenfalls keine große Hilfe. Er war nur froh, dass ich weiterlebte. Und da er bereits drei eigene Kinder aus Vorehen hatte, war das für ihn ausreichend.

Ich ging zwar nach einer Weile wieder ins Büro, doch meine Motivation war gleich null. Ich übte meinen Job aus und war froh, wenn ich wieder nach Hause gehen konnte.

Es gingen mir zwar Gedanken durch den Kopf, wie ich mein Leben bzw. meine Berufslaufbahn konstruktiv verändern könnte, doch die Ideen in dem Zusammenhang gestalteten sich als ziemlich unkreativ. Nun, eine eventuelle Arbeitsstundenreduzierung sollte einmal das erste Ziel sein, mehr fiel mir dazu nicht ein. Ich hatte in der Zwischenzeit eine Zusatzausbildung als Trainerin absolviert, die ich als Selbstständige erfolgreich ausüben wollte. Die Inhalte des Studiums (Mental-/Bewusstseins-/Intuitionstraining) an Menschen weiterzugeben, beflügelten meine Seele jedenfalls mehr als die Tätigkeit in der Firma. Also warum nicht etwas Neues tun, wenn man damit auch Geld verdienen kann!?

Der erste Weg der Arbeitsstundenreduzierung war relativ einfach umgesetzt. Und es war zunächst nur für ein Jahr befristet. Daher ergaben sich kaum Risiken für mich.

Vor allem war ich plötzlich wieder motiviert, weil ich mich als Trainerin wesentlich intensiver meinen Mitmenschen widmen konnte, als es in meinem stressigen Hauptjob möglich war. Es dauerte daher nicht allzu lange und ich setzte mich mit meiner zukünftigen Trainerrolle intensiv auseinander. Das Ziel war, mich selbstständig zu machen.

Es ging nur noch um Feinheiten, wie eine Homepage zu erstellen, Visitenkarten und Folder drucken zu lassen, Kontakte herzustellen, Hand-outs aufzubereiten, Vorträge zu planen etc. Ich hatte sogar Unterstützung durch einen deutschen Trainer und Lektor, der mich in Österreich begleiten wollte. Alles lief sehr gut und machte mir auch große Freude. Es trennte mich in dieser Zeit vor allem von den belastenden Gedanken, die meinen eigentlichen Job anbelangten.

Mein Gesundheitszustand hatte sich ebenfalls stabilisiert, daher schien für mich in dieser Phase alles wieder im Gleichgewicht zu sein!

Doch dann sollte alles ganz anders kommen, als ich es für mich geplant hatte.

Kaum hatte meine Teilzeitbeschäftigung begonnen und alles war für die Selbständigkeit unter einen Hut gebracht, geschah etwas in diesem Jahr, das mir den „Vorhof zur Hölle meines Lebens" präsentierte.

Im Sommer wurde mein Mann in ein Rehabilitationszentrum überwiesen, weil er immer wieder große Probleme mit seiner COPD (chronisch obstruktive Lungenkrankheit) hatte. Außerdem war er schwer übergewichtig und wollte auch das erneut in den Griff bekommen.

Er fuhr für drei Wochen weg und obwohl die Liebe zwischen uns sehr groß war, so fand ich es dennoch erleichternd, dass ich eine Weile „Strohwitwe" sein konnte.

Ich nahm Urlaub und machte mich wie eine Besessene an Renovierungsarbeiten in unserem Haus. Meinem Mann lag nicht so viel daran wie mir bzw. meinte er, dass ohnehin alles so in Ordnung war, wie es war. Daher bemühte ich mich ganz besonders, alles zu unternehmen, damit das Haus repräsentabler sein würde als je zuvor und ich die Ansichten meines Gatten untergraben konnte. Schließlich wollte ich ja auch meine Seminarabende zu Hause umsetzen, daher war es notwendig, hier etwas zu tun.

Ich hatte nun also drei Wochen Zeit um 200 qm des Hauses zu malen und dann den Garten neu zu gestalten bzw. ausgiebig zu pflegen. Aber es motivierte mich total, danach ein perfektes Ergebnis vorzeigen zu können. Es gelang mir alles, nur nach diesen drei Wochen war ich in jeder Hinsicht urlaubsreif und absolut erledigt!

Mein überdimensionaler Perfektionismus wuchs und wuchs. Es blieb nicht bei einer einmaligen Aktion im Zusammenhang mit dem Haus. Im Gegenteil. Obwohl wir eine Haushaltshilfe hatten, begann ich damals immer öfter, das ganze Haus von oben bis unten sauber zu machen. Ich war der Meinung, mich während dieser Aktivitäten in einer gewissen Art und Weise „entspannen" zu können. Zumindest redete ich mir das so lange ein, bis ich es selbst glaubte. Irgendwann war die Haushaltshilfe keine Hilfe mehr und ich entließ sie.

Mein Mann kam von seiner REHAB zurück und eröffnete mir, dass er auf Anraten der Ärzte ab sofort diverse Zusatzuntersuchungen machen musste. Die Befunde, die während der Kur erhoben wurden, waren insgesamt besorgniserregend, daher waren weitere Untersuchungen unerlässlich.

Beim Besuch des Herzchirurgen wurde mir ganz schlecht als ich die Diagnose erfuhr. Mein Mann hatte einen Herzklappenfehler, der operiert werden musste. Es hatte allerdings zunächst den Anschein, als ob es nicht allzu dringend wäre. Viele Menschen haben eine ähnliche Diagnose und können sehr gut damit leben. Also bestand die erste Therapie in der Einnahme von speziellen Medikamenten.

Mein Urlaub war vorbei und bei den ärztlich angeordneten Zusatzuntersuchungen brauchte mich Ernst nicht.

Als ich mit den Vorbereitungen für meine neue Selbstständigkeit fertig war und auch der Termin für das erste Seminar in einem Hotel in Baden feststand, wurde mein Mann plötzlich krank. Es schien auf den ersten Blick nichts Ernsthaftes zu sein, außer einem grippalen Infekt.

Doch wer schon einmal einen kranken Mann erlebt hat (und das vielleicht öfters), der weiß, wie mühsam es ist, kranke Männer davon zu überzeugen, dass sie nicht sofort an einem grippalen Infekt sterben werden!

Ich nahm natürlich Pflegeurlaub und begleitete Ernst zum Hausarzt. Dieser bestätigte zunächst eine Infektion, so dass er Infusionen sowie Antibiotika für seine Bronchitis erhielt. Zwei Tage später schien alles wieder ins Gleichgewicht gekommen zu sein.

Doch weit gefehlt: Das war nur der Beginn einer „never ending story"!

Die Ergebnisse der diversen Untersuchungen lagen vor. Ernst musste operiert werden. Der Eingriff hatte oberste medizinische Priorität, weil die defekte Herzklappe keinen zeitlichen Freiraum mehr zuließ. Er erhielt einen Termin fürs Spital und ich begleitete ihn selbstverständlich dabei.

Obwohl der OP-Termin bereits für den folgenden Tag angesetzt war, wurde es ein mühsames, langes Warten. Denn ein Patient kann erst dann operiert werden, wenn im Zusammenhang mit so einem Eingriff auch ein Bett in der Intensivstation freigeworden ist. Da in dieser Woche mehrere „schwere Fälle" in der Intensivstation vorgezogen wurden und keinerlei Bettkapazitäten frei waren, mussten wir uns gedulden. Von wegen Geduld!

Mein Mann war durch diese permanente Anspannung bereits so überfordert, dass er sämtliche Vorstände des Spitals, den Patientenanwalt und ich weiß nicht wen noch, holen ließ, um sich zu beschweren.

Man muss das allerdings einem Menschen wirklich zugestehen, dass niemand entspannt und gelassen mit so einem bevorstehenden Eingriff umgeht! Psychologische Betreuung gab es seitens des Spitals nicht. Daher hatte Ernst meine volle Unterstützung. Als ursprüngliche Krankenpflegerin, Trainerin und Ehefrau hatte ich sämtliche Voraussetzungen, einen Patienten professionell zu begleiten. Ich saß daher die ganze Woche an seinem Bett, nahm mir Zeitausgleich von der Firma und war von früh bis abends da. Ich versuchte, ihn so weit zu beruhigen, wie es nur irgendwie möglich war. Immerhin bestand für ihn die Chance, doch noch in derselben Woche operiert zu werden. Denn es war – ich hatte es begriffen – eine lebensnotwendige Operation!

Mein Vorhaben, als Trainerin zu arbeiten, musste ich natürlich in den Hintergrund stellen. Doch zu diesem Zeitpunkt war mir das relativ egal. Was zählte, war, dass mein Mann wieder gesund wurde und noch ein langes gemeinsames Leben vor uns lag.

Am Ende der Woche war es dann soweit. Ernst wurde operiert und kam anschließend auf die Intensivstation. Es gab während der Operation und im Anschluss daran unzählige Probleme! Um diese aufzuarbeiten, habe ich ein eigenes Buch dazu geschrieben. Es würde an dieser Stelle allerdings den Rahmen sprengen, die ganze Geschichte wiederzugeben.

Daher hier ein Auszug der Zeitung „Die Presse" über „136 Tage Intensivstation/Protokoll eines langsamen Sterbens":

> Es fällt schwer, bei dieser Lektüre nicht in Erregung zu geraten, nicht Zorn und Betroffenheit zu empfinden, nicht Angst zu bekommen, auch einmal auf einer Intensivstation zu landen. Hier scheint ein Teil des Personals den Mantel der Menschlichkeit abgestreift zu haben – das vermittelt jedenfalls das Buch „136 Tage Intensivstation. Protokoll eines langsamen Sterbens". Die Berufsberaterin Sabine Widi-Tessler berichtet, was ihr und ihrem Mann im AKH Wien widerfuhr, beschreibt die Qualen einer liebenden Ehefrau zwischen Hoffen und Bangen.
>
> … Kämpft – fast wie eine Besessene um das Leben ihres Mannes. Ist – neben Job und Haushalt – täglich auf der Intensivstation. Fährt Tag für Tag 150 Kilometer und darf dann doch nur sehr begrenzt bei ihrem Mann sein. Sie rennt, sie tut, sie macht…
>
> …Und dann beraubt man sie schlussendlich der Möglichkeit, sich von ihrem Mann zu verabschieden. Als sie ihn am 1. März besuchen will, heißt es, es ginge jetzt nicht, es werde gerade etwas im Zimmer getan. Später erfährt sie, dass Ernst in einen künstlichen Tiefschlaf versetzt wurde, auf das Sterben vorbereitet. 04.07.2011 | 18:37 | CLAUDIA RICHTER (Die Presse)

Ich gab in der Zeit des Spitalaufenthaltes meines Mannes wirklich alles, was man nur als Mensch geben kann. Und ich funktionierte. Ich erlaubte mir nicht, krank zu werden, da ich Ernst nicht hätte besuchen können und ich gestattete mir keinerlei Schwäche, weil ich sonst zusammengebrochen wäre. Nur so konnte ich jeden Tag bei ihm sein. Das größte Geschenk, das man einem geliebten Menschen geben kann, ist Zeit! Und diese Zeit war auch mein letztes Geschenk an meinen Mann.

Noch während Ernst die ersten Monate im Spital lag, wechselte ich von der Teilzeitbeschäftigung in die Bildungskarenz. Parallel dazu ging ich weiterhin geringfügig arbeiten und war nur noch einen Tag pro Woche im Büro. Ich dachte zu dem Zeitpunkt, wenn mein Mann wieder nach Hause kommen würde, so könnte ich ihn pflegen. Dass er starb, änderte natürlich alles!

Ich musste zunächst lernen, mit all dem Erlebten umzugehen. Ich musste lernen, wie es ist, einen ganz großen Kampf gegen den Tod zu verlieren. Ich sah mich als Verliererin. Alles, was ich getan und unternommen hatte, war vergebens gewesen. Wie ein Blatt im Wind. Weggeblasen vom großen Sturm des Lebens. Ich fühlte mich innerlich leer und ausgebrannt. Und meine eigenen Ressourcen schwanden in alle Richtungen.

Dazu kamen noch die praktischen Probleme des Alltags, die sich aus der Familienkonstruktion von Ernst ergaben. Denn mein Mann hatte drei Kinder aus drei verschiedenen Ehen.

Die Kinder glaubten fest daran, dass ihr Papa über ein Vermögen wie Bill Gates verfügen würde. Nun, bis zum 11.9.2001 war es auch ein wenig so, dass Ernst relativ guten, finanziellen Rückhalt hatte. Doch ab diesem Tag war alles ganz anders, da in der Folge der weltweite Aktienmarkt durch den Terroranschlag auf das World Trade Center, zusammenbrach. Er hatte sehr viel Geld verloren, wie so viele Menschen!

Ich wusste um die finanzielle Situation meines Mannes. Aber weder die Kinder noch ihre Mütter glaubten mir! Dadurch gestaltete sich die Verlassenschaft als sehr, sehr aufwändig!

Außerdem musste ich erkennen, dass es wenig Sinn machen würde, die Liegenschaft auf Dauer alleine aufrechterhalten zu wollen. Es gab keinerlei finanzielle Ressourcen und ich konnte die Kosten des Hauses mit meinem Gehalt nicht alleine bestreiten. Die Kinder wollten Geld und keine Beteiligung an der Erhaltung des gemeinsamen Erbes.

Wir hatten nicht die notwendige zwischenmenschliche Basis, um eine vernünftige und gemeinsame Entscheidung treffen zu können. Daher entschloss ich mich schweren Herzens für einen Hausverkauf und musste binnen kürzester Zeit parallel ans Übersiedeln denken. Natürlich war die finanzielle Belastung für mein neues Heim enorm hoch! Sie ist es heute noch.

Aber auch hier versuchte ich, nur positiv zu denken. Ich fand meine Entscheidung einerseits mutig von mir, doch gleichzeitig beängstigend, da ich keine Ahnung davon hatte, wie sich mein Leben weiterentwickeln würde. Ich wollte nur noch aus dem Haus weg und alles hinter mir lassen. Außerdem hielt ich es seelisch nicht mehr aus, dort weiter zu leben, während mein Mann gestorben war. Ich fühlte mich wie ein „Zombie" und gleichzeitig erneut alleinegelassen.

Zu dieser Zeit begab ich mich in psychotherapeutische Behandlung, da so vieles in mein Leben gekommen war, das ich ohne professionelle Begleitung nie hätte lösen können. Oder doch?

Meine Erwartungen an die begleitende Psychotherapie waren jedoch viel zu hoch. Nach einem halben Jahr stellte ich fest, dass überhaupt nichts mehr weiterging. Sogar die Therapeutin fühlte sich mit meiner Geschichte zur Gänze überfordert. Sie war allerdings so fair, dass sie das auch verbalisierte.

Zuletzt meinte sie nur, ich solle ein Buch über das Erlebte schreiben, es würde mir sicher helfen. Doch schon ab dem Zeitpunkt, als mein Mann verstorben war, schrieb ich daran. Es war also keine neue Idee! Für mich war das Schreiben sogar sehr belastend, denn ich musste die Patientendokumentation erheben, meine eigenen Recherchen evaluieren und vieles mehr. Es war eine sehr schwierige Zeit, da ich in all die Szenerien emotional immer wieder hineingehen, immer wieder alles nochmals geistig erleben, festhalten, ständig meine Inhalte lektorieren und korrigieren musste. Das kostete mich Unmengen an emotionaler Kraft! Und es bedeutete ebenfalls Stress.

Ich kann heute gar nicht mehr sagen, wann ich ohne Stress war. Aber jeder Burnoutbetroffene weiß, dass all dies in so einer Phase für einen selbst nicht zählt. Schließlich will man ja „glänzen" so lange es noch geht! Und Nachgeben ist kein Thema, genauso wenig wie zurückschalten. Bis zu dem Zeitpunkt, wo man zusammenbricht.

Um zurück zu kommen auf die Psychotherapie – ich wusste nicht, was ich tun sollte!

Erneut zig Therapeuten ausprobieren, wiederholt zu irgendwem hingehen, was unter Umständen ohnehin sinnlos war? Nein! Von dieser Vorstellung war ich weit entfernt. Das wollte ich ganz sicher nicht und ich konnte es auch finanziell nicht umsetzen. So überließ ich mein Schicksal dem lieben Gott und meinen Freunden. Es ging ja auch in irgendeiner Art und Weise ohne professionelle Hilfe! Schließlich hatte ich bis dahin auch fast alles alleine geschafft!

Ich stellte in der Folge zunächst einen Antrag auf eine Berufsunfähigkeitspension bei der Pensionsversicherungsanstalt. Vielleicht würde man mir zumindest eine befristete Pension zuerkennen.

Das Verfahren war sehr langwierig: Neurologe/Psychiater, Psychologe, Internist, Allgemeinmediziner, Orthopäde, Chirurg usw. erstellten zig Gutachten, die tatsächlich gewichtig und berufsrelevant waren. Auch mein Burnout war zu diesem Zeitpunkt vom Neurologen diagnostiziert worden. Gesamt betrachtet hätte ich aus rechtlichem Ermessen durchaus eine Pension erhalten müssen. Doch weit gefehlt! Der Antrag wurde abgewiesen, mit der Begründung, dass ich im Sinne des Gesetzes arbeitsfähig wäre. Die Zusatzinformationen außerhalb des schriftlichen Bescheides waren, dass ich irgendwann neu einreichen könnte. Schließlich hätte ich ja einen „sicheren Arbeitsplatz" in meinem Betrieb. Da sei das ja nicht so schlimm und man würde meine Situation seitens des Dienstgebers mit Sicherheit verstehen. Eine Klage gegen den Bescheid hätte ich zu diesem Zeitpunkt nicht mehr überstanden, daher zog ich es gar nicht in Erwägung.

Bis Februar 2008 hatte ich noch Bildungskarenz. Ohne diese Auszeit wäre ich vermutlich gestorben. Ich war in keiner Weise mehr belastbar. Doch irgendwann musste ich wieder in den Job zurück.

Wieder im Büro, versuchte ich, den Anforderungen standzuhalten. Das Personal war in der Zwischenzeit aufgestockt worden und meine „alten" Kollegen waren mir gegenüber sehr entgegenkommend und bemüht. Einige Zeit hielt ich mich auch ganz gut in meiner Position und konnte den Arbeitsanforderungen gerecht werden. Doch nachdem ich wieder vollzeitbeschäftigt war, hielt mein Belastungsniveau nur entsprechend kurz an.

Ich gab alles, was möglich war, doch es gelang mir nicht mehr, in allen Dingen mitzuhalten. Und einen anderen Job, dem ich belastungsmäßig gewachsen gewesen wäre, gab es damals nicht für mich.

Obwohl ich ursprünglich bei der Entstehung der Serviceline für den einzigen behindertengerechten Posten aufgenommen worden war, gab man diesen während einer meiner Krankenstände stillschweigend einer anderen, ebenfalls behinderten Kollegin. Ich fühlte mich erneut ohnmächtig! Nicht genug, dass ich all das durchmachen musste, was meinen Mann betraf, auch die Situation in der Arbeit war plötzlich eskaliert. Man hatte ohne mein Wissen und ohne entsprechende Information ganz einfach meinen Arbeitsbereich anderwärtig besetzt. Nun gut, da musste ich durch. Wiederum nach dem Motto: sei stark, lass dir nichts anmerken.

Bevor ich erneut medizinische Hilfe suchte, gab es hunderte Ausreden, wie z. B. das Wetter, der Zeitwandel, die Umwelt, das momentane Alter, eine schlechte Phase im derzeitigen Lebensabschnitt, da der Ehemann verstorben war oder die Familie, die nervte. Die Übersiedlung, das Buch, andere Menschen, die zu viel von mir verlangten, der Job, wo mehr erwartet wurde, als ein Mensch überhaupt auf Dauer aushalten kann, zu wenig Geld, um eine Therapie zahlen zu können bis zu völlig illusorischen Gedankengängen, die sogar sehr kreativ sein konnten.

Gelegentlich dachte ich sogar, dass es meine Lebensaufgabe sei, leiden zu müssen.

Eine Zeit der Lüge und des größten Betrugs mir gegenüber. Doch es kritisierte mich niemand. Wer denn auch?! Dass ich bereits zur Gänze ausgebrannt war, spürte ich nicht und meine Umgebung war ohnehin der Meinung, dass ich alles schaffen würde. Schließlich hatte ich das jahrelang immer wieder unter Beweis gestellt.

Während dieses Prozesses ließ ich so ziemlich alles gelten, was Sinn machte.

Einige wenige Monate im Job integriert, hatte ich erneute Bandscheibenvorfälle. Es war schmerzhaft und sehr belastend! Trotz eines beweglichen Schreibtisches, den man sowohl im Sitzen als auch Stehen benutzen kann, hielt ich den Job nicht lange durch.

Saß ich am Tisch, schliefen mir regelmäßig die Hände ein, stand ich einige Zeit, waren es die Beine. Irgendwann schliefen mir alle Extremitäten gleichzeitig ein. Super, dachte ich. Da bist du noch nicht einmal fünfzig und hast verschiedene Leiden wie eine alte Frau! Mein altes Verhaltensmuster war wieder voll und ganz in meinem Leben integriert!

Also begab ich mich wiederholt zum Orthopäden, zum Chiropraktiker, zur Akupunktur, in verschiedene Schmerztherapien, zur Massage. Die Untersuchungen sowie die diversen Behandlungen waren schon so mühselig, dass sich dadurch mein seelischer Zustand zum wiederholten Male verschlechterte. Jeder Weg zu irgendeiner Therapie war nur noch Routine!

Am meisten störten mich meine permanenten Herzrhythmusstörungen. Mein gesamter Körper schrie eigentlich, doch niemandem fiel etwas auf. Keiner meiner behandelnden Ärzte wäre auf die Idee gekommen, dass ich eventuell ein Burnout haben könnte. Zum Neurologen ging ich gar nicht mehr, weil jede Sitzung durchschnittlich 200 € kostete. Und für alle anderen Fachärzte galt, dass es in jedem Bereich meines kranken Körpers jeweils eine individuelle Erklärung gab. Ich nahm daher meinen

Zustand genauso wenig ernst wie die Ärzte, die ich regelmäßig aufsuchte.

Ab einem gewissen Zeitpunkt ist es für den Betroffenen unmöglich, ein einziges körperliches Symptom als Teil des Ganzen – in dem Fall eines Burnouts – zu begreifen! Und es ist noch wesentlich schwieriger, aus eigenem Ermessen festzustellen, dass man in einem konkreten Krankheitsverlauf steckt. Das weiß ich von mir: ich habe es nie bemerkt, weil immer noch „irgend etwas" ging. Ich hatte noch Kraft! Zumindest glaubte ich das. Und da ich im mentalen Bereich professionell geschult war, wurde mein Tempo im Hamsterrad der Anforderungen immer schneller. „Es MUSSTE doch gehen…"

12.3   2009 – „Zeit der Veränderungen"

Es dauerte fast ein Jahr, bis sich eine Familie entschied, das Haus meines verstorbenen Mannes zu übernehmen. Das bedeutete, dass ich zuvor elf Monate lang ununterbrochen vermeintlichen Kaufinteressenten ausgesetzt war! Alle, aber wirklich alle, wollten ein top renoviertes Haus – am besten mit integrierter neuer Einrichtung, wenig Ablöse und einen Garten, der analog zum Schloss Schönbrunn in Wien genauso perfekt war.

Auch hier hatte ich in all der Zeit nur Stress pur! Ununterbrochen. Im April war es aber dann soweit. Ich hatte die Liegenschaft verkauft und mein neues Heim finanziert.

12.4   2010 – „Rien ne va plus…"

So heißt es doch, wenn nichts mehr geht. Man spricht zwar meist nur am Roulettetisch darüber, doch im echten Leben manifestiert sich dieser Spruch manchmal genauso. Der Unterschied zum

Roulette ist der, dass man als Burnoutbetroffener den spätesten Einsatz verpasst hat und immer noch glaubt, trotz des allerletzten Einsatzschlusses, mitspielen zu können.

Ich hatte im Februar eine Einladung von meiner Personalabteilung erhalten. Darin stand zu meiner Überraschung, dass man mich zu einem Mitarbeitergespräch aufforderte. Es gab keine sonstigen Informationen dazu.

Etwas verwundert kontaktierte ich im Vorfeld meinen Teamleiter, um nach dem Grund zu fragen. Schließlich musste er doch darüber Bescheid wissen. Wofür leitet jemand ein Team, wenn er nicht informiert ist?!

Aber nein. Er wollte mir offensichtlich keine Auskunft geben, stellte sich ganz einfach unwissend. Das Ganze schien mir recht suspekt. Denn ich arbeitete in einer sehr großen Organisation, wo vor allem Personen in leitenden Funktionen immer informiert wurden!

Wie sich im Nachhinein herausstellte, wusste mein Teamleiter damals Bescheid, doch überließ es mir, mich alleine der Konfrontation auszusetzen! Ich frage mich noch heute, wofür solche Menschen in einer führenden Position sind, wenn sie sich ohnehin um nichts Wichtiges kümmern. Meine eigentliche Vorgesetzte, die Leiterin der Serviceline, sprach schon Monate nicht mehr mit mir, daher kam ich gar nicht auf die Idee, sie zu kontaktieren. Irgendwie hatte ich den Anschluss an meine Umgebung „verpasst". Und ich fühlte mich auch hier nur noch schuldig.

Jedenfalls gab es immer einen gewichtigen Grund, weswegen die Personalabteilung mit einem Mitarbeiter sprechen wollte. Doch, wie erwähnt, ich erfuhr zunächst rein gar nichts darüber.

Als ich den Termin wahrnahm, war ich innerlich ziemlich angespannt. Ich hatte zwar eine Betriebsrätin gefragt, mich sinngemäß als „moralischer und rechtlicher Bodyguard" zu begleiten, doch das ungute Gefühl in meinem Magen blieb.

Unser Zusammenkommen hatte nur einen Grund: Meine häufigen und langen Krankenstände, die sich in den letzten

Jahren bis ins Unermessliche geweitet hatten. Zunächst war ich ziemlich überrascht über die Besprechung, weil ich wusste, dass jeder meiner bisherigen Abwesenheiten wegen Krankheit immer einen Grund hatte. Und außerdem gehörte ich zu den pflichtbewussten Mitarbeitern, die für jede wie auch immer geartete Abwesenheit eine Bestätigung vorlegen konnte. Also was war es dann eigentlich? Wieso saß ich hier?

Man fragte mich, wie es mir gehen würde, ob ich derzeit gesund wäre, und wenn nicht, ob ich einschätzen könne, wie lange ich brauche, um wieder fit und arbeitsfähig zu sein. Schließlich hatte ich in den letzten zwei Jahren so viele Krankenstände erreicht, dass ich bereits mehr zu Hause wäre als im Job.

Das verstand ich aus unternehmerischer Sicht. Doch gleichzeitig beschlich mich eine Ahnung, die sich letztendlich als Bestätigung herausstellen sollte. Man wollte mich aus dem Unternehmen hinauskatapultieren! Das war jedoch aufgrund meines Behindertenstatus nicht so leicht möglich. Daher auch die Besprechung.

Alles, was ich zu diesem Zeitpunkt vorbringen konnte, war, dass es in fast 30 Jahren keinen einzigen Krankenstand bei mir gegeben hatte, der nicht medizinisch gerechtfertigt gewesen wäre und auch immer ärztlich bestätigt wurde.

Ich erwähnte außerdem, dass ich eine sehr schwere Zeit durchmachte, die in allen Richtungen an meinen Energien zehrte. Gesundheitsprognosen könnte ich bei Gott nicht geben, weil ich seit Monaten an einem diagnostizierten Karpaltunnelsyndrom litt, welches an beiden Händen dringend operiert werden musste. Schließlich arbeitete ich ausschließlich am PC und konnte ganz einfach nicht mit dieser festgestellten Erkrankung arbeiten. Ein Eingriff dieser Art sowie die nachfolgende Rekonvaleszenz liegen, je nach operativem Schwierigkeitsgrad, zwischen vier bis sechs Monaten. Beide Hände waren betroffen und beide mussten in kurzem Abstand operiert werden.

Ich ärgerte mich damals so sehr über dieses Meeting, dass ich es kaum beschreiben kann. Natürlich war ich in den letzten Monaten nicht allzu häufig im Dienst. Doch wenn ich da war, dann gab ich meistens 200 % und nicht nur 100 %. Ganz einfach so lange, bis definitiv nichts mehr ging!

Was wollte man also von mir?! Die große Frage tat sich auf. Ich war mit vier Personalisten konfrontiert, die offensichtlich noch nie krank oder noch nie einem schweren Schicksalsschlag ausgeliefert waren. Es interessierte keinen einzigen in dieser Runde, in welcher Situation ich mich seit Monaten befand und was aus meinem Leben werden würde. Es gab jedenfalls weder ein Anzeichen von Mitgefühl oder Entgegenkommen noch Empathie.

Ziemlich unglücklich, ausgepowert, müde und erschöpft von all den vorangegangenen Ereignissen, ließ ich mich jedoch nach einigen Wochen auf einen Deal mit meinem Arbeitgeber ein. Dieser Deal war bei Gott nicht das „Geschäft" meines Lebens, wie sich noch herausstellen sollte.

Zuerst versuchte ich noch gemäß den gesetzlichen Möglichkeiten, die diesen Betrieb betreffen, ein weiteres Jahr Bildungskarenz in Anspruch zu nehmen. Ich konnte mir dabei in einer realistischen Art und Weise vorstellen, mich nach dieser weiteren Auszeit wieder in den Job zu integrieren. Doch nein. Die Antwort war vernichtend und kam für mich nicht infrage, weil man eine weitere Bildungskarenz nur dann in Anspruch nehmen kann, wenn man auch eine gewisse Zeit physisch vorher anwesend war. So schied diese Idee in meinem Fall aus.

Eine Stundenreduzierung war für mich aus finanziellen Gründen nicht möglich. Die Überlegung, neuerlich die Berufsunfähigkeitspension zu beantragen, kam zwar an. Doch so ein Verfahren dauert nun mal eine gewisse Zeit. Das hieß, dass die Personalabteilung kein Interesse daran zeigte, mich bis zu einer eventuellen Pensionszuerkennung zu beschäftigen. Und zu guter Letzt kam mir nur noch die Idee, eine außerordentliche Abfertigung zu fordern, um eine Weile halbwegs über die Runden zu kommen. Doch diese Gedankengänge waren ebenfalls weit hergeholt und man trat mir daher nur in schmunzelnder Weise entgegen. In dieser Organisation gab es das nicht. Schließlich wäre ich ja nicht der Generaldirektor.

Ich sah hier ursprünglich eine Chance, wenigstens ein außergerichtliches Verfahren mit Geld ausgleichen zu können. Zumindest zu einem Teil. Die Vorstellung, einen Job, den ich bereits dreißig Jahre ausübte, hinter mir zu lassen, ließ mein Inneres erschauern. Ich war behindert, fast fünfzig Jahre alt, hatte Jahrzehnte einen fachspezifischen Job gemacht. Welche Firma hat an so einer Person Interesse? Noch dazu, wenn man aus diesem Unternehmen weggeht?! Fragen über Fragen blieben. Mein emotionaler Zustand wurde immer dramatischer.

Mein Leben schien zu Ende zu sein. Die Sinnhaftigkeit meiner Existenz war an dem Tag dieser Besprechung verloren gegangen. Und meine Perspektiven galten zu diesem Zeitpunkt nur noch einem sterblichen Prozess, an den ich denken konnte. Wofür das alles?! Und war ich tatsächlich ein so schlechter Mensch, dass ich es „verdient" hatte, so behandelt zu werden?? Wieso gab man mir keine Chance mehr? Ich verstand das alles nicht!

Fast dreißig Jahre hatte ich alle meine Energien in den Job gesteckt. Es gab Jahre, in denen die Arbeitslosigkeit sehr hoch war und wir Überstunden machen mussten. Es gab eine Zeit, wo ich monatelang zwölf Stunden am Tag arbeitete. Und sogar an Samstagen ging ich immer wieder ins Büro, um das enorme Arbeitspensum irgendwie zu schaffen. Auch einige wenige Kollegen, die genauso motiviert waren wie ich, saßen mit mir da. Dadurch war es etwas einfacher, das Wochenende für den Dienstgeber zu opfern. All das war vergessen!

Ich nahm immer wieder an Zusatzausbildungen teil, war eine Weile selbst interne Trainerin für neu eingetretene Mitarbeiter und Mitarbeiterinnen. Es gab so gut wie nie Probleme mit mir. Im Gegenteil. Ich kam mit allen aus, war motiviert und auch ehrgeizig. Ich hatte Freude an meinen Tätigkeiten, Freude daran,

Menschen helfen zu können. Der einzige „Fehler", den ich hatte: ich war/bin behindert. Und daher auch nicht immer gesund.

Und dass ich meinen Mann Monate während seines Sterbeprozesses begleitet hatte und dennoch ins Büro ging, dankte mir am Ende keiner. Es gab in dieser Phase nicht einmal einen einzigen Tag Krankenstand! Aber es interessierte niemanden aus der Personalabteilung, was alles einmal war. Ich wurde von meinem Dienstgeber einfach fallengelassen. Wie ein leicht austauschbares Teil am Computer oder ein Wegwerfartikel.

Meine Gedanken und Gefühlswelt erschütterten mich bis in mein tiefstes Inneres und ich wusste keinen Ausweg.

Gleichzeitig wurde ich seitens der Personalabteilung mehr oder weniger erpresst. Man stellte mir ein zeitliches Ultimatum, um meine Entscheidung zu treffen. Obwohl man das Pensionsverfahren nicht mehr abwarten wollte, bot man mir plötzlich die von mir geforderte zusätzliche Abfertigung an, nur damit ich gehe! Meine Entscheidung, ob ich das tolle, vielmehr „unmoralische, Angebot" annehmen würde, musste ich ebenfalls innerhalb kürzester Zeit treffen, da ansonsten das Kündigungsverfahren über das Bundessozialamt eingeleitet worden wäre. Parallel dazu hatte das Angebot der Abfertigung auch nur bis zu einem bestimmten Tag Gültigkeit!

Mein Arbeitgeber hatte in allen Richtungen gewonnen. Ich konnte diesem enormen Druck, den man mir machte, ganz einfach nicht mehr standhalten und unterschrieb in weiterer Folge die Bedingungen zur einvernehmlichen Lösung meines Dienstverhältnisses. Die Sache war, zumindest für meinen Dienstgeber, damit aus der Welt.

Dieser Umstand bereitete mir zusätzliche Depressionen. Denn alleine der Gedanke daran, in welcher Art und Weise ich nach dreißig Jahren Dienst ausschied, war so entwürdigend, dass ich es kaum beschreiben kann.

12.5 Sommer 2010 – „Ein Mensch ist immer das Opfer seiner Wahrheiten" (Albert Camus)

Ich befand mich wegen meiner Handoperationen in einem laufenden Krankenstand. Mein Dienstverhältnis war in der Zwischenzeit mit Mitte des Jahres beendet.

Einige Wochen danach erhielt ich den abweisenden Bescheid der Pensionsversicherungsanstalt. Auch hier verzichtete ich neuerlich auf eine Klage. Es wäre für mich zu aufwändig gewesen, hätte wiederum Geld gekostet und die Nerven dafür hatte ich erst recht nicht mehr.

Eines Tages besuchte mich eine langjährige Freundin. Es war gerade Ende Juli, und unerträglich heiß. Ich saß, wie so oft in den letzten Monaten zuvor, im Wohnzimmer vorm Fernseher.

Durch meine erst kürzlich operierten Hände konnte ich auch nicht viel anderes tun. Also war Fernsehen oder Lesen die einzig „erfüllende Beschäftigung" für mich. Außerdem lenkte es mich etwas von meiner Gesamtsituation ab.

Meine blickdichten Vorhänge waren zur Gänze vor den vielen Fenstern zugezogen. Meine Freundin fragte mich, wieso ich es seit Monaten im Wohnbereich permanent so dunkel hätte, obwohl sich vor meinen Fenstern ein wunderbarer Garten befindet, dem ich, wie es schien, nur eine untergeordnete Funktion zugeordnet hatte. Grundsätzlich wollte sie mich auf die positiven Aspekte meiner Umgebung hinweisen. Doch ihre Aussage empfand ich als pure Kritik. Daher gab ich ihr eine rein mechanische Antwort. Das musste vorerst genügen.

Doch für meine Freundin war das keine befriedigende Antwort. Ich wollte jedoch weder über meine Situation oder meinen emotionalen Zustand sprechen, noch mich dazu rechtfertigen. Gleichzeitig fühlte ich mich unverstanden und kritisiert. Und zu diesem Zeitpunkt hielt ich es nicht aus, kritisiert zu werden, selbst wenn es eine beste Freundin tat. Ich fragte mich nur, wieso ich ihre Bemerkungen als so nervtötend empfand. Doch es blieb bei der Frage. Eine Antwort darauf in mir zu finden, wäre nicht möglich gewesen.

Doch genau das war der Punkt – ich fühlte mich ständig verpflichtet, einerseits etwas zu erklären und andererseits verstanden es meine Mitmenschen nicht, mein Verhalten so zu akzeptieren, wie es war. Immer wieder erlebte ich in dieser Phase, dass ich mich bei jeder Konfrontation, gleich mit wem, genervt, gestresst oder in die Enge getrieben fühlte. Jeder wollte etwas von mir. Aber ich wollte nichts mehr von meiner Umgebung – außer Ruhe!

Alle und alles strapazierten permanent mein Nervenkostüm! Und irgendwie hatte ich es eines Tages doch noch „geschafft", dass mich meine jeweiligen Begleiter und Freunde langsam in Ruhe ließen. Offensichtlich war ich in der Zwischenzeit schon so destruktiv und ablehnend meiner Umgebung gegenüber, dass ich das Gefühl bekam, das erste Mal ernst genommen zu werden. War DAS eine Erleichterung! Und dadurch sah ich auch sofort mehrere Möglichkeiten, mich noch weiter abzuschotten. Auch diese Phase dauerte noch eine ganze Weile!

Ab und zu erhielt ich noch Besuch von engen Freunden, doch im Grunde waren diese Begegnungen ziemlich unerquicklich für mich. Es half mir manchmal zwar geringfügig über einen schwierigen Tag hinweg, doch im Endeffekt hatte es nie die gewünschte Wirkung. Nämlich die, dass jemand in mein Leben treten, den Zauberstab über meinem Kopf bewegen und mir ein neues Leben schenken würde. Ein Leben, das sich wieder wie Leben anfühlte!

Leben! Was war das eigentlich noch?! Ich wusste es nicht mehr. Irgendwann gab ich auch diesen Gedanken daran auf. Offensichtlich war ich tatsächlich verurteilt zu leiden.

Wenn man das eine gewisse Weile durchmacht, dann gibt einem das Schicksal auch recht. Es ist, als ob man sich in einem Vakuum befände. Keiner kann hinein, und der Betroffene auch nicht heraus. Eigentlich sehr einfach. Doch dieser Zustand war für mich nicht mehr real fassbar! Es blieb nur noch eine minimale Überlebensstrategie für mich selbst. Alles war auf ein Mindestmaß reduziert, sogar mein Körper.

Der ganze Sommer fühlte sich sehr schleppend an. Er machte mich noch ohnmächtiger, als ich ohnehin schon war! Ich wollte Ruhe, Ruhe, Ruhe.

Ich wollte kaum jemanden sehen, ich wollte nicht einkaufen, keinem fremden Menschen begegnen, an keinerlei Unternehmungen teilhaben. Nichts!

Ich wollte nur mehr mit mir und meinem Leben und meinem Leiden alleine sein. Daher war ich heilfroh, dass es in meinem Leben noch einige Angehörige und Nachbarn gab, die ich bemühen konnte, dass sie für mich einkaufen gingen oder sonstige Dinge erledigten. In der Zwischenzeit war ich Meister im Delegieren.

War das alles normal?! Nun, zu diesem Zeitpunkt schien es noch so zu sein.

> Probleme kann man niemals mit derselben Denkweise lösen, durch die sie entstanden sind. (Albert Einstein)

Ich wurde im Nachhinein danach gefragt, wie ich all das überwinden konnte und heute mit meinem Leben umgehe. Nun, wie Albert Einstein es so treffend zitiert, Probleme benötigen für die Lösung neue und andere Sichtweisen. Jedenfalls auch einiges an Offenheit sich selbst gegenüber, um einmal den Punkt zu erreichen, an dem die ungesunden und ursprünglichen Muster und Denkweisen überhaupt das Tageslicht erblickten!

Wenn ich also diese Frage beantworten wollte, dann sehe ich es aus heutiger Sicht so:

Es scheint, dass ich offensichtlich elf Jahre schmerzhafte Schicksalsschläge „brauchte", um neue Wege zu gehen. Das war sehr schwierig für mich, ich denke, sogar noch härter als der Weg in den Burnout hinein.

Während meiner Rekonvaleszenz war ich gezwungen, mich mit meinem Schattendasein und den Schwachstellen in mir zu konfrontieren, damit ich überhaupt neue Perspektiven bemerken und umsetzen konnte.

Zuvor hatte ich mich jahrelang auf einer Gratwanderung ohne innere Einsichten befunden. Und ich war auch lange Zeit in sämtlichen, anerzogenen und teilweise selbst „gezüchtete" Verhaltensmuster so gefangen, dass weder meine Umgebung noch ich erkannten, in welch lebensbedrohlichem Zustand ich mich zeitweise befand. Aus der Betrachtung der zwölf verschiedenen Stufen eines Burnouts kann ich für mich folgendermaßen resümieren:

Als Mensch mit großem Engagement in meinem Beruf sowie in der Folge auch in der Begleitung meines Mannes während seines Spitalaufenthaltes, fühlte ich mich sehr stark. Das Gefühl, dass ich unentbehrlich in anderen Bereichen des Alltags wäre, wuchs parallel dazu immer mehr an. Ich verdrängte ziemlich oft alles, was ging, und ich zog mich im Laufe der letzten Jahre immer häufiger in mich selbst zurück.

Und obwohl ich desöfteren versucht war, etwas an meiner Lage zu verändern, entfernte sich meine Persönlichkeit im Zusammenhang mit den Geschehnissen unaufhörlich von meinem Selbst. Ich stand während dieser Phasen meist nur noch „neben mir". Körperlich und emotional fühlte ich mich sehr oft wie gelähmt. Und zuletzt hatte sich eine innere Leere breitgemacht und meine, bis dahin noch geringfügig vorhandenen Gefühle und Emotionen, in vielen Richtungen abgetötet. Es gab nichts mehr, das mich aus diesem Zustand hätte herauskatapultieren können.

Dennoch, die positive „Wende" kam. Und das Zug um Zug!

Gegen Ende des Jahres ergaben sich von einem zum anderen Tag plötzlich bedeutsame und teilweise neue schmerzhafte Veränderungen in meinem Alltag.

Ich vermag es zwar nicht mehr exakt zu beschreiben, was der eigentliche Auslöser war, wodurch sich augenblicklich alles änderte. Im Gegenteil, es gibt sogar einige Wegstrecken, die ich nur mehr vage in Erinnerung habe. Doch auf jeden Fall waren es für mich sehr prägende Etappen in meinem Leben, die einen wesentlichen Einfluss auf meine Neuorientierung nahmen.

Nach Ende meines letzten Krankenstandes musste ich mich den neuen gesellschaftlichen und sozialen Gegebenheiten stellen. Ich erlebte mich erstmalig in der Rolle als Arbeitslose. Es fühlte sich fürchterlich an. Dreißig Jahre war ich Beraterin gewesen und nun befand ich mich plötzlich auf der „anderen Seite" des Tisches. Schließlich ging es um meine Existenzsicherung.

Doch ich hatte das große Glück, Mitarbeitern zu begegnen, die im Gegensatz zur Personalabteilung des Unternehmens sehr bemüht und vor allem sehr sensibel mit mir und meinem Anliegen umgingen. Ich fühlte mich nach längerer Zeit wieder als Mensch und nicht als Bittsteller eines sozialen Betriebes.

Dann gab es nach einiger Zeit eine der schmerzhaftesten Herausforderungen für mich, die durch den raschen Tod meines Lieblingshundes Ynu entstand. Er hatte, wie mein Mann zuvor, einen Herzklappenfehler, der nicht mehr behandelt werden konnte. Daher musste ich ihn einschläfern lassen. Mein Herz brach an diesem Tag ein weiteres Mal. Ynu und ich hatten zwar viele Unfälle in den vorangegangenen Jahren erlebt, dennoch war er mein Rettungsanker in vielen Lebenslagen. Und während mein Mann im Spital lag, war er das einzige Lebewesen, das mir Trost spenden konnte. Nämlich jenen Trost, den nur ein Tier zu vermitteln vermag. Er war wie ein Kind für mich! Doch durch Ynus Sterben war ich das erste Mal imstande, mich meinen Gefühlen hinzugeben, die ich so lange unterdrückt hatte. Ich konnte jetzt meinem Schmerz und meiner Trauer Ausdruck verleihen und all die Tränen fließen lassen, die ich viel zu lange in mir aufgestaut hatte.

Eine weitere Wende in meinem Alltag ergab sich im Zusammenhang mit meiner Pfarre. Ich wurde vom neuen Moderator (Anm. des Autors: Priester ohne fixe Anstellung) der

Pfarrgemeinde gefragt, ob ich eventuell ehrenamtlich mitarbeiten würde. Nachdem Richard T. auch einer meiner besten Freunde ist, nahm ich das Angebot gerne, wenn auch etwas zögerlich, an.

Er war neu in der Pfarre, und ich durch meine Übersiedlung nach Wien, neu in der Gemeinde. Mein Leben hatte zwar bis dahin noch keinen konkreten „Kurs" genommen, doch ich erkannte darin eine Chance, wieder in die Wirklichkeit einzusteigen. Wie sich herausstellte, eine optimale Lösung!

Durch die Tätigkeit in der Pfarrgemeinde nahm ich dann schrittweise auch all die anderen Menschen um mich herum wahr, die für mich zuvor nur wie durch einen Schleier betrachtet wurden und existent waren. Und auch meine Freunde kamen mir wieder näher. Ich begann dem Leben und den Menschen neuerlich zu vertrauen.

Rückblickend betrachtet glaube ich, es war von allem etwas, das mich auf den Boden der Realität und der Neuorientierung gebracht hatte. Jedenfalls ging es mir körperlich und seelisch immer ein wenig besser. Das Leben fühlte sich wieder wie Leben an.

In der Zwischenzeit war ich auch innerlich bereit, meinen beschwerlichen Weg, der noch vor mir lag, anzunehmen. Ich begann daher eine Ausbildung nach der anderen. Zuerst war es ein Fremdsprachenkurs, dann ein EDV-Kurs und zu guter Letzt absolvierte ich einen Diplomlehrgang zum Burnout-Prophylaxe-Trainer.

Während des Studiums erhielt ich durch den Unterricht an der Akademie mehr oder weniger parallel zur Ausbildung „indirekte Hilfe", die ich in Form von hunderten Stunden Psychotherapie ohnehin nie hätte annehmen können. Es gab hier ausreichende Möglichkeiten, mein Leiden als Burnoutbetroffene zu analysieren und zu verstehen.

Daher bin ich meinem Schicksal aus heutiger Sicht sehr dankbar dafür, dass ich mein Wissen und meine Erfahrungen zum Thema Burnout anderen Menschen vermitteln darf. Man muss zwar als professioneller Trainer nicht unbedingt selbst

Burnouterfahrung haben. Aber ich denke, dass ich in meinem neuen Job wesentlich authentischer bin, als jemand, der diese Erlebnisse nie hatte.

> Gott gebe mir die Gelassenheit, die Dinge hinzunehmen, die ich nicht ändern kann, den Mut, die Dinge zu ändern, die ich ändern kann, und die Weisheit, das eine vom anderen zu unterscheiden (Christoph Friedrich Oetinger)

Zu guter Letzt: Menschen, die an Burnout erkrankt sind, stellen für mich seit meinen eigenen Erfahrungen in gewisser Hinsicht eine Parallele zu suchtkranken Menschen dar. Das bezieht sich konkret auf verschiedene Ebenen des Verhaltens. Schwerpunktmäßig bemerke ich es meist bei Workaholics!

Wenn man im Prozess eines beginnenden Burnouts steckt, dann ist es so, als ob man sich in einer Spirale erlebt. Es kann mitunter lange Zeit brauchen, bis man zu der Erkenntnis gelangt, dass irgendetwas nicht stimmt. Es dauert nochmal so lange, bis man einsieht, ein Betroffener zu sein. Und es dauert noch wesentlich länger, bis man akzeptiert, dass man Hilfe benötigt und diese auch sucht, um einen Weg aus dieser Spirale heraus zu finden.

Ich denke aber auch, dass man als Betroffener nie wirklich von Burnout „geheilt" werden kann. Es gibt zu vieles, das immer wieder im Leben auftaucht und uns in alte Verhaltensmuster drängt oder uns zumindest damit konfrontiert. Das kann keiner verhindern. Doch wir haben jeden Tag die Möglichkeit, unseren Scharfblick und unsere Wahrnehmung zu trainieren.

Ich bin überzeugt davon, wenn wir uns darin immer wieder üben, auf wesentliche Schwerpunkte zu achten – wie z. B. die tägliche Psychohygiene, den ausreichenden Schlaf, gesunde Ernährung – einen wertschätzenden, liebe- und respektvollen Umgang mit uns selbst pflegen, unsere sozialen Netzwerke aufrechthalten und noch vieles mehr, dann kann man davon ausgehen,

dass es eine perfekte Grundlage für ein „Burnout-freies Leben"
bedeutet.

Als Trainerin bin ich sogar „gezwungen", auf all diese Dinge
zu achten. Daher übe ich mich ununterbrochen in Sachen Disziplin. Ich versuche, meinem Leben einen Rhythmus zu geben, der
natürlich ist. Ich betreibe Sport, damit ich Ausgleich finde und
fit bin. Ich spreche über meine Sorgen und Belastungen, ich teile
mich mit. Und das ist auch sehr wichtig.

Wesentlich für mich ist auch, dass ich nicht mehr meinen
Zwängen und alten Verhaltensmustern erliege! Ich suche neue
Wege. Ich befasse mich mit Literatur zum Thema Selbst aber
auch zu anderen Lebensthemen. Ich denke, nur dann, wenn ich
mich für Neues öffne, sehe ich eine weitere Möglichkeit, auch
für das Leben offen zu bleiben. Und zuletzt, weil am wichtigsten,
versuche ich, sehr achtsam mit mir und meinem Leben umzugehen!

Ich wünsche mir an dieser Stelle ganz einfach, dass meine Erfahrung anderen Mut gibt, weiter als über den „Rand der Kaffee-
tasse" zu blicken.

Schauen Sie bitte hin, vor allem als Angehöriger und/oder
Freund, wenn Ihnen irgendetwas eigenartig erscheint und nie in
den Lebensalltag des Betroffenen gehört hat. Hinterfragen Sie
alles! Denn jeder Moment des Handelns zählt. Und meist nur
noch Außenstehende vermögen zu erkennen, dass etwas nicht
stimmt. Burnoutbetroffene können in so einer Phase des Lebens
nicht alleine damit zurechtkommen. Auch wenn sie das gerne
glauben. Wir, die Burnouterfahrenen, sind nicht schwach, wenn
wir uns eingestehen, dass das eine oder andere nicht mehr geht.
Im Gegenteil. Aber wir brauchen Menschen um uns, die gute und
aufmerksame Wegbegleiter sind, und das nicht nur in der Theorie.

Am Ende möchte ich noch sagen: selbst wenn Burnout in Österreich dem Symptom nach noch keine anerkannte Krankheit
ist, so gibt es Burnout tatsächlich! Und es gehören weitaus mehr
Symptome dazu als nur eine Depression!

Wir alle können aber nur dann helfen oder Hilfe holen, wenn wir an unserer Aufmerksamkeit und Empathie arbeiten und uns und unsere Mitmenschen wirklich ernst nehmen und zuhören!

An dieser Stelle möchte ich abschließend meinen innigen Dank an all meine Wegbegleiter aussprechen. Nicht nur für meine ehemaligen Kolleginnen, die mich intensiv unterstützt haben, sondern auch für all jene, die mich in den letzten, für mich sehr schwierigen Jahren begleitet, meine Launen ertragen haben und für mich dennoch in jeder Minute da waren!

Sabine Widi-Tessler, 51 Jahre, verwitwet, und seit 2012 als Beraterin, Coach und Trainerin tätig. Sie wurde hauptsächlich durch das qualvolle Sterben ihres Mannes und die Herausforderung, ihre jahrzehntelange Berufstätigkeit aufgeben zu müssen, geprägt. Sie fand durch professionelle Ausbildungen, u. a. in der Burnoutprävention, sowie in ihrem unerschütterlichen Glauben an Gott die Kraft, wieder ins Leben zurückzukehren.

13

Erkenne die Zeichen!

Alain Wolff

Meine persönlichen Erfahrungen mit dem Burnout und wie ich es geschafft habe, aus dieser Falle wieder heraus zu kommen:

Es kommt mir in der Zwischenzeit so vor, als hätte ich mir die Freifahrtkarten für die Burnoutspirale über einen längeren Zeitraum erworben. Mit jeweils einem Tiefschlag gab es ein Ticket. Umso mehr Tickets, umso schneller und enger die Kurven und umso härter die Tiefschläge.

Ich möchte nicht behaupten, einer von den Menschen zu sein, die schnell aufgeben. Trotzdem traf es mich und es kam soweit, dass mich suizidale Gedanken verfolgten. Aus meiner heutigen Sicht und Erkenntnis gab es vier prägende Situationen in meinem Leben, die mich dazu führten: das Abitur im Jahr 1992, die Scheidung von meiner Frau und das darauf folgende Getrenntsein von meiner Tochter, die Anschaffung und Restaurierung eines kleinen Eigenheims und letztendlich die definitive Diagnose Burnout während meiner Tätigkeit als Geschäftsführer einer Hufschmiedefirma.

Aber beginne ich von Anfang an: Meine Kindheit und Jugend verlief nicht sehr schön. Dieser Zeitabschnitt war geprägt durch einen Alkoholiker als Vater, von dem wir, meine Geschwister und ich, nie viel hatten. Wenn wir ihn sahen, war er meistens betrunken. Das allein war schon schlimm genug, aber erschwerend kam hinzu, dass wir deshalb sehr oft das Gespött der Einwohner unseres Heimatortes ernteten, was uns zusätzlich belastete. Meine Mutter versuchte derweil, uns alle irgendwie durchzubringen und arbeitete dementsprechend Tag und Nacht. Auf die Unterstützung meines Vaters konnte sie nicht hoffen. Wir waren deshalb sehr oft auf uns alleine gestellt und mussten früh lernen, mit Selbstverantwortung und Selbstschutz umzugehen.

Auch die Grundschule war für mich die Hölle. Es kam oft dazu, dass ich morgens aus dem Haus ging und den ganzen Tag im Wald verbrachte, anstatt im Unterricht zu sein. Ich fühlte mich sehr oft alleingelassen und schämte mich über alle Maßen über unsere Lebensumstände, in denen es nicht nur einmal dazu kam, dass meine Mutter mit uns (den beiden Jüngsten), mitten in der Nacht die Flucht ergriff, weil mein Vater wieder einmal jähzornig und betrunken nach Hause kam und dort alles kurz und klein schlug. Allerdings kann ich mich nur sehr schwer an meine Kindheit erinnern. Die positiven und schönen Momente, von denen es sicherlich einige gab, sind wie ausgelöscht! Ich denke aber, dass der Zusammenhalt der Geschwister sicherlich maßgebend war für ein Weiterkämpfen und dafür, diese Zeit so gut es ging zu überstehen. Als ich 15 war, trennten sich meine Eltern zum Glück und es kehrte Ruhe ein ins Haus. In der Schule ging es dann auch gleich aufwärts und erste Erfolge trieben mich weiter voran.

Auf mich als Zweitjüngsten legten meine Familienangehörigen großes Augenmerk. Sie waren stolz, dass ich nach meiner Fachholschulreife mit dem Studium begann – als einziges von insgesamt sechs Kindern. Mein Fleiß während der Schulzeit zahlte sich aus: Ich erreichte sogar den notwendigen Numerus Clausus, um mich auf der Fachhochschule in Aachen mit Schwerpunkt Maschinenbau einschreiben zu dürfen. Von Stolz ergriffen, trieb es mich also weiter nach oben. Ich wollte mehr erreichen als meine Verwandten und Geschwister. Jedoch gab es zugleich auch den enormen Druck, welcher auf meinen Schultern lastete. Die finanziellen Mittel, das Studium ins Endlose zu ziehen, waren nicht vorhanden. Das wollte ich auch gar nicht, doch so war der Druck, zügig fertig zu werden, besonders groß. Zumal ich auch den vermeintlichen Erwartungen meiner Verwandten gerecht werden wollte: Ich wollte erfolgreich das Studium meistern und keinen Zweifel aufkommen lassen, dass man auf mich nicht stolz sein könne.

Das Getrenntsein von meiner Familie und meiner damaligen Freundin während des Semesters quälte mich allerdings zusätzlich. Wenn ich ehrlich zu mir selbst gewesen wäre, hätte ich zugeben müssen, dass mich das Studium mit all seinen Begleiterscheinungen nur unglücklich machte. Aber erst meine Vermieterin, bei der ich als Student in Aachen untergekommen war und die immer sehr lieb und fürsorglich zu mir war, gab mir den Mut, mich für das zu entscheiden, was mein Herz mir sagte: Das Studium aufgeben und nach Hause gehen.

Natürlich waren einige Menschen in meinem Umfeld enttäuscht von mir und konnten meine Entscheidung nicht nachvollziehen. Aber damit musste ich nun so gut es ging leben. Leider sollte es nicht das letzte Mal sein, dieses Gefühl, andere enttäuscht zu haben, erleben zu müssen!

Doch erst einmal wendete sich das Blatt zum Guten: Kurze Zeit nachdem ich das Studium abbrach und wieder nach Hause ging, fand ich eine Arbeitsstelle als Verkaufsleiter im Außendienst. Die Tätigkeit gefiel mir sehr gut, ich hatte freie Arbeitszeiten und eine Menge an Eigenverantwortung. Außerdem war der Job gut bezahlt. So konnten meine Freundin und ich die erste eigene Mietwohnung beziehen. Nur eineinhalb Jahre später heirateten wir. Ich war so glücklich wie nie zuvor in meinem Leben. Der Tag der Hochzeit verlief wie in einem Traum. Sogar mein Vater, zu dem ich jahrelang keinen Kontakt hatte, war an diesem Tag dabei, was mich trotz der schlimmen Vergangenheit sehr glücklich machte. Schon ein Jahr später wurde unsere kleine Tochter geboren.

Alles war zu diesem Zeitpunkt perfekt: Ich war über alle Maßen stolz auf meine kleine Familie. Hinzu kam, dass mein Wunsch, wieder im industriellen Bereich zu arbeiten, ebenfalls erfüllt wurde: Ich fand eine Arbeitsstelle als Projektleiter im Aluminiumbau mit sehr viel Eigenverantwortung, also so, wie ich es wollte und liebte.

Schon bald darauf konnten wir unsere Eigentumswohnung beziehen, die ich mit sehr viel Liebe und Energie einrichtete – und das ganz alleine. Meine Frau zog es vor, sich zu Hause ausschließlich um unsere Tochter zu kümmern. Ihre Arbeitsstelle gab sie auf. So wurde die Last der Verantwortung neben dem beruflichen Bereich auch im privaten Bereich zunehmend schwerer.

Leider ließ der erste Schicksalsschlag nicht lange auf sich warten: Unsere Tochter war gerade einmal ein Jahr jung, als es vom Kinderarzt hieß, sie leide unter einem Herzproblem. Nach mehreren Untersuchungen wurde festgestellt, dass ihre Herzkammern nicht richtig schlossen, was im Erwachsenenalter zum Herzstillstand durch Herzerweiterung führen kann. Eine Operation war unumgänglich, je früher, desto besser. Wir reisten also kurzentschlossen für eine Woche nach Paris, um den Eingriff in einer Spezialklinik durchführen zu lassen. Die Angst, mein eigenes Kind zu verlieren, war riesengroß. Die meiste Zeit des Aufenthaltes verbrachte ich mit der Kleinen in der Klinik.

Meine Frau blieb aus mir unverständlichen Gründen bei ihrer Tante in einem Vorort der französischen Hauptstadt. Schon zu diesem Zeitpunkt hätte es mir auffallen müssen: Mit Eigenverantwortung konnte sie weniger gut umgehen. Meistens war sie mit irgendeiner Cousine oder Freundin auf Tour und ließ mich mit dem Kind und den häuslichen Verpflichtungen alleine. Aber die Operation verlief zum Glück sehr gut, die gesundheitlichen Probleme waren erst einmal behoben. Dies ließ mich hoffen, dass es wieder bergauf gehen würde – in allen Lebensbereichen. Doch statt Erleichterung zu finden, wurde die Lage immer kritischer. Nun standen auch noch finanzielle Probleme auf der Tagesordnung und selbst meine berufliche Veränderung konnte den Berg an Schulden nicht bewältigten.

Immer öfter kümmerte ich mich auch noch nachts um die Kleine, was gerade direkt nach der Operation nötig war, um dann morgens total erschöpft zur Arbeit zu gehen. An meinem nervenaufreibenden Arbeitsplatz konnte ich leider keine neue Kraft schöpfen, sondern ganz im Gegenteil, ich schleppte die Probleme dort gedanklich mit nach Hause, um mich nachts damit zu beschäftigen und sie beim Aufstehen morgens nicht zu vergessen. Derweil wurde meine Frau immer unzufriedener, sie fühlte sich eingesperrt in den eigenen vier Wänden und kam mit ihrer Rolle als Hausfrau nicht gut zurecht. Zumindest war das im

Nachhinein meine rationale Erklärung für ihr Verhalten. Zunehmend verließ sie das Haus, um irgendwann mitten in der Nacht zurückzukehren. Es hieß: „Ich brauche etwas Freizeit." Ich nahm das einfach so hin und dachte mir nichts dabei. Blindheit für das, was um mich geschah!

Dann kam der Entschluss ihrerseits, sie wolle sich von mir trennen. Wäre in dem Moment ein tonnenschwerer Betonklotz auf mich gefallen, so hätte sich das sicher nicht schlechter angefühlt. Selbst das nahm ich einfach so hin und entschied kurzerhand, erst einmal bei meiner Mutter unterzukommen.

Und da war es wieder, das Gefühl des Versagens und jemanden enttäuscht zu haben. In dieser Lage war es mir unmöglich, meinen damaligen Job als Projektleiter weiterhin auszuführen, ich hatte einfach nicht mehr die Kraft dazu. So äußerte ich den Wunsch nach Veränderung bei meinem Arbeitgeber, dem zum Glück auch nachgekommen wurde: Die neue Arbeitsstelle war wesentlich entspannter und ich trug weniger Verantwortung.

Am Anfang meiner Trennung hatte ich alle zwei Wochen Besuchsrecht für meine damals eineinhalbjährige Tochter. Das von mir beantragte Sorgerecht erhielt ich nicht. Ich empfand die damalige Situation als fast unerträglich: Vor allem, meine Tochter immer wieder abgeben zu müssen, war jedes Mal aufs Neue ein Kampf, und das für uns beide. Bei jedem Abschied klammerte sie sich an mir fest und ich musste sie nahezu von mir losreißen, um sie bei ihrer Mutter abzuliefern. Es fühlte sich für mich immer an, als gebe es kein Wiedersehen mehr, als wäre es ein Abschied für immer. Nach jedem Abgeben und Wieder-nach-Hause-Fahren, spielte ich mit dem Gedanken, mein Auto gegen einen Brückenpfeiler oder Baum zu fahren, weil mir ein Leben ohne meine Tochter als nicht lebenswert erschien. Aber mir war auch klar, dass es meiner Tochter nicht viel bringen würde, wenn ich nicht mehr da wäre. Der Gedanke daran, dass ich für meine Tochter da sein musste, auch wenn es nur sporadisch war, ließ mich überleben und weitermachen. Und die Mühe schien sich auszuzahlen: Im darauffolgenden Jahr gelang es mir tatsächlich, dass alleinige Sorgerecht für meine Tochter zu erhalten. Mir fiel eine tonnenschwere Last von den Schultern und es zeigte mir aufs Neue, dass ein stetiges, zielgerichtetes Weitermachen eben doch zum Erfolg führt.

Als mich meine Frau verließ, verspürte ich parallel zu allem Negativen trotzdem einen großen Drang nach persönlicher Veränderung. Mein zwei Jahre jüngerer Bruder war zu diesem Zeitpunkt seit vier Jahren selbstständig in der Hufschmiedebranche. Sein Geschäft lief sehr gut und so kam die Idee auf, mich umschulen zu lassen, um mit ihm gemeinsam das Geschäftspotenzial zu erweitern. Ich entschloss mich also dazu, meinen damaligen Job als Projektleiter in einem Konzern für professionellen Küchenbedarf aufzugeben, um in den folgenden zwei Jahren einen Meisterbrief als Hufschmiedemeister in einer Brüsseler Hufschmiedeschule zu erwerben. Die Motivation war groß und nach langer Zeit fühlte ich mich endlich wieder einmal richtig gelöst, ja frei. Es war ein solch befreiendes Gefühl: ein Gefühl, das mir nicht fremd, sondern eher vertraut war. Aber in diesem Ausmaß hatte ich es lange nicht erlebt. Ich war wieder ich, der Optimist. Ich brauchte mich nicht zu verstellen und fühlte mich nicht in eine Rolle gezwängt. Es war sehr auffallend, ich wirkte wie ein Magnet für andere Menschen. Damals wusste ich dies jedoch nicht zu deuten. Meine Lehre schloss ich als einziger von achtzig Teilnehmern binnen zwei Jahren ab. Darauf war nicht nur ich, sondern auch meine Familie stolz.

Danach stand der gemeinsamen Firma mit meinem Bruder, in der ich unter anderem als Geschäftsführer tätig war, nichts mehr im Wege. Die Weichen waren gestellt und alles entwickelte sich zum Positiven. Ich konnte relativ schnell ein kleines Haus in meinem Geburtsort erwerben, hatte ein wunderbares Hobby als Sänger in einer tollen Band mit vielen Auftritten und war erfüllt von einer scheinbar endlosen Energie. Ich hatte die Zügel wieder in der Hand – das dachte ich zumindest. Die alten Wunden waren zwar vergessen, jedoch emotional noch nicht verheilt. Jetzt war nur noch eines wichtig: noch viel mehr schaffen als zuvor, auch ohne Hilfe!

Mit der Firma gab es viel zu tun und der Erfolg ließ nicht lange auf sich warten. Den Zwölfstundentag steckte ich erst einmal so weg. Da blieb abends dann immer noch Zeit zum Renovieren, Termine organisieren, die Firma leiten und ein Kind aufziehen. Zwischendurch schnell noch dies oder das für jemanden erledigen und die Wochenenden mit der Band auf Tour. So sah mein Leben derzeit aus. Da blieb keine Zeit für Ruhe, geschweige denn Urlaub. Mein Credo lautete: „Das lässt sich doch später auch noch nachholen!" Doch das dem nicht so war, musste ich schon bald am eigenen Leibe erfahren: Am Anfang war da einfach nur die Müdigkeit und selbst wenn ich früh zu Bett ging, so stand ich doch morgens wieder auf, als hätte es dazwischen keinen Schlaf und keine Erholung für mich gegeben. Die Unruhe und Nervosität stieg dementsprechend bei mir an.

Hatte ich doch sonst immer ein Händchen für schwierige Pferde und Kunden, so wandelte sich das allmählich ins Gegenteil.

Der Sog zog mich zusehends schneller nach unten. Ich vermied es, ans Telefon zu gehen, ging Diskussionen und Problemen aus dem Weg, vergaß Bestellungen aufzugeben, Rechnungen rauszuschicken und hatte keinen Spaß mehr an der Arbeit. Zu den Auftritten mit der Band musste ich mich teilweise regelrecht hinschleppen. Ich konnte mich manchmal selbst nicht ertragen und zog mich mehr und mehr zurück. Ausgehen und gemeinsames Essen mit der Familie wurden unerträglich, ein Lachen oder Grinsen konnte man meinem Gesicht schon lange nicht mehr entlocken. Dazu schlichen sich auch noch Rückenschmerzen mit ein. Die Last wurde einfach zu schwer zum Tragen für mich.

Erst als mich suizidale Gedanken überfielen, wusste ich, dass es so nicht weitergehen konnte: „Entweder du änderst etwas oder du gehst zugrunde." Es war verdammt schwer, mir selber einzugestehen, dass ich es ohne fremde Hilfe nicht schaffen würde.

Zu meinem Glück ermahnte mich mein Schwager, Hilfe in Anspruch zu nehmen. Ihn hatte die Burnoutfalle einige Monate vor mir erwischt und ihm fielen meine Symptome und insbesondere mein daraus resultierendes Verhalten auf. Kein Wunder, war er doch für dieses Thema sensibilisiert. Ich hatte großes Vertrauen zu ihm und er fungierte von daher für mich als eine Art Mentor. Ein sehr schwieriger Schritt war nun noch, meine Familie darüber aufzuklären. Schon einige Male hatte ich erwähnt, dass mir alles zu viel wird, was aber eher beiläufig mit blöden Sprüchen seitens einiger Familienmitglieder abgetan wurde. Ganz nach dem Motto: Dann geh doch mal früher zu Bett. Mach doch richtig Pause in der Mittagsstunde. Oder: Mach zu Hause mal etwas weniger!

Für mich kamen diese „Tipps" nun eh zu spät. Jetzt ging es also nur noch darum, es meiner Familie klar und deutlich zu machen. Leider gab es keinen Zeitpunkt, an dem alle versammelt wären und ich es hätte sagen können. Ich nutzte dann die Gelegenheit an einem Event, zu dem zwei meiner Brüder mit mir eingeladen waren. Mit klar formulierten Worten machte ich deutlich: „Es geht nicht mehr!" Nach deren erstem Erstaunen und Versuchen, mir gute Ratschläge zu geben, blieb ich stark und wies darauf hin, dass die Lage absolut ernst sei. Und zwar mehr als ernst. Denn mittlerweile war ich bereit, alles stehen und liegen zu lassen, alles andere war mir egal.

Zuerst war da allerdings dieses absolute Unverständnis und Staunen darüber, wie schlimm die Situation war. Doch zum Glück wurde schnell begriffen, dass ich unbedingt die nötige Unterstützung brauchte. Nicht zuletzt auch, um mich von meinen täglichen Aufgaben zu entlasten und um eine Lösung für meine berufliche Situation zu finden. Mein Hausarzt tat das Weitere und verschrieb mir die nötigen Medikamente, zudem wurde mir eine Behandlung bei einem Therapeuten empfohlen. Mir war das alles Recht, denn der aktuelle Zustand war weder für mich noch für mein Umfeld weiterhin zu ertragen.

Die Medikamente zeigten glücklicherweise schnell ihre Wirkung, der ständige Wechsel an Höhen und Tiefen wurde geglättet. Ich konnte wieder vernünftig schlafen. Bei meinem neuen Therapeuten kam ich zum ersten Mal mit Coaching in Kontakt und die Bücher von Anthony Robbins, welche mir empfohlen wurden, weckten sehr großes Interesse für diese Form von Kurzzeittherapie. Es ging nach erstaunlich kurzer Zeit auch aufwärts und ich fühlte erstmalig seit langem wieder Freude am Leben.

Nach circa sechs Monaten konnten die Medikamente abgesetzt werden.

Interessanterweise blieb mir die Idee des Coachings und nachdem ich einiges über mich gelernt und in meinem Alltag umgesetzt habe, wusste ich: „Diese Situation werde ich nie wieder erleben müssen!" Zu diesem Zeitpunkt hätte ich mir allerdings nicht im Traum vorstellen können, dass dies mein Leben derart verändern könnte. Die gemachte Erfahrung bot mir auf einmal ganz neue Perspektiven. Ich wollte mehr über mich selbst herausfinden und mich auch beruflich weiterentwickeln. Da mir mein Rücken weiterhin signalisierte, dass das Schmieden und Arbeiten am Pferd auf Dauer nicht mehr möglich für mich war, kam mir die Idee, ein zweites Standbein aufzubauen. Es hatte sich zudem auch einiges in meinem Umfeld geändert: sogar mein Bruder hatte aus dem Erlebten gelernt und so entschlossen wir beide, unser Arbeitsvolumen insgesamt zu kürzen.

Ich erkundigte mich dann im Internet über NLP (Neuro-Linguistisches Programmieren, auch eine Form der Kurzzeittherapie) und meldete mich zum sogenannten *Practitioner Kurs* an. Dieser lief über circa 120 Stunden und war in monatliche Wochenendblocks aufgeteilt. Das erste Wochenende war sehr ungewohnt, ging es doch auch darum, die schützende Mauer, mit der ich mich umgab, fallen zu lassen – und das vor allen Teilnehmern. Schließlich waren wir uns alle fremd.

Doch gleich der erste Kurs hatte seine Wirkung gezeigt und ich sah von da an die Welt und mein Umfeld mit anderen Augen.

Die darauf folgenden Kurse bauten meine Persönlichkeit zusehends auf und ich ließ keine Gelegenheit aus, in den Übungseinheiten meine eigenen Leichen aus dem Keller zu holen und alles Mögliche an Themen aufzuarbeiten. Die Tage unmittelbar nach den Seminaren waren immer sehr anstrengend. Auf einmal schien alles anders und mein Horizont erweiterte sich um einiges. Ich war so sehr an den Techniken interessiert, dass ich sogar schon anfing, Bekannte zu coachen und die erlernten Techniken zu vertiefen. Ich bekundete meinem damaligen Ausbilder: „Das Coaching werde ich zu meinem Beruf machen und davon leben!"

Die Practitioner-Ausbildung reichte mir dann aber nicht aus. Noch nach Abschluss des Seminars war ich schon zum aufbauenden Master-Seminar angemeldet und parallel dazu zu einer „Wingwave-Ausbildung". Letztere soll insbesondere Menschen mit hohem Leistungsgedanken helfen. Menschen, die positiv auffallen wollen, ein Helfersyndrom haben, Jasager sind und nicht gerne Hilfe in Anspruch nehmen, die den Drang danach haben, immer in Bewegung sein zu müssen und immer neue Herausforderungen annehmen und die letztendlich angefangene Dinge nicht zu Ende zu führen. Alles Aspekte, die auch mich zum Burnout gebracht haben.

2009 wurde dann klar, dass meine Entscheidung zwei Jahre zuvor, einen anderen Weg zu gehen, absolut richtig gewesen war. Die Rückenschmerzen wurden unerträglich und nach einer gründlichen Untersuchung wurde mir diagnostiziert, dass ich mit zwei Bandscheibenvorfällen den Beruf als Hufschmied nicht mehr ausüben konnte. In einem Alter von mittlerweile 40 Jahren war das dann doch eine regelrechte Herausforderung und warf einige Fragen und Unsicherheiten auf. Was nun? Denn die Firma lief gut, aber ich selber konnte den Job nicht länger aktiv ausüben. Veränderungsprozesse waren scheinbar von mir auf Lebenszeit gebucht, es war ja nicht das erste Mal.

Auf der anderen Seite lag die Lösung auf der Hand, wenn es auch bedeutete, den steinigen Weg zu gehen und sich wieder einmal mit einer neuen Tätigkeit selbstständig zu machen. Für meinen Bruder, mit dem ich ja mittlerweile 12 Jahre zusammen gearbeitet und die Firma aufgebaut hatte, war mein Entschluss schwieriger zu akzeptieren als für mich. Wir teilten die Firmenanteile auf. Da mein Bruder den Bedarf alleine nicht decken konnte, gründetet ich meine eigene Hufschmiedefirma und suchte einen Schmied, der für mich die Kunden betreuen sollte. Ich wurde auch relativ zeitnah fündig. Es stellte sich jedoch einige Monate später heraus, dass der junge Mitarbeiter nicht das nötige Bewusstsein für solch eine verantwortungsvolle Arbeit besaß und dazu sehr unzuverlässig war. Es fiel mir unglaublich schwer, den jungen Mann in seiner Probezeit zu entlassen, zudem wusste ich, dass es sehr schwierig war überhaupt jemanden zu finden. Aber wie durch ein Wunder meldet sich jemand, der auf der Suche nach einer neuen Ausrichtung seines Lebens war und dem diese Gelegenheit gerade recht erschien. Wenn auch mit kleineren Hürden, stand einer Festanstellung und sogar späteren Übernahme des Geschäfts nichts mehr im Weg.

Als damaliger Angestellter in dem gemeinsamen Unternehmen hatte ich den großen Vorteil, von der Krankenkasse und später vom Arbeitsamt unterstützt zu werden. Nach der Übergabe meines Geschäfts nahm ich eine Halbtagesstelle in einer Kindertagesstätte als Erzieher an. In der Zwischenzeit hatte ich meine weitere Ausbildung zum systemischen Coach absolviert. Die Zeit war allerdings noch nicht ganz reif und es brauchte schon auch etwas Geduld und innerer Sicherheit, um das zu tun, was ich mir so lange schon vorgenommen hatte.

Die Zeit nach meinem Burnout war sicher nicht immer einfach. Zurückblickend kann ich sagen, dass die ganze Arbeit an der eigenen Persönlichkeit zweifelsohne mit dazu geführt hat, nicht wieder rückfällig zu werden. Es hat mir dazu verholfen, die Schwierigkeiten und Hürden im Leben anders zu meistern und lösungsorientiert in die Zukunft zu schauen. An all diesen unüberwindbaren Hürden gab es doch immer diesen Schimmer von Optimismus und Hoffnung, der mich nicht aufgeben ließ.

Mitte September 2012 war es dann soweit. Meinen Job als Erzieher beendete ich, um mich ganz und gar dem Coaching und Training mit Schwerpunkt auf Outdoor-Coaching zu widmen. Auch heute steht für mich das Thema Burnout immer noch an oberster Stelle, mittlerweile allerdings als Aufklärer und Ratgeber für Hilfesuchende. Dementsprechend biete ich jetzt Seminare und Workshops über meine Firma ComeT-concepts an. Mir ist klar geworden, dass es wichtig ist, den Fokus danach zu richten, was man im Leben erreichen möchte und dass der feste Entschluss und Glaube daran zum Erfolg führt. Es gilt die Zeichen zu erkennen, um genau dort anzusetzen.

An sich sind es die vielen kleinen Tropfen, die irgendwann das Fass zum Überlaufen bringen. Es liegt einzig und allein an uns, uns diesem Tropfen bewusst zu werden und unsere Mitmenschen darauf aufmerksam zu machen. Burnout ist keine Krankheit und auch ohne Medikamente überwindbar.

Alain Wolff (43), alleinerziehender Vater einer 16-jährigen Tochter. Seit 2012 selbstständiger Coach, Trainer und Dozent. Früh lernte er eigenverantwortlich und selbständig zu arbeiten – in seiner Jugend, später im Außendienst, als Projektleiter, als Erzieher und dann in der eigenen Firma. Die an sich positive Qualität der Selbständigkeit wurde ihm, im Burnout 2007, infolge innerer sowie äußerer Einflüsse beinahe zum Verhängnis: Auf die damit einhergehende Antriebsschwäche reagierte er mit sozialem Rückzug in der Meinung: „Es wird schon wieder!" Doch das Zurückziehen lässt einen alleine. Ohne Bewusstsein über das, was in ihm ablief, war es sehr schwierig, sich einzugestehen, dass er nun Hilfe von außen brauchte! Als er diese annahm, wurde aus der Lebens-Krise eine Lebens-Chance und aus seinen professionellen Erfahrungen in den verschiedensten Berufen eine Berufung zum Coach.

14

Burnout aus ärztlich-psychosomatischer Sicht

Manfred Nelting

Sie, liebe Leser, sind von den 13 burnoutbetroffenen Menschen in diesem Buch in ihre Lebenserzählungen mitgenommen worden. Diese Erzählungen konnten sie alle erst jetzt aus der rückwärtigen Perspektive aufschreiben, obwohl bei allen so etwas wie eine Ahnung der Zusammenhänge während des Burnoutprozesses anklingt. Diese Ahnung konnte jedoch gegenüber dem Alltagserleben nicht ausreichend an Kraft gewinnen. Zu schmerzlich wäre es gewesen sich einzugestehen, dass die eingeschlagene Richtung nicht stimmt bzw. der jeweilige Alltag nicht zu bewältigen ist, da wir in einem Burnoutprozess unserer Gesellschaft meist die Deutungshoheit lassen: „Du bist zu schwach, du bist ein Versager, andere schaffen das, das musst du auch schaffen, denk dran, was du dafür investiert hast!"

Doch im Nachhinein haben sich alle erlaubt selbst zu deuten, was sie erlebt haben, und bezeichnen die Erfahrung des Burnouts als entscheidend wichtiges Erleben in ihrem Leben hin zu einem wesensnäheren Alltag. Die Retroperspektive erlaubt es allen, den Prozess als wichtige Richtungsänderung und Reifung zu sehen und doch hätten alle sehr gerne ihren Burnoutprozess frühzeitiger verlassen, hätten sie gewusst wie. Alle haben aber auch verstanden und dargestellt, warum es bei ihnen zum Burnout kommen „musste".

Von Betroffenen lernen heißt also auch die Frage zu beantworten, inwieweit sich ein Burnoutprozess frühzeitig bemerken lässt und ob es bewährte Exit-Strategien dafür gibt. Desweiteren kommt die Frage auf, ob es eine Burnoutprävention geben kann.

14.1 Burnoutprozess

Schauen wir uns zuerst den Burnoutprozess psychophysiologisch an. Menschen im Burnout, die in unsere Klinik kommen, haben – wie auch vielfach die Menschen, die in diesem Buch zu Worte gekommen sind – in der Regel mehrere Diagnosen und oft eine Medikation für jede dieser Krankheiten, beispielsweise Bluthochdruck, immer wiederkehrenden Magenschmerzen, Migräne, Schlafstörungen, oft schwere Depression.

Wenn wir nachfragen, bestehen einige dieser einzelnen Krankheiten meist schon länger, sind vielfach schon vor Jahren erstmalig aufgetreten und werden seit dieser Zeit von Fachärzten für die jeweilige Erkrankung behandelt. Ein Zusammenhang zwischen diesen über längere Zeit gleichzeitig bestehenden Erkrankungen untereinander, wird in der Regel nicht gesehen und so kommt es zum Beispiel zu folgendem Szenario:

14.2 Risiko hoher Blutdruck

Ein Internist oder Allgemeinarzt stellt bei der Durchuntersuchung einen hohen Blutdruck fest. Heutzutage kein Problem, sagt der Arzt, dafür haben wir gute Medikamente. Nach einer Phase des Ausprobierens, reagiert der Blutdruck günstig z. B. auf einen sogenannten Betablocker, jetzt gilt der Blutdruck als gut eingestellt. Mit diesem gut eingestellten Blutdruck geht der Betreffende wieder in seinen Alltag und macht alles so weiter wie bisher.

Als Ursache wird häufig Stress gesehen, aber Stress haben wir ja heute alle, nichts Besonderes, und mit dem Blutdrucksenker haben wir, so wird gedacht, dem Stress ein Schnippchen geschlagen.

Das ist jedoch ein Irrtum. Der Blutdruck wird durch ein ausgeklügeltes System immer in Rückkoppelung mit den Anforderungen des Herz-Kreislauf-Systems angepasst und bleibt auch nach anstrengenden Anforderungen nicht hoch, sondern kehrt rasch in den Normalbereich zurück. Wenn der Arzt feststellt, dass der Blutdruck in Ruhe hoch bleibt, wird deutlich, dass das Vegetativum aus der Balance gekommen ist (ein hoher Blutdruck infolge anderer organischer Erkrankungen ist demgegenüber deutlich seltener). Ein blutdrucksenkendes Medikament senkt zwar den Blutdruck, stellt aber die vegetative Balance nicht wieder her.

Das wird in der Regel so hingenommen, obwohl klar ist, dass hier schon ein klarer Hinweis für eine aktuell ernstzunehmende Krise im Leben des Betreffenden zu sehen ist. Denn die vegetative Balance ist ein sehr stabiles System und es muss einen starken Grund geben, warum sie durcheinanderkommt.

Man findet in der Regel dabei eine persönliche Belastung im Alltag, die man verdrängt hat oder für die man keine wirksamen Bewältigungsstrategien gefunden hat – vielleicht hat man es auch einfach laufen lassen, warum auch immer – und die insofern andauernd auf das Vegetativum einwirkt. Wichtig ist es nun, hierfür eine Entwicklung zur Änderung einzuleiten, z. B. Konfliktlösungen mit Kollegen oder in der Familie angehen, sich Wissen aneignen, das man dafür braucht, Gespräche mit Vorgesetzten, Arbeitskollegen oder dem Personalbüro zu führen, um Änderungen bezüglich einer Arbeitsüberlastung oder für genügend Pausen zu erreichen.

Wenn man nur weitermacht ohne etwas zu ändern, wirkt sich der Stress weiter destabilisierend auf viele Organsysteme aus. An diesem Weiterwirken im Hintergrund ändert wie gesagt auch das blutdrucksenkende Medikament nichts, auch wenn es vordergründig so aussieht, als wäre eine gute Blutdruckeinstellung so etwas wie eine Heilung.

14.3 Vegetative Balance

Ein paar Sätze zur vegetativen Balance, zum besseren Verständnis: Die vegetative Balance ist von existentieller Bedeutung für die Gesundheit des Menschen und wird durch ein ausgewogenes Verhältnis der Arbeit zweier Nervensysteme gewährleistet – des Sympathikus (verantwortlich z. B. für die Aktivierung vieler physiologischer und Stoffwechsel-Prozesse) und des Parasympathikus (verantwortlich für Beruhigung und Erholung). Vereinfachend kann man diese beiden Nervensysteme als Gegenspieler begreifen, noch besser als Mitspieler, die viele Ruhe- und Anforderungszustände gemeinsam gestalten.

Dieses Zusammenspiel wirkt sich auf viele lebenserhaltende Bereiche unseres Körpers aus, wie z. B. auf das Herz-Kreislauf-System, die Herztätigkeit selbst, viele Stoffwechselprozesse und auch auf den Schlaf. Ist die Balance optimal, bleibt z. B. die Reaktion der Herzaktion auf verschiedene Anforderungen maximal flexibel und die betreffenden Menschen berichten auch von einem guten erholsamen Schlaf.

14.4 Herzratenvariabilität

Eine solche gute Balance oder aber eine vegetative Dysbalance durch z. B. einen chronisch erhöhten Blutdruck kann man auch in einer speziellen medizinischen Untersuchung darstellen und nachweisen, der Messung der sogenannten Herzratenvariabilität, einer Sonderform des 24-h-EKGs (HRV24).

So zeigen sich ganz konkret z. B. stressvermittelte Erregungssituationen in Auswirkungen auf die Sympathikusaktion, pausenloses Arbeiten, also die Nichteinrichtung von Pausen über den Tag oder ein nicht mehr erholsamer Schlaf in Auswirkungen auf die Parasympathikusaktion. Hält dieses jeweils stark über längere Zeit an, z. B. in einem Burnoutprozess, sind die Ausprägungen extremer, die Balance ist anhaltend gestört. Um diese Balance in der Behandlung wieder vollständig herzustellen, brauchen die Betroffenen in der Regel mehrere Monate, dies wissen wir aus Verlaufskontrollen in unserer Stressdiagnostik.

Die am Herzen in dieser speziellen Untersuchung sichtbaren Dysbalancen des vegetativen Systems gelten nicht nur für das Herz, sondern sie gelten für das ganze Vegetativum und seine Wirkungen in allen Organsystemen. Insofern ist eine HRV-Untersuchung sehr geeignet, den aktuellen Stress-Reaktions-Zustand zu erfassen.

Um es zum guten Verständnis noch anschaulicher zu machen: Herzratenvariabilität bedeutet, dass der Zeitabstand, in dem ein Herzschlag dem nächsten folgt, ständig ein wenig variiert. Das ist gesund und hat den Grund, dass sich das Herz so schneller auf veränderte Kreislaufanforderungen einstellen kann, weil es beweglich ist. Wenn sich die vegetative Balance durch anhaltenden belastenden Stress, Überlastung oder belastende emotionale Konflikte verschlechtert, geht die Variabilität im Herzschlag auch zurück, d. h. der Herzschlag wird gleichförmiger. Dies bedeutet, dass die Fähigkeit des Herzens auf sich ändernde Anforderungen rasch zu reagieren, schlechter wird.

Hält dieser Zustand lange Zeit an wie im Burnout und der Depression, schlägt das Herz schließlich wie eine Schweizer Uhr, d. h. die Zeitabstände, in denen ein Schlag dem anderen folgt, sind gleich. Was bei der Schweizer Uhr ein Qualitätsmerkmal ist, bedeutet für das Herz das Gegenteil, nämlich Starrheit, also verlorene Variabilität und die bedeutet Gefahr: so ist im Burnout und in der Depression das Risiko einen Herzinfarkt zu erleiden, gegenüber der Normalbevölkerung, um ein Mehrfaches erhöht.

Diese Zusammenhänge, also dass ein variabler Herzschlag ein Zeichen für Gesundheit ist, waren bereits früh in China bekannt, dort heißt es stark zugespitzt: „Wenn der Herzschlag so regelmäßig wie das Klopfen eines Spechtes oder das Tröpfeln des Regens auf dem Dach wird, wird der Patient innerhalb von vier Tagen sterben" (dem chinesischen Arzt Wang Shu-he zugeschrieben, 3. Jahrhundert). Soweit sollte es nicht kommen.

14.5 Krisen ernst nehmen

Die gute Nachricht: man kann die Herzschlagvariabilität und eine gute vegetative Balance in der Regel tatsächlich wiedererlangen und so auch aus dem Gefahrenbereich wieder herauskommen. Das „Wie" haben die 13 Betroffenen in diesem Buch, jeder auf seine spezielle Weise, erzählt und soll uns gleich noch weiter beschäftigen.

Hier wird deutlich, dass Burnout und Depression mitnichten allein psychische Reaktionen auf Belastungen sind, sondern im gleichen Maße prozesshaft zunehmende manifeste körperliche Störungen und Erkrankungen. Daher sprechen wir bei Burnout und Depression von psychosomatischen Störungen.

Insofern ist ein dauerhaft erhöhter Blutdruck eine (Vor-)Krise, die nicht allein symptomatisch mit Medikamenten, sondern möglichst ursächlich behandelt werden muss, was die aktive Mitarbeit des Betroffenen braucht. Ohne Lösung dieser Krise haben wir eine dauerhaft vegetativ verschlechterte gesundheitliche Ausgangssituation, die ein Burnout und andere Erkrankungen bahnen kann und nach unserer klinischen Erfahrung häufig bahnt.

In ähnlicher Weise können zu hohe Zuckerwerte im Blut, anhaltende Schmerzzustände, dauerhaft schwer beeinträchtigende Ohrgeräusche, andauernde Schlafstörungen usw. Hinweise auf krankhafte Stresszustände bzw. vegetative Dysbalancen sein, die nicht ignoriert oder im falschen Sinne bagatellisiert werden, sondern als Krise aufgefasst werden sollten, die nicht allein ggf. indizierte Medikation anfordert, sondern in erster Linie regulationsfördernde Handlung.

Hier zeigt sich dann auch ein möglicher frühzeitiger Ausstiegspunkt, indem man mit Fachleuten, Ärzten, Coaches usw. schaut, wie man z. B. zur guten vegetativen Balance zurückfindet, wenn die ärztliche Untersuchung deren Verlust anzeigt bzw. man anhaltend unter Symptomen leidet. Meist braucht es hierzu Lifestyleänderungen und vielleicht auch Kompetenzzuwächse, z. B. durch Aneignung speziellen Wissens oder von notwendigen Fertigkeiten, um die persönlich erlebten Stressfaktoren aufzulösen oder annehmbar zu gestalten. In der Regel sind die verordneten Medikamente bei einer solchen aktiven Lebensgestaltung und -pflege dann im Weiteren erfreulicherweise entbehrlich (ein Absetzen verordneter Medikamente sollte immer in Übereinstimmung mit den behandelnden Ärzten erfolgen).

14.6 Wie frühzeitig aussteigen

Weshalb ist es nun so schwer frühzeitig aus einem Burnoutprozess auszusteigen? Die Antwort: Man muss den eigenen Zustand zum entsprechenden Zeitpunkt richtig einschätzen können.

Im Beginn eines solchen Prozesses stellen sich die Dinge noch nicht als sehr schlimm oder beeinträchtigend dar. Zu diesem Zeitpunkt erscheint es einem nicht notwendig zu reagieren. Wenn Symptome dazu kommen, werden sie meist als isolierte Krankheiten verstanden; in diesem Sinne werden sie ja auch in der Regel vom Arzt erklärt. Und da unser Gesundheitssystem konsequent fachärztlich aufgegliedert ist, fehlt häufig der integrierende Faktor. Im günstigsten Fall übernimmt der Hausarzt diese Funktion.

Im weiteren Verlauf machen andere Faktoren ein Erkennen schwierig: Zum einen fällt es Menschen generell schwer, eine einmal eingeschlagene Richtung im Leben aufzugeben, weil man in der Regel viel auf dem bisherigen Weg investiert hat (Zeit, Geld, Verzicht usw.) und eine Richtungsänderung als größere Gefahr als das gewohnte Weitermachen erscheint. Das liegt auch daran, dass jeder seine eigenen inneren Leitsätze hat (von den Eltern oder durch bisherige Lebenserfahrung gewonnen), auf die alle unsere Handlungen abgestimmt werden und die sich nicht einfach ignorieren lassen.

Manchmal wirken diese Leitsätze auch als innere Antreiber – „Du musst perfekt sein", „Wer aufgibt, ist ein Schwächling", „Krankheit ist Versagen" usw. – und treiben einen weiter auf einem möglicherweise falschen und nicht zu einem passenden Weg. Wenn man insofern weitergeht, hilft einem das Gehirn auch noch, dafür passende Begründungen zu finden; so ist der Mensch gestrickt.

Für das Weitermachen, selbst bei starker Erschöpfung und auffallender Sinnentbehrung, gibt es auch noch eine andere Erklärung in der Hirnphysiologie: Unser Gehirn wird im anhaltenden Stress- und Alarmmodus in seiner Kreativität blockiert, neue Gedanken können nicht wirklich gedacht werden und so stehen nur die alten Handlungs- und Deutungsschablonen zur Verfügung.

Solche Selbsttäuschung nimmt im fortschreitenden Burnoutprozess zu, Hinweise von außen weist man dann zurück, wird empfindlich gegenüber Kritik und bricht lieber Kontakte ab als dass man hinhört. Das hat natürlich nichts mit fehlender Intelligenz zu tun, wir wollen einfach nichts davon hören, dass wir was ändern müssen, weil uns sowieso schon alles zu viel ist und unsere inneren Leitsätze etwas anderes sagen und fordern.

14.7 Epigenetik im Burnoutprozess

Im Burnoutprozess nimmt auch die Depressivität in der Regel immer weiter zu bis hin zum Vollbild der schweren Depression, des psychophysischen Zusammenbruchs. Zunehmend sieht man keine Lösung für seinen Zustand und immer die gleichen bedrückenden und gleichermaßen nutzlosen Gedanken kreisen im Gehirn. Das Gehirn nimmt so keine neuen Anforderungen für seine Tätigkeit mehr wahr und dies teilt sich auch den Zellkernen der Hirnzellen epigenetisch mit (Epigenetik ist die Lehre von den Funktionen der Förderung bzw. Drosselung von Genwirkungen durch Rückkoppelungsprozesse zwischen Zellen und ihren Genen). Dies hat zur Folge, dass sogenannte Nervenwachstumsfaktoren, die die Vernetzung der Hirnzellen untereinander befördern sollen, in ihrer Produktion eingeschränkt werden. Damit geht schließlich auch ein Rückgang der bestehenden Neuronenvernetzung einher und mögliche prinzipiell denkbare Lösungsansätze rücken in immer weitere Ferne.

Auch hier gleich die gute Nachricht: Die Wiederanregung der Produktion von Nervenwachstumsfaktoren ist tatsächlich möglich, so dass die Hirnvernetzung wieder auf ein hohes und für kreative Prozesse geeignetes Niveau kommen kann. Die Mittel der Wahl hierzu sind Methoden, die das Gehirn neu fordern und diese veränderte Anforderung dann den Zellkernen mitteilen, um die Produktion der Nervenwachstumsfaktoren wieder anzukurbeln. Am günstigsten wirken hier sogenannte Gewohnheitsbrüche im Alltagsverhalten und generell Bewegung. Beides zusammen vereint sich z. B. in Qigong-Übungen (in den Medien wird meist von Schattenboxen gesprochen) bestens, hierzu später mehr.

14.8 Blockierte Körperwahrnehmung

Ein weiterer zentraler Faktor im Burnoutprozess ist die zunehmend blockierte Selbstwahrnehmung insbesondere gegenüber dem eigenen Körper. Wir fühlen nicht, dass etwas für heute schon genug ist, wir eigentlich traurig sind, wir Durst haben und etwas trinken sollten oder wir müde sind und es passend wäre, mal früh schlafen zu gehen. Es ist eine Art Selbstschutz unseres vor Urzeiten entstandenen Stresssystems, dass wir im Überlebenskampf nicht mit solchen Wahrnehmungen gestört werden. Dieser Selbstschutz entsteht über die Ausschüttung von Stresshormonen und anderen Stoffen, die uns z. B. schmerzunempfindlicher machen.

Aber da der Kampfmodus im heutigen Alltag häufig nie endet, kann unser Körper uns mit den Sinnesempfindungen nicht mehr helfen bei der Bestimmung von Grenzen, Schlaf- oder Trinknotwendigkeit oder einem „Genug!". So kommen tatsächlich viele Patienten in einem quasi ausgetrockneten Zustand zur klinischen Aufnahme, weil sie den Durst im Arbeitstag kaum noch bemerken. Sie spüren nur die Erregung und den inneren Alarm und wenn es doch zu einer Pause kommt, dann oft nur durch Schmerzen und Erschöpfung.

Insofern geht der Burnoutprozess immer weiter voran und die/der Betroffene kann dann aus den genannten Gründen in der Regel nicht mehr selber bremsen und aussteigen, sondern benötigt professionelle Hilfe, die sie/er aber meist erst im Zusammenbruch annimmt.

14.9 Burnout und Depression

Ein Burnout mündet unbehandelt regelhaft in eine Depression. Insofern werden diese beiden Begriffe häufig im Zusammenhang gebraucht. Es gibt auch Depressionen, die über andere Wege entstehen, also nicht über einen Burnoutprozess, sondern z. B. über gehäufte kindliche Traumaerfahrungen.

Depression ist also nicht gleich Burnout, sondern im Laufe eines Burnoutprozesses steigt die Depressivität in der Regel an bis schließlich oft das Vollbild einer schweren Depression erreicht wird.

Die stressphysiologischen Parameter in der Diagnostik zeigen bei der Depression/im Burnout einen Hyper-Stress-Zustand an, mit entsprechenden stresshormonellen und dysfunktionalen regulativen Veränderungen wie eine pathologische Ausschüttungskurve im Tagesverlauf von Cortisol (Stresshormon) bzw. die schon beschriebene Starrheit bei der Herzratenvariabilität.

Die bei klinischer Zuweisung vorherrschende Diagnose bei Burnout ist Depression. Behandelt werden, wie von mir hier dargestellt, allerdings vorher schon die krisenhaften Phasen im Burnoutprozess unter eigenen Krankheitsnamen wie Bluthochdruck usw., meist ohne dass hier eine Zuordnung in den Phasenprozess eines Burnouts ärztlicherseits vorgenommen wird. Dies bedarf aus meiner Sicht zukünftig einer neuen integrativen Leitlinie für Burnout als behandlungsbedürftiger Erkrankung.

14.10 Diagnosestellung

Ein Grund, weshalb Burnout bisher im Diagnosesystem nicht als Krankheit gilt, besteht darin, dass es immer eine sehr individuelle Ausprägung hat und es großer integrativer klinischer Erfahrung bedarf, um es sicher zu erkennen. Jetzt, nach der Lektüre der Lebensgeschichten der 13 Betroffenen, haben Sie sicherlich Gemeinsamkeiten in den Geschichten erkannt und doch ist jede Geschichte einmalig und weist nicht notwendigerweise nur Merkmale auf, die man grundsätzlich wiederfindet. Das erschwert die medizinische Diagnosestellung und erfordert spezielles Know-how. Trotzdem wird das Burnoutphänomen gesellschaftlich allerorten festgestellt und beeinflusst derzeit sogar die Gesetzgebung im Bereich des Arbeitsschutzes.

14.11 Behandlung

Die Mehrzahl der Burnoutbetroffenen kommt sehr spät in eine Behandlung, die langen Leidensgeschichten bis zur professionellen Behandlung werden in diesem Buch ja auch deutlich sichtbar. Das Selbsterkennen, dass man in einem solchen Prozess festsitzt, ist ja, wie gesagt, äußerst schwierig, daher hier ein paar weitere Hinweise:

Wer sich dem Thema nähern will, aber noch mit niemandem darüber sprechen möchte, kann auf unserer Internetseite www. gezeitenhaus.de online und anonym den von mir entwickelten Burnouttest mit Sofortauswertung durchführen. Vorsicht: Ein Onlinetest ist nur hinweisend, kein Diagnosinstrument! Aber sollten dort Hinweise für einen Burnoutprozess bestehen, macht es sehr viel Sinn, sich in dieser Frage einen Gesprächspartner zu suchen, umso mehr als „Sprachlosigkeit" und Abschottung gegenüber den Partnern im eigenen sozialen Netz wesentliche hinweisende Zeichen für ein Burnout sind.

Von den Betroffenen, die in diesem Buch erzählen, kann man lernen, dass es ganz normal ist, dass man es im Leben manchmal nicht alleine schaffen kann und dass jeder im Leben mal in einer Krisensituation ist, wo er Hilfe braucht. Wie man in diesem Buch sieht, sind viele der Betroffenen später selbst Burnoutberater und hilfreiche Fachleute geworden, ja man kann sogar sagen, gute professionelle Berater, Coaches und Ärzte kennen eben selbst persönliche Krisen und haben aus ihnen für ihr Leben und ihre Arbeit gelernt.

Weiterführend sind ambulante Gespräche in einer psychosomatischen Ambulanz. Das Gezeiten Haus (siehe Anhang) ist darauf spezialisiert und führt dort neben Gesprächen auch alle notwendigen stressdiagnostischen Untersuchungen durch, mit Erklärung des für den Untersuchten sichtbar gemachten Stress-Reaktions-Niveaus.

Je nach Ausprägungsgrad stehen begleitendes Coaching, ambulante, tagesklinische oder vollstationäre Behandlungen zur Verfügung. Die ambulante Behandlung begleitet meist über Monate, eine tagesklinische oder vollstationäre Behandlung dauert in der Regel mehrere Wochen. Die klinischen Behandlungserfolge sind dann gut und nachhaltig, wenn in der Folge notwendige Entscheidungen im Alltag auch umgesetzt sowie Aspekte der von uns sogenannten *Lebenspflege* geübt werden, wie ich nachfolgend darstellen möchte.

Burnoutwahrnehmung, Burnoutschutz

Es gibt einige wichtige Lebenspflegebereiche, in denen man mit einer guten Selbstgestaltung erfolgreich sein kann, präventiv oder nachsorgend:

- Üben der Körperwahrnehmung
- Aktives Innehalten, Pausengestaltung und Schlaf
- Pflege der Partnerschaft und der Kontakte im sozialen Netz
- Überprüfung der inneren Leitsätze auf Sinnhaftigkeit für das aktuelle, eigene Leben und die zum Wesen passende Weltsicht und Spiritualität
- Entwicklung der Gefühle von Lebendigkeit (z. B. durch Tanz, Gesang usw.)

Wird in diese Bereiche investiert, wird ein Abrutschen in eine Burndownspirale in der Regel rechtzeitig bemerkt und angemessen gehandelt. Sicherlich fallen Ihnen auch noch andere auf Sie besonders gut passende Bereiche und Lebenspflegeaktivitäten ein.

Für uns hat sich ein Lernen und regelmäßiges Üben von Qigong-Übungen als Lebenspflege in den heutigen atemlosen Alltagen besonders bewährt.

Angemerkt sei, dass Qigong-Übungen bereits nach kurzer Zeit des regelmäßigen Übens (täglich über einige Wochen) in einer 24-Std.-Ableitung der Herzratenvariabilität deutlich zeigen, wie ein beruhigender Einfluss auf den Sympathikus und ein stärkender, vitalisierender Einfluss auf den Parasympathikus besteht.

Ausführlich und konkret habe ich hierüber in meinen Büchern zum Burnout geschrieben.

14.12 Gesellschaftliche Prävention

Es gibt heute viele gesellschaftliche Bereiche, die auf uns ungünstig wirken, auf die wir selbst als Einzelne oder Vereinzelte aber keinen direkten gestalterischen Einfluss haben. Zum Beispiel führt ein Wohnen in Einflugschneisen eines Großflughafens bei vielen zu Bluthochdruck und anderen Erkrankungen, die wie gesagt einem Burnout Vorschub leisten können. Auch wenn dies im Grunde einer Körperverletzung gleichkommt, nimmt eine hochindustrielle Wachstumsgesellschaft darauf keine Rücksicht und auch Gesetze werden vielfach am wirtschaftlich als nötig Erachteten entlang entwickelt und nicht am Schutz des Einzelnen vor körperlicher und psychischer Unversehrtheit, wie es im Grundgesetz steht.

Wer hier nicht die Möglichkeit hat wegzuziehen, ist gut beraten, Zeit auf eine gute und wirksame Lebenspflege zu verwenden. Es ist gar nicht so bekannt, dass das regelmäßige Üben von Qigong den Blutdruck bei Bluthochdruck sehr gut senkt, vielfach besser und konstanter als Medikamente.

Wer z. B. der immer weiter zunehmenden Verdichtung der Arbeit, die von Unternehmen als Notwendigkeit zum Bestehen auf dem Weltmarkt benannt wird, nicht entkommen kann, muss trotzdem für ein gutes Pausenmanagement und guten Schlaf sorgen, Pausen für sich vielleicht sogar mit physiologisch notwendigem Ungehorsam einrichten, der durch unsere Arbeitsschutzgesetze und von ärztlicher Seite gestützt wird.

Burnoutprävention in Unternehmen ist ein schwieriges Unterfangen, allerdings beeinträchtigen mittlerweile die Krankheitsstände unter den Mitarbeitern die Rendite stärker als die Kosten für ein Gesundheitsmanagement. Diese Erkenntnis macht sich derzeit noch schüchtern, aber doch im gewissen Sinne zwingend, in vielen Chefetagen breit.

Ganz aktuell melden sich denn jetzt auch die großen gesetzlichen Krankenkassen zu Wort und fordern eine wirksame Burnoutprävention in Betrieben, öffentlich unterstützt durch Gesundheitsminister und Arbeitsministerin.

Den Menschen wirklich in den Mittelpunkt zu stellen wird allerdings vermutlich erst gelingen, wenn wir uns als Wachstumsgesellschaft zu einer Gesellschaft des Teilens entwickeln, ein Prozess, der aktuell bereits begonnen hat.[1]

In diesem Sinne muss derzeit noch jeder für eine eigene Lebenspflege sorgen, wie es auch die hier zu Wort gekommenen Betroffenen berichten. Allerdings bedeutet dies nicht weitere Arbeit im vollen Terminkalender. Vielmehr ergibt sich durch Innehalten, „Innwendung" und Lebenspflege eine Wiedererlangung einer hohen Lebensqualität mit Pausen, entrümpeltem Terminkalender und wieder herzlichen Begegnungen mit anderen Menschen. Dies bereitet auch einem wesensnäheren Alltag und so einem möglichen Glückserleben einen guten Boden: beste Burnout- und Rückfallprophylaxe.

---

[1] Rifkin (2014)

Die Herausgeber wünschen hierbei bestes Gelingen und den Entscheidungsträgern in den Unternehmen und Institutionen guten Weitblick und zunehmend gute, eigene Gelassenheit.

Ihr Dr. Manfred Nelting

Literaturnachweis

Rifkin J (2014) Die Null-Grenzkosten-Gesellschaft. Campus, Frankfurt a. M.

Nelting M (2010) Burn-out – wenn die Maske zerbricht. Mosaik bei Goldmann, München

Nelting M (2012) Schutz vor Burn-out. Mosaik bei Goldmann, München

Nelting M (2014) Burn-out – wenn die Maske zerbricht. Goldmann, München

15
Expertenverzeichnis

Hier finden Sie Ansprechpartner, die Sie bei Bedarf gerne jederzeit kontaktieren können.

Dr. med. Ellen Buckermann

Fachärztin | zertifizierte Top-Management-Coach | Geschäftsführerin von Work & HealthCare–Consulting

D-50674 Köln
Tel.: +49 (0)221-9726090
Mail: info@whc-consulting.de
Internet: www.whc-consulting.de

Lebensqualität und Life Balance – also ganzheitliche Gesundheit in allen Lebensbereichen – mitzuentwickeln und zurückzugewinnen und in Arbeitswelten und -kulturen einzubeziehen, steht im Mittelpunkt ihrer Arbeit seit 1996. Sie berät Einzelpersonen, Paare, Teams und Unternehmen. Die Konflikt-, Krisen- und Burnoutexpertin arbeitet als Vortragsrednerin, Business-Coach und Trainerin, als Reiss-Profile-Master und EMDR-Traumatherapeutin.

Sie ist Mitglied im EWMD-Netzwerk (European Women's Management Development) und Mitgründerin des LionsClub Ursula, Köln. Als Künstlerin veranstaltet sie jährlich Kunstsalons in ihren Büroräumen mit Spendenaktionen für Kinderprojekte in Deutschland und Nepal.

Gezeiten Haus Klinik

Privates Fachkrankenhaus für Psychosomatische Medizin und Traditionelle Chinesische Medizin (TCM)

D-53177 Bonn
Telefon: +49 (0) 228-7488 101
E-Mail: info@gezeitenhaus.de
Internet: www.gezeitenhaus.de

Die Gezeiten Haus Klinik, gegründet von Elke und Dr. med. Manfred Nelting, arbeitet mit einem interdisziplinären Ansatz und verfolgt als akutes Fachkrankenhaus das Ziel, Wege für die Heilung zu eröffnen. Die Ambition ist nicht allein die Bewältigung der Krankheit, sondern auch die Wiederherstellung der Gesundheit.

Nadine Dürdoth

Personal & Business Coach
65185 Wiesbaden
Mobil: +49 (0)160-94565960
Email: hallo@berufseinsteiger-coaching.de
Internet: www.berufseinsteiger-coaching.de

In der heutigen Zeit ist es eine Herausforderung Familie, Freizeit und Beruf zu vereinbaren. Gerade als Berufseinsteiger steckst du wahrscheinlich all deine Energie in den Job. Lerne von Anfang an richtig mit Stress umzugehen und vermeide Stressfolgeerkrankungen. Kontaktiere mich für ein kostenloses telefonisches Vorgespräch.

Mazak, Emina | mazemi Coaching @ Consulting

Coach | Unternehmensberaterin | Burnout | Stressmanagement |
Life Performer® Institut Wiesbaden | 3D Pädragogin |

D-63636 Brachttal
D-65199 Wiesbaden
Telefon: +49 (0)175-66 78 516
Email: mazak@mazemi.de
Web: www.mazemi.de
Blog: http://mazemi-coaching-burnout.blogspot.de/

Ganzheitlicher Ansatz, gesunder Menschenverstand unter Einbe-
ziehung der Natur sowie der eigenen Verhaltensmuster. Boden-
ständige Praxisnähe, Wertschätzung, Einfühlungsvermögen mit
einer gesunden Prise Humor erwarten Sie!

Antje Heimsoeth | Leadership Academy

Mental Coach | Motivationstrainerin | Keynote Speaker (ausgezeichnet als „Vortragsrednerin des Jahres 2014")
Expertin für Mentale Stärke, Motivation und Selbstführung

D-83026 Rosenheim
E-Mail: info@antje-heimsoeth.com
Internet: www.gesundheitscoachings.eu | www.antje-heimsoeth.com

ECA Lehrcoach und Lehrtrainerin, Coach, DVNLP, wingwave-Coach®, zert. Work Health Balance-Coach für systemische Kurzzeit-Konzepte (Gesundheitspsychologie, Burnout-Prophylaxe im Leistungskontext, Emotions-Coaching, konstruktive Selbstkommunikation, Work-Life-Balance), Beraterin für Stressmanagement (Prüfung mit Note 1,0 bestanden), Trainerin zu den Themen Stress- und Selbstmanagement, (Selbst-)Führung, Motivation, Kommunikation, Kinesiologie und Höchstleistungen, Bestseller Autorin, weltweit tätig.

Mit ihrer authentischen, leidenschaftlichen und natürlichen Vortragsweise mit „Herz", gepaart mit ihrem Wissen, Talent und einer speziellen Gabe, beeindruckt, begeistert, und inspiriert sie die Teilnehmer ihrer Ausbildungen, Seminare und Vorträge.

Anette Westphalen-Ollech | MunterMacherei

Stressmanagement-Trainerin | Coach
Betriebswirtin | Heilpraktikerin für Psychotherapie
bGf | Training | Prävention | Entspannung | Energie-Massagen

D-86875 Bronnen
Telefon: +49 (0)8246-9990815
E-mail: willkommen@muntermacherei.de
Internet: www.muntermacherei.de

Das ausgewogene Zusammenspiel von Verstand, Herz & Bauch
bildet das Fundament für ein Leben voller Kraft, Klarheit &
Kooperation: Ganzheitliche Hilfe zur Selbsthilfe im Seminar &
unter vier Augen. Vitalität für Sie oder Ihre Belegschaft.

Peter Buchenau

Ratgeber | Redner | Coach | Autor

D-97295 Waldbrunn
Telefon: +49 (0)9306-98 40 18
E-Mail: peter@peterbuchenau.de
Internet: www.peterbuchenau.de | www.the-right-way.eu |
www.chefsache24.de

Peter Buchenau ist Business-Ratgeber, Redner und Coach. Seit Beginn seiner Karriere 1982 in der Schweiz achtet er auf werteorientiertes, gesundheitsförderndes und qualitätsbewusstes Denken und Handeln. Im Jahr 2001 gründete er die The Right Way-Gruppe. Der berufliche Schwerpunkt liegt seither auf dem ganzheitlichen Managementansatz. Gesunde Firmen brauchen gesunde Mitarbeiter. Er erarbeitet mit seinem Team ganzheitliche Businesslösungen unter Einbezug der Bereiche Führung, Management, Projekterfolg, Effektivität, Coaching sowie Stressreduzierung und Burnout-Prävention. Seit 2009 hält er einen Lehrauftrag an der Hochschule Karlsruhe und ist Referent an der Hochschule St. Gallen.

Michael Hannig

Coach | Trainer | Begleiter

D-97209 Veitshöchheim
Telefon: +49 (0)931-35901321
E-Mail: info@profil-hannig.de
Internet: www.profil-hannig.de | www.stress-verringern-burnout-verhindern.de

Er versteht es, Unsichtbares sichtbar zu machen und Dinge auf den Punkt zu bringen. Dabei kann er Komplexes verständlich darstellen und sehr gut emotional verbinden. Sein Spezialgebiet: Persönlichkeitsentwicklung, Stress- und Burnoutprävention, Körpersprache.

Sabine Widi-Tessler

Dipl. Lebens- & Sozialberaterin | Trotzcoaching | Trauerbeglei-
tung | Autorin

A-1210 Wien
Telefon: +43 (0)664-452 63 71
E-Mail: trotzcoach@A1.net
Internet: www.trotzcoach.com

„Probleme können nie mit derselben Art & Weise gelöst werden,
durch die sie entstanden sind." (A. Einstein) Mein gesamtheit-
liches Repertoire an Angeboten zeichnet mich daher seit langer
Zeit als Expertin in verschiedenen Lebensbereichen aus.

Dr. Marie Anne Nauer

Burnout-Prävention | Coaching | Stress- und Energie-Management
Psychologische Beratung | Handschriftanalyse | Potentialanalyse

CH-8006 Zürich
Telefon: +41 (0)44- 362 96 03
Email: m.a.nauer@bluewin.ch
Internet: www.nauer.psy.ch

Bei Anzeichen von Stress und Überlastung lohnt sich eine frühzeitige Abklärung, auch mittels einer sorgfältigen Handschrift-
analyse. Moderne Therapie-Techniken ermöglichen eine effizien-
te Stress-Reduktion und besseren Umgang mit sich selbst.

Alain Wolff

Systemischer Coach | NLP-Master | WingWave Coach | Pferde-
gestütztes Coaching | Life Strategie Coach | Hypnose-Therapeut |
Trainer | Dozent

L-6230 Bech
Telefon: +352 (0)661- 35 26 24
E-mail: info@comet-concepts.eu
Internet: www.comet-concepts.eu

Erkennen Sie Ihre Lebens-Strategie und die damit verbundenen
Zusammenhänge wie innere Reaktionen und Verhaltensweisen,
die Ihr Umfeld bestimmen. Training & Coaching in der Natur,
auf dem mein Schwerpunkt liegt, bietet die Gelegenheit, bisherige Denkstrukturen und Blockaden zu überwinden und die Sinne
für Neues zu schärfen – interaktiv und individuell.

Neu in der Reihe Löwen-Liga

er H. Buchenau, Zach Davis
Löwen-Liga
risch leicht zu mehr
duktivität und weniger Stress
3. X, 148 S. 52 Abb. Brosch.
) 14,99 | € (A) 15,41 | *sFr 19,00
N 978-3-658-00946-5

Peter H. Buchenau, Zach Davis,
Sebastian Quirmbach
Die Löwen-Liga:
Wirkungsvoll führen
2015. Ca 150 S. Brosch.
€ (D)17,99 | € (A) 18,49 | *sFr 22,50
ISBN 978-3-658-05286-7

er H. Buchenau, Zach Davis, Martin Sänger
Löwen-Liga:
kaufen will gelernt sein
5. Ca 150 S. Brosch.
)17,99 | € (A) 18,49 | *sFr 22,50
N 978-3-658-05288-1

Peter H. Buchenau, Zach Davis, Paul Misar
Die Löwen-Liga:
Der Weg in die Selbstständigkeit
2015. Ca 150 S. Brosch.
€ (D)17,99 | € (A) 18,49 | *sFr 22,50
ISBN 978-3-658-05419-9

tzt bestellen: springer-gabler.de

A09630

Printed in the United States
By Bookmasters